국단어
완전 정복

4·2

기획 및 집필

전위성

공주교육대학교를 졸업하고 2006년부터 대전에서 교사 생활을 시작했습니다. 우등생 공부법을 연구하여 세 권의 책(엄마가 알아야 아이가 산다!, 초등 6년이 자녀교육의 전부다, 엄마의 수학 공부)을 펴냈습니다. 16년 동안 학생들을 가르치면서 많은 학생이 국어 교과서에 나오는 낱말을 전혀 공부하지 않는다는 놀라운 사실을 알게 되었습니다. 더더욱 놀라운 사실은 국어 교과서의 낱말을 공부할 수 있는 책이 전무(全無)했다는 것입니다.

「국단어 완전 정복」은 저자가 지난 2년 동안 초등학교 3~6학년 국어 교과서에 나오는 모든 낱말을 연구하고 정리하여, 초등학생의 눈높이에 맞추어 펴낸 '국어 낱말 전문 학습서' 입니다.

모든 공부는 기초가 중요하고, 모든 공부의 기초는 국어입니다. 모든 공부의 기초가 되는 국어 공부의 기초는 단연 국단어(국어 낱말)입니다. 고로 모든 공부의 기초는 국단어를 공부하는 것입니다. 「국단어 완전 정복」과 함께 세상 모든 공부를 완전 정복할 수 있길 소망합니다.

국단어 완전 정복 | 초등 국어 4-2

초판　1쇄 발행　2020년 7월 29일
개정판　1쇄 발행　2022년 8월 15일

기획 및 집필　전위성

펴낸이　최남식
디자인　여우집
일러스트　강유리, Shutterstock(zzveillust, Beresnev)
외부스태프　전현영
제작책임　송정진
펴낸곳　오리진에듀
출판등록　2010년 3월 23일 제 409-251002010000087호
주　소　경기도 김포시 김포한강10로133번길 127, 디원시티 지식산업센터 518호(구래동)
전　화　02-335-6612　**팩　스** 0303-3440-6612
이메일　originhouse@naver.com
포스트　post.naver.com/originhouse

값 18,000원ⓒ2022, 전위성 & 오리진에듀
ISBN 979-11-88128-27-3 63710 : 18000

국단어 완전 정복

《공부에서 가장 중요한 것은?》

건물을 지을 때 가장 먼저 하는 중요한 일이 있습니다.
건물의 토대가 되는 바닥을 튼튼히 다지는 것입니다.
바닥이 튼튼해야 건물을 높고 튼튼하게 지을 수 있습니다.

공부도 마찬가지입니다.
공부라는 건물을 높고 튼튼하게 짓고 싶다면
공부의 토대가 되는 기초를 튼튼히 다져야 합니다.

《공부에서 가장 중요한 것은, 기초 다지기!》

영어 공부의 기초는 영단어(영어 단어)입니다.
수학 공부의 기초는 수학 개념입니다.
그럼 국어 공부의 기초는 무엇일까요?

학습지나 문제집 풀기일까요? 독서일까요?

《국어의 기초 = 국단어 완전 정복》

영어 단어와 수학 개념처럼
국어에도 가장 먼저 공부해야 할 기초가 있습니다.
그건 바로 **국어 단어**, 다시 말해 **국단어**입니다.

국어 공부의 기초를 쌓고 싶다면
학습지와 문제집 풀기, 독서에 앞서
국단어를 철저히! 완벽히! 공부해야 합니다.

이 책을 구입한 학부모님께

"낱말 뜻을 손수 찾아서 공부하지 않으면
 정확한 뜻을 영영 알 수 없습니다."

이 문장이 무슨 뜻인지 모르는 사람은 드뭅니다. 그와 동시에 이 문장이 무슨 뜻인지 잘 아는 사람도 드뭅니다. 손수는 '남의 힘을 빌리지 않고 제 손으로 직접'이라는 뜻이고, 영영은 '영원히 언제까지나'라는 뜻입니다.

우리는 일상에서 수많은 글을 읽고 쓰고, 무수한 말을 듣고 합니다. 하지만 그 글과 말의 뜻을 정확히 알지 못합니다. 정확히 아는 것과 감으로 아는 것은 큰 차이가 있습니다. 물론 일상생활에서는 그 차이가 별로 드러나지 않습니다. 딱히 손해 볼 일도 없습니다. 하지만 학습의 영역이라면 이야기가 전혀 달라집니다. 뜻을 정확하게 아는 학생과 어렴풋이 아는 학생의 미래는 사뭇 다른 인생을 살아갈 만큼 어마어마한 차이가 있습니다.

"만권의 책을 읽더라도
 낱말을 공부하지 않으면
 그 정확한 뜻을
 죽을 때까지 알 수 없습니다."

다소 과격하게 들릴 수도 있겠습니다. 하나 틀린 말은 아닙니다. 과장도 아닙니다. 일례로 앞선 문장에서 '만권'은 단순히 10000을 뜻하는 숫자가 아닙니다. '만권'은 사전적 의미로 '매우 많은 책'을 뜻합니다. 이런 사례는 셀 수 없을 만큼 비일비재합니다(비근합니다, 흔합니다).

많은 아이들이 영단어(영어 단어)는 목숨 걸고 외우지만, 국단어(국어 단어)는 죽어도 공부하지 않습니다. 안타까운 현실입니다. 더 안타까운 현실은 영어 단어를 공부할 수 있는 책은 넘쳐나지만, 국어 단어를 공부할 수 있는 책은 거의 없다는 것입니다. 무엇보다도 국어 교과서의 단어를 체계적으로 공부할 수 있는 책이 세상에 존재하지 않았습니다. 필자가 「국단어 완

전 정복」을 필히(무슨 일이 있어도 반드시) 써야겠다고 결심한 이유입니다.

이 책이 출간됨으로써 국어 교과서 단어를 체계적으로 공부할 수 있는 책이 세상에 존재하게 되었습니다. 이 책을 자찬(自撰)한[1] 것이 참으로 다행스럽고 기쁜 일이라고 자찬(自讚)해[2] 봅니다. 덧붙여 필자는 전작 「초등 6년이 자녀교육의 전부다」에서 "국어 공부의 시작과 끝은 교과서에 나오는 낱말을 공부하는 것"이라고 역설한 바 있습니다. 이 책, 「국단어 완전 정복」을 출간함으로써 그 중대 발언이 무책임한 구호와 공허한 메아리로 소멸되지 않게 되었고, 제 단언에 대한 책임을 이제야 다했다고 여겨져서, 재삼(再三) 기쁩니다.

국단어의 뜻을 적확하게(정확하게 맞아 조금도 틀리지 않게) 아는 아이만이 책과 교과서를 정확히 읽고, 충분히 이해하고, 오래 기억하고, 자기 생각을 글로 온전히 담아낼 수 있습니다. 지금부터 자녀에게 「국단어 완전 정복」을 4년(3~6학년) 동안 공부시키십시오. 혹여 시기를 놓쳤더라도 3학년 1학기부터 6학년 2학기까지 전 과정을 차근차근 공부시키십시오. 어휘력이 완성되고, 독해력이 강화되고, 논술력과 사고력이 향상되어 자녀가 상위 1퍼센트 우등생으로 거듭나는 광경을 목격하게 될 것입니다.

공부가 전부라는 말이 아닙니다. 공부 잘하는 우등생으로 키우는 것이 자녀 교육의 최우선 과제이라는 말도 아닙니다. 제가 줄기차게 주장하는 자기주도학습과 우등의 끝에는 '행복'이 자리잡고 있습니다. 세상 모든 자녀와 부모가 행복한 오늘을 보내고, 희망찬 내일을 맞이하는 데, 「국단어 완전 정복」이 미약하게나마 보탬이 되길 간절히 기원합니다.

초등 교사, 작가 **전위성**

1
손수 책을 편찬하다

2
자기가 한 일 또는 자기 자신을
스스로 칭찬하다

이 책의 구성과 특징

지금부터 **국단어 완전 정복**과 함께
10641 프로젝트에 도전하세요!

구성 1 **교과서 낱말 완전 학습**

1
일

1. 이어질 장면을 생각해요

무슨 요일에 공부하는지 알 수 있어요!

1일 월요일, 2일 화요일, 3일 수요일,
4일 목요일, 5일 금요일에 공부해요.

이어지다
(잇대어지다)
사건, 행동 따위가 / *뒤이어 *벌어지다
예 주인공이 *과식하는 장면을 읽고, 뒷부분에 이어질
내용으로 배탈이 나는 장면을 상상해 보았다.
* 뒤잇다   일과 일이 (끊어지지 않고) 곧바로 이어지다
* 벌어지다   일이 생기다(일어나다, 발생하다)
* 과식하다   지나치게 많이 먹다

장면
마당 장 場
낯 · 모습 면 面
*문학, 영화, 연극 따위에서 / 일정한 장소에서 / 일이 벌어지는 / 모습
예 국어 시간에 친구들과 함께 영화 내용 중에서 기억에 남는 장면을 몸짓으로 *표현했다.
* 문학   인간의 생각과 감정을 글로 표현한 시, 소설, 희곡 따위의 작품
* 표현하다 (글 · 음악 · 그림 · 몸짓 등을 통해) 생각 · 감정 따위를 나타내다(드러내다)

감상하다
거울 감 鑑
상줄 상 賞
예술 작품, 경치 따위를 / 느끼고 이해하다 또는 즐기고 *평가하다
예 그들은 주말마다 영화를 한 편씩 감상하고, 영화에 대한 *감상을 주고받는다.
* 평가하다 (사물의 좋고 나쁨, 잘하고 못함, 옳고 그름 따위를) 가로고 정하다
* 감상(느낄 감 感, 생각 상 想) 마음속에서 일어나는 느낌과 생각

걱정
일이 잘못될까 불안하여 / *속을 태움
예 늦잠을 잔 아이는 지각할까봐 걱정이 되어 학교까지 뛰어갔다.
* 속(을)태우다   몹시 걱정이 되어 마음을 졸이다(속을 태우다시피 조바심하다)
윤 근심, 수심, 우우

각각
각각 각 各
각각 각 各
사람, 물건의 / 하나하나마다
예 낯, 낮, 낯의 발음은 모두[낟]으로 같지만, 그 뜻은 각각 다르다.
윤 제각각, 제각기, 따로따로

경험 (체험)
지날 경 經
시험 험 驗
*실제로 / 보고 · 듣고 · *겪음
예 할머니는 *육이오 전쟁 경험을 들려주었고, 아이는 전쟁 경험을 하지 못해서
전쟁 영화를 본 경험을 떠올리며 이야기를 들었다.
* 실제로   (거짓이나 상상이 아닌) 정말로 있는 그대로
* 겪다   (어렵거나 경험될 만한) 일을 당하여 치르다
* 육이오 전쟁1950년 6월 25일 새벽 북한 공산군이 남한을 침략함으로써 일어난 한국
에서의 전쟁

교과서 쪽수와 주제가 적혀 있어요!

지금 공부하는 낱말이 교과서 몇 쪽에
있는지 알 수 있어요.

단원명과 진도 시기 확인!

낱말이 나오는 단원명과
진도 시기를 알고 학교에서
배우기 전에 미리 공부해요.

끊어 읽기와 핵심 풀이 강조!

뜻풀이가 정확하고 완벽한
장기 기억으로 이어져요.

재밌는 뜻풀이 삽화!

낱말의 뜻을 더 재밌게 알 수
있어요.

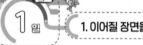
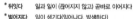

연관된 낱말을 확장하여 학습!

낱말과 비슷한 뜻을 가진 다른
낱말을 함께 익힐 수 있어요.

낱말의 한자어와 뜻을 알 수 있어요!

낱말이 만들어진 한자의 뜻를 알면
낱말의 뜻을 더 쉽게 이해할 수 있어요.

뜻풀이와 예문의 어려운 낱말 확장 학습!

뜻풀이와 예문에 나오는 어려운 낱말을
한 번 더 정리하여 더 많은 낱말을 공부할
수 있어요.

구성 3 **칭찬 사과 색칠놀이**

사과를 색칠해서 열심히 공부한 나를 칭찬해요!

하루 공부를 잘 마쳤다면 하루 한 개씩 예쁘게 색칠해
서 나에게 칭찬 사과를 선물하세요. 사과 나무에 사과
가 주렁주렁 열릴 때까지 열심히 공부합시다!

구성 4 **일일, 주말, 월말, 학기말 평가**

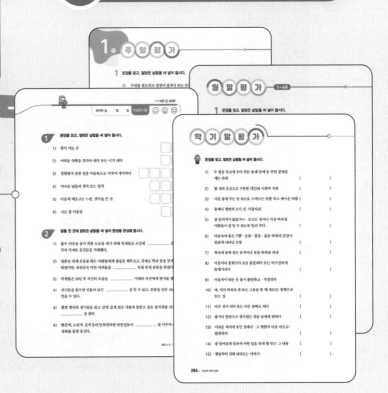

네 차례 평가를 통해서 잘 공부했는지 확인해요!

일일 평가, 주말 평가, 월말 평가, 학기말 평가가
있어요. 공부한 국단어들을 틈틈이 복습해서
100점에 도전하세요!

차례

※ 학교 진도 시기는 학교나 학급의 지도 계획에 따라 변경될 수 있습니다.

1~4주

칭찬 사과 색칠놀이

하루 공부를 잘 마쳤다면 나에게 칭찬 사과를 선물하세요.
사과 나무에 사과가 주렁주렁 열릴 때까지 열심히 공부합시다!

■ 하루 공부가 끝나면 사과 한 개씩 예쁘게 색칠해 보세요.

칭찬 사과를
색칠해 보세요!!

이어지다
(잇대어지다)

사건, 행동 따위가 / *뒤이어 *벌어지다

㉠ 주인공이 *과식하는 장면을 읽고, 뒷부분에 **이어질** 내용으로 배탈이 나는 장면을 상상해 보았다.

* 뒤잇다   일과 일이 (끊어지지 않고) 곧바로 이어지다

* 벌어지다   일이 생기다(일어나다, 발생하다)

* 과식하다(過 지나다 과, 食 밥 식)   지나치게 많이 먹다

장면

한자 마당 장 場
낯·모습 면 面

*문학, 영화, 연극 따위에서 / 일정한 장소에서 / 일이 벌어지는 / 모습

㉠ 국어 시간에 친구들과 함께 영화 내용 중에서 기억에 남는 **장면**을 몸짓으로 *표현했다.

* 문학   인간의 생각과 감정을 글로 표현한 시, 소설, 희곡 따위의 작품

* 표현하다   (글·음악·그림·몸짓 등을 통해) 생각·감정 따위를 나타내다(드러내다)

감상하다

한자 거울 감 鑑
상줄 상 賞

예술 작품, 경치 따위를 / 느끼고 이해하다 또는 즐기고 *평가하다

㉠ 그들은 주말마다 영화를 한 편씩 **감상하고**, 영화에 대한 *감상을 주고받는다.

* 평가하다   (사물의 좋고 나쁨, 잘하고 못함, 옳고 그름 따위를) 가르고 정하다

* 감상(느낄 감 感, 생각 상 想)   마음속에서 일어나는 느낌과 생각

걱정

일이 잘못될까 불안해하며 / *속을 태움

㉠ 늦잠을 잔 아이는 지각할까봐 **걱정**이 되어 학교까지 뛰어갔다.

* 속(을)태우다   몹시 걱정이 되어 마음을 졸이다(속을 태우다시피 조바심하다)

비 근심, 수심(愁 근심 수, 心 마음 심), 우수(憂 근심 우, 愁)

각각

한자 각각 각 各
각각 각 各

사람, 물건의 / 하나하나마다

㉠ 낫, 낯, 낮의 발음은 모두[낟]으로 같지만, 그 뜻은 **각각** 다르다.

비 제각각, 제각기, 따로따로

경험 (체험)

한자 지날 경 經
시험 험 驗

*실제로 / 보고·듣고·*겪음

㉠ 할머니는 *육이오 전쟁 **경험**을 들려주었고, 아이는 전쟁 **경험**을 하지 못해서 전쟁 영화를 본 **경험**을 떠올리며 이야기를 들었다.

* 실제로(實 열매 실, 際 즈음 제)   (거짓이나 상상이 아닌) 정말로 있는 그대로

* 겪다   (어렵거나 경험될 만한) 일을 당하여 치르다

* 육이오 전쟁   1950년 6월 25일 새벽 북한 공산군이 남한을 침략함으로써 일어난 한국에서의 전쟁

1 문장을 읽고, 알맞은 낱말을 써 넣어 봅시다.

1) 사건, 행동 따위가 뒤이어 벌어지다 ☐☐☐☐

2) 문학, 영화, 연극 따위에서 일정한 장소에서 일이 벌어지는 모습 ☐☐

3) 예술 작품, 경치 따위를 느끼고 이해하다 또는 즐기고 평가하다 ☐☐☐☐

4) 일이 잘못될까 불안해하며 속을 태움 ☐☐

5) 사람, 물건의 하나하나마다 ☐☐

6) 실제로 보고·듣고·겪음 ☐☐

2 밑줄 친 곳에 알맞은 낱말을 써 넣어 문장을 완성해 봅시다.

1) 주인공이 과식하는 장면을 읽고, 뒷부분에 _____ 내용으로 배탈이 나는 장면을 상상해 보았다.

2) 국어 시간에 친구들과 함께 영화 내용 중에서 기억에 남는 _____ 을 몸짓으로 표현했다.

3) 그들은 주말마다 영화를 한 편씩 _____, 영화에 대한 감상을 주고받는다.

4) 늦잠을 잔 아이는 지각할까봐 _____ 이 되어 학교까지 뛰어갔다.

5) 낫, 낮, 낯의 발음은 모두[낟]으로 같지만, 그 뜻은 _____ 다르다.

6) 할머니는 육이오 전쟁 _____ 을 들려주었고, 아이는 전쟁 _____ 을 하지 못해서 전쟁 영화를 본 _____ 을 떠올리며 이야기를 들었다.

1. 이어질 장면을 생각해요

대표하다
한자 대신할 대 代
겉 표 表

무엇이 / 전체의 성질을 / 어느 하나로 •나타내다

㉠ 교사는 반장에게 "학급을 **대표하는** 사람으로서 모범을 보이라"고 •당부했다.

• **나타내다** 겉으로 드러내어 보이다

• **당부하다** (어떤 사람이 다른 사람에게 무엇을) 말로써 강하게 부탁하다

표정
한자 겉 표 表
뜻 정 情

마음속에 품은 / 기쁨, 슬픔, 좋음, 싫음 따위의 감정이 / 얼굴에 •나타난 모양

㉠ 아이는 편지를 읽어 내려가는 친구의 **표정**이 점점 어두워지는 걸 보고, 무언가 심각한 내용이 적혀 있을 거라고 •짐작했다.

• **나타나다** (얼굴, 몸, 행동 따위로) 표정·감정을 드러나 보이다

• **짐작하다** (알고 있는 사실에 비추어) 무엇이 어찌할 것이라고 생각하다

비 얼굴색(色 빛 색), 안색(顔 낯 안), 면색(面 낯 면), 기색(氣 기운 기)

광고지 (광고장)
한자 넓을 광 廣
알릴 고 告
종이 지 紙

•광고하는 글, 그림 따위가 실린 / 종이

㉠ 현관문에 붙어 있는 치킨 **광고지**를 보고 갑자기 치킨이 먹고 싶어졌다.

• **광고하다(廣 넓다 광, 告 알리다 고)** (어떤 사실, 정보를 사람들에게) 널리 알리다

예고편
한자 미리 예 豫
알릴 고 告
책 편 篇

영화, TV 프로그램의 / 내용을 미리 알리기 위하여 / 그 내용의 일부를 뽑아 모은 것

㉠ 영화를 보기 전에 **예고편**을 보면 •취향에 맞는 영화를 더 쉽게 고를 수 있다.

• **취향(趣 뜻 취, 向 향할 향)** 하고 싶은 마음, 욕구 따위가 기우는 방향

펼쳐지다

일, 장면이 / •눈앞에 나타나다

㉠ 그 영화는 •예측할 수 없는 사건들이 계속 **펼쳐져서** •한시도 눈을 •뗄 수 없다.

• **눈앞** 눈으로 보이는 아주 가까운 곳

• **예측하다(豫 미리 예, 測 헤아릴 측)** (앞으로 있을 일을 어찌할 것이라고) 미리 헤아려 짐작하다

• **한시(時: 때 시)** 잠깐 동안

• **떼다** 눈길을 다른 곳으로 돌려 더이상(지금 이후로 계속) 보지 않다

상상하다
한자 생각 상 想
모양 상 像

경험하지 못한 일을 / 마음속으로 •그리며 / 생각하다

㉠ 아이는 책의 제목을 보고 어떤 내용이 펼쳐질지 **상상해** 보았다.

• **그리다** (과거나 미래의 일, 그 모습 따위를) 마음속으로 생각하거나 돌이켜 생각하다

1 문장을 읽고, 알맞은 낱말을 써 넣어 봅시다.

1) 무엇이 전체의 성질을 어느 하나로 나타내다

2) 마음속에 품은 기쁨, 슬픔, 좋음, 싫음 따위의 감정이
   얼굴에 나타난 모양

3) 광고하는 글, 그림 따위가 실린 종이

4) 영화, TV 프로그램의 내용을 미리 알리기 위하여
   그 내용의 일부를 뽑아 모은 것

5) 일, 장면이 눈앞에 나타나다

6) 경험하지 못한 일을 마음속으로 그리며 생각하다

2 밑줄 친 곳에 알맞은 낱말을 써 넣어 문장을 완성해 봅시다.

1) 교사는 반장에게 "학급을 _____ 사람으로서 모범을 보이라"고 당부했다.

2) 아이는 편지를 읽어 내려가는 친구의 _____ 이 점점 어두워지는 걸 보고,
   무언가 심각한 내용이 적혀 있을 거라고 짐작했다.

3) 현관문에 붙어 있는 치킨 _____ 를 보고 갑자기 치킨이 먹고 싶어졌다.

4) 영화를 보기 전에 _____ 을 보면 취향에 맞는 영화를 더 쉽게 고를 수 있다.

5) 그 영화는 예측할 수 없는 사건들이 계속 _____ 한시도 눈을 뗄 수 없다.

6) 아이는 책의 제목을 보고 어떤 내용이 펼쳐질지 _____ 보았다.

1. 이어질 장면을 생각해요

질투
한자 미워할 질 嫉
샘낼 투 妬

1) 다른 사람이 / 잘되거나 · 자신보다 앞서서 좋은 위치에 있는 것이 / *샘나서 미워하며 깎아내림 2) 자신이 좋아하거나 사랑하는 사람이 / 다른 사람을 좋아하거나 사랑하는 것을 / *샘하여 미워하고 싫어함

예 백 점을 맞고 기뻐하는 친구를 보니 *은근히 **질투**가 났다.

* **샘**　　　　자기보다 잘되거나 나은 사람을 괜히 미워하고 싫어함. 또는 그런 마음
* **샘하다**　　(어떤 사람이 다른 사람의 처지나 물건을) 탐내거나 미워하다
* **은근히**(慇 은근하다 은, 懃 은근하다 근)　약하게 느낄 수 있을 만큼
비 시기(猜 시기하다 시, 忌 꺼리다 기), 샘, 시샘, 시새움

대사
한자 대 대 臺
말 사 詞

연극, 영화 따위에서 / 배우가 하는 / 말

예 영화 「우리들」에 나온 **대사** 중에 선이 자주 말하던 "아니, 그게 아니고."가 가장 기억에 남는다.

간추리다

중요한 내용만 골라서 / 짧고 간단하게 / *가려 뽑다

예 일어난 일들의 차례를 생각하며 영화의 *줄거리를 **간추렸다.**

* **가리다**　　(여럿 가운데서) 하나를 골라내거나 뽑다
* **줄거리**　　군더더기(쓸데없이 덧붙은 것)를 다 떼어 버리고, 핵심만 담은 내용
비 요약하다(要 요약하다 요, 約 맺다 약), 개괄하다(槪 대개 개, 括 묶다 괄)

차례 (등차)
한자 버금 차 次
법식 례 例

둘 이상의 것을 / 먼저와 나중을 *구분하여 / 줄을 지어 하나씩 *늘어놓은 것

예 급식실에서 **차례**를 어기고 *새치기를 하다가 걸려서 선생님께 혼났다.

* **구분하다**(區 구분하다 구, 分 나누다 분)　　전체를 몇 개로 갈라 나누다
* **늘어놓다**　줄을 지어 차례로 벌여 놓다
* **새치기**　　순서를 어기고 남의 자리에 끼어드는 짓

편
한자 편할 편 便

한 집단을 / 여러 *패로 나누었을 때 / 그중 하나

예 아이들은 피구를 하기 위해 가위바위보로 **편**을 *갈랐다.

* **패**　　　　서로 어울려 다니는 사람의 무리(여럿이 모여 한 동아리를 이룬 사람들)
* **가르다**　쪼개거나 나누어 따로따로 되게 하다

사건
한자 일 사 事
물건 건 件

이야기에서 / 인물들에게 일어나는 / 일

예 체육 시간에 피구를 하려고 편을 가르는데, 선은 맨 마지막까지 선택을 받지 못하는 **사건**이 벌어진다.

→ 바른 답 02쪽

1 문장을 읽고, 알맞은 낱말을 써 넣어 봅시다.

1) 다른 사람이 잘되거나·자신보다 앞서서 좋은 위치에 있는 것이
    샘나서 미워하며 깎아내림

2) 연극, 영화 따위에서 배우가 하는 말

3) 중요한 내용만 골라서 짧고 간단하게 가려 뽑다

4) 둘 이상의 것을 먼저와 나중을 구분하여 줄을 지어
    하나씩 늘어놓은 것

5) 한 집단을 여러 패로 나누었을 때 그중 하나

6) 이야기에서 인물들에게 일어나는 일

2 밑줄 친 곳에 알맞은 낱말을 써 넣어 문장을 완성해 봅시다.

1) 백 점을 맞고 기뻐하는 친구를 보니 은근히 _____ 가 났다.

2) 영화 「우리들」에 나온 _____ 중에 선이 자주 말하던 "아니, 그게 아니고."
    가 가장 기억에 남는다.

3) 일어난 일들의 차례를 생각하며 영화의 줄거리를 _____ .

4) 급식실에서 _____ 를 어기고 새치기를 하다가 걸려서 선생님께 혼났다.

5) 아이들은 피구를 하기 위해 가위바위보로 _____ 을 갈랐다.

6) 체육 시간에 피구를 하려고 편을 가르는데, 선은 맨 마지막까지 선택을 받지 못하는
    _____ 이 벌어진다.

4일

1. 이어질 장면을 생각해요

선택하다

한자 가릴 선 選
가릴 택 擇

여럿 가운데서 / 필요한 것을 / •가려서 •뽑다

예 친구에게 줄 생일 선물을 담을 상자를 가장 큰 것으로 **선택했다.**

• 가리다 (여럿 가운데서) 하나를 구별하여 고르다

• 뽑다 여럿 가운데에서 고르다(가리다)

비 가리다, 고르다, 택하다(擇 고르다 택), 채택하다(採 캐다 채)

개학

한자 열 개 開
배울 학 學

방학, •휴교 따위로 / 한동안 쉬었던 / 수업을 다시 시작함

예 •전염성이 강한 •바이러스가 •유행해서 모든 학교가 **개학**을 •연기했다.

• 휴교(休 쉬다 휴, 校 학교 교) 학교가 수업을 하지 않고 일정 기간 동안 쉼

• 전염성(傳 널리 퍼뜨리다 전, 染 물들다 염, 性 성품 성) 병이 다른 사람에게 전염되는(옮는) 성질

• 바이러스(virus) 세균보다 훨씬 작은 전염성 병원체(생물체에 기생하여 병을 일으키는 생물)인 미생물(현미경이 아니면 볼 수 없는 아주 작은 생물)

• 유행하다 (流 흐르다 류, 行 다니다 행) 전염병(전염성을 가진 병)이 널리 퍼지다

• 연기하다(延 늘이다 연, 期 약속하다 기) 정해진 기한을 뒤로 미루다

따돌리다

밉거나 싫은 사람을 / 따로 떼어 •멀리하다

예 학생들은 화를 잘 내고 욕을 자주 하는 아이를 은근히 **따돌렸다.**

• 멀리하다 (사람이 무엇을 친하게 가까이하지 않고) 피하거나 거리를 두다

외면하다

한자 바깥 외 外
낯 면 面

상대한 사람과 / 마주 대하기를 •꺼려 / •피하다 또는 얼굴을 돌리다

예 개학을 하고 학교에서 만난 지아는 선을 따돌리는 보라 편에 서서 선을 **외면한다.**

• 꺼리다 사물이나 일 등이 자신에게 해가 될까 해서 피하거나 싫어하다

• 피하다 (사람이 어떤 대상을) 마주치거나 만나지 않게 하다

떠올리다

어떤 일, 내용, 사람 따위를 / 다시 생각해 내다

예 어제 감상했던 영화의 내용을 **떠올리며** 인상 깊은 장면을 간추려서 일기장에 감상을 적었다.

미리 (사전에)

일이 생기기 전에 또는 일을 하기에 앞서

예 다음 주 수업에 필요한 준비물을 이번 주에 **미리** 챙겨놓았다.

1 문장을 읽고, 알맞은 낱말을 써 넣어 봅시다.

1) 여럿 가운데서 필요한 것을 가려서 뽑다

2) 방학, 휴교 따위로 한동안 쉬었던 수업을 다시 시작함

3) 밉거나 싫은 사람을 따로 떼어 멀리하다

4) 상대한 사람과 마주 대하기를 꺼려 피하다 또는 얼굴을 돌리다

5) 어떤 일, 내용, 사람 따위를 다시 생각해 내다

6) 일이 생기기 전에 또는 일을 하기에 앞서

2 밑줄 친 곳에 알맞은 낱말을 써 넣어 문장을 완성해 봅시다.

1) 친구에게 줄 생일 선물을 담을 상자를 가장 큰 것으로 _____ .

2) 전염성이 강한 바이러스가 유행해서 모든 학교가 _____ 을 연기했다.

3) 학생들은 화를 잘 내고 욕을 자주 하는 아이를 은근히 _____ .

4) 개학을 하고 학교에서 만난 지아는 선을 따돌리는 보라 편에 서서 선을 _____ .

5) 어제 감상했던 영화의 내용을 _____ 인상 깊은 장면을 간추려서 일기장에 감상을 적었다.

6) 다음 주 수업에 필요한 준비물을 이번 주에 _____ 챙겨놓았다.

여의주
(여의보주)

한자 같을 여 如
뜻 의 意
구슬 주 珠

용의 턱 아래에 있다고 전해지는 / 구슬

예 용의 턱 아래 있는 **여의주**를 얻으면 무엇이든 마음대로
만들어 낼 수 있다고 한다.

이무기

전설상의 동물로 / 용이 되려다 못 되고, 물속에 산다는 / 큰 °구렁이

예 용이 되지 못하여 물속에 산다는 **이무기**는 천 년을 더 기다려야 용이 될 기회
를 얻는다고 한다.

° **구렁이**　　큰 뱀의 하나. 길이는 150~180cm로 빛은 황적색이고 움직임이 느림

사막

한자 모래 사 沙
넓을 ·
사막 막 漠

모래와 자갈로 뒤덮인 / 매우 넓은 °불모의 / 땅

예 **사막**은 °강수량이 1년에 250mm 이하로 오거나, 몇 년 동안 한 방울도 내리지
않아 식물이 자라기 힘든 넓은 지역을 말한다.

° **불모**(不: 아닐 불, 毛: 털 모)　　(땅이 거칠고 메말라) 아무 식물도 자라지 않음

° **강수량**　　비, 눈, 우박 따위로 일정 기간 동안 일정한 곳에 내린 물의 총량

구하다

한자 구원할 구 救

어려움이나 위험에서 / 벗어나게 하다

예 그는 물에 빠져 °허우적거리는 아이를 **구하려고** 강물에 뛰어들었다.

° **허우적거리다(허우적대다)**　위험한 지경에서 벗어나려고 자꾸
손발을 내두르며 몸부림치다

비 구원하다(救, 援 돕다 원), 건지다, 돕다

열심히

한자 더울 열 熱
마음 심 心

하는 일에 / 온 °정성을 다하여 또는 정신을 집중하여

예 공부를 **열심히** 한다면 °누구든 우등생이 될 수 있다.

° **정성**(精 정성스럽다 정, 誠 정성 성)　　온갖 힘을 다하려는 참되고 성실한 마음

° **누구**　　(특정한 사람이 아닌) 막연한 사람을 가리키는 말

성실하다

한자 정성 성 誠
열매 실 實

정성스럽고 · °참되다

예 **성실한** 사람은 자신에게 주어진 일을 열심히 하기 때문에 무슨 일을 하든
결국에는 °성공하게 된다.

° **참되다**　　(사람이나 그 태도가) 거짓이 없고 진실되다

° **성공하다**(成 이루다 성, 功 업적 공)　　적을 이루다. 뜻을 이루다

→ 바른 답 02쪽

1주
5일

1 　**문장을 읽고, 알맞은 낱말을 써 넣어 봅시다.**

1) 용의 턱 아래에 있다고 전해지는 구슬

2) 전설상의 동물로 용이 되려다 못 되고, 물속에 산다는 큰 구렁이

3) 모래와 자갈로 뒤덮인 매우 넓은 불모의 땅

4) 어려움이나 위험에서 벗어나게 하다

5) 하는 일에 온 정성을 다하여 또는 정신을 집중하여

6) 정성스럽고 · 참되다

2 　**밑줄 친 곳에 알맞은 낱말을 써 넣어 문장을 완성해 봅시다.**

1) 용의 턱 아래 있는 _____ 를 얻으면 무엇이든 마음대로 만들어 낼 수 있다고 한다.

2) 용이 되지 못하여 물속에 산다는 _____ 는 천 년을 더 기다려야 용이 될 기회를 얻는다고 한다.

3) _____ 은 강수량이 1년에 250mm 이하로 오거나, 몇 년 동안 한 방울도 내리지 않아 식물이 자라기 힘든 넓은 지역을 말한다.

4) 그는 물에 빠져 허우적거리는 아이를 _____ 강물에 뛰어들었다.

5) 공부를 _____ 한다면 누구든 우등생이 될 수 있다.

6) _____ 사람은 자신에게 주어진 일을 열심히 하기 때문에 무슨 일을 하든 결국에는 성공하게 된다.

1 문장을 읽고, 알맞은 낱말을 써 넣어 봅시다.

1) 밉거나 싫은 사람을 따로 떼어 멀리하다 _____

2) 용의 턱 아래에 있다고 전해지는 구슬 _____

3) 사람, 물건의 하나하나마다 _____

4) 중요한 내용만 골라서 짧고 간단하게 가려 뽑다 _____

5) 일, 장면이 눈앞에 나타나다 _____

6) 방학, 휴교 따위로 한동안 쉬었던 수업을 다시 시작함 _____

7) 전설상의 동물로 용이 되려다 못 되고, 물속에 산다는
   큰 구렁이 _____

8) 일이 생기기 전에 또는 일을 하기에 앞서 _____

9) 상대한 사람과 마주 대하기를 꺼려 피하다 또는
   얼굴을 돌리다 _____

10) 모래와 자갈로 뒤덮인 매우 넓은 불모의 땅 _____

11) 한 집단을 여러 패로 나누었을 때 그중 하나 _____

12) 어려움이나 위험에서 벗어나게 하다 _____

13) 여럿 가운데서 필요한 것을 가려서 뽑다 _____

14) 다른 사람이 잘되거나 · 자신보다 앞서서 좋은 위치에
    있는 것이 샘나서 미워하며 깎아내림 _____

15) 정성스럽고 · 참되다 _____

→ 바른 답 02쪽

16) 연극, 영화 따위에서 배우가 하는 말 _____

17) 사건, 행동 따위가 뒤이어 벌어지다 _____

18) 경험하지 못한 일을 마음속으로 그리며 생각하다 _____

19) 문학, 영화, 연극 따위에서 일정한 장소에서
     일이 벌어지는 모습 _____

20) 광고하는 글, 그림 따위가 실린 종이 _____

21) 예술 작품, 경치 따위를 느끼고 이해하다 또는
     즐기고 평가하다 _____

22) 일이 잘못될까 불안해하며 속을 태움 _____

23) 마음속에 품은 기쁨, 슬픔, 좋음, 싫음 따위의 감정이
     얼굴에 나타난 모양 _____

24) 영화, TV 프로그램의 내용을 미리 알리기 위하여
     그 내용의 일부를 뽑아 모은 것 _____

25) 실제로 보고·듣고·겪음 _____

26) 둘 이상의 것을 먼저와 나중을 구분하여 줄을 지어
     하나씩 늘어놓은 것 _____

27) 이야기에서 인물들에게 일어나는 일 _____

28) 무엇이 전체의 성질을 어느 하나로 나타내다 _____

29) 어떤 일, 내용, 사람 따위를 다시 생각해 내다 _____

30) 하는 일에 온 정성을 다하여 또는 정신을 집중하여 _____

2 밑줄 친 곳에 알맞은 낱말을 써 넣어 문장을 완성해 봅시다.

1) 아이는 책의 제목을 보고 어떤 내용이 펼쳐질지 _____ 보았다.

2) 주인공이 과식하는 장면을 읽고, 뒷부분에 _____ 내용으로 배탈이 나는 장면을 상상해 보았다.

3) 공부를 _____ 한다면 누구든 우등생이 될 수 있다.

4) 국어 시간에 친구들과 함께 영화 내용 중에서 기억에 남는 _____ 을 몸짓으로 표현했다.

5) 할머니는 육이오 전쟁 _____ 을 들려주었고, 아이는 전쟁 _____ 을 하지 못해서 전쟁 영화를 본 _____ 을 떠올리며 이야기를 들었다.

6) 교사는 반장에게 "학급을 _____ 사람으로서 모범을 보이라"고 당부했다.

7) 아이들은 피구를 하기 위해 가위바위보로 _____ 을 갈랐다.

8) 그들은 주말마다 영화를 한 편씩 _____ , 영화에 대한 감상을 주고받는다.

9) 학생들은 화를 잘 내고 욕을 자주 하는 아이를 은근히 _____ .

10) 아이는 편지를 읽어 내려가는 친구의 _____ 이 점점 어두워지는 걸 보고, 무언가 심각한 내용이 적혀 있을 거라고 짐작했다.

11) 백 점을 맞고 기뻐하는 친구를 보니 은근히 _____ 가 났다.

12) 늦잠을 잔 아이는 지각할까봐 _____ 이 되어 학교까지 뛰어갔다.

13) 영화를 보기 전에 _____ 을 보면 취향에 맞는 영화를 더 쉽게 고를 수 있다.

14) 낫, 낮, 낯의 발음은 모두[낟]으로 같지만, 그 뜻은 _____ 다르다.

15) 일어난 일들의 차례를 생각하며 영화의 줄거리를 _____ .

──→ 바른 답 02쪽

16) 체육 시간에 피구를 하려고 편을 가르는데, 선은 맨 마지막까지 선택을 받지 못하는 _____ 이 벌어진다.

17) 현관문에 붙어 있는 치킨 _____ 를 보고 갑자기 치킨이 먹고 싶어졌다.

18) _____ 은 강수량이 1년에 250mm 이하로 오거나, 몇 년 동안 한 방울도 내리지 않아 식물이 자라기 힘든 넓은 지역을 말한다.

19) 다음 주 수업에 필요한 준비물을 이번 주에 _____ 챙겨놓았다.

20) 전염성이 강한 바이러스가 유행해서 모든 학교가 _____ 을 연기했다.

21) 개학을 하고 학교에서 만난 지아는 선을 따돌리는 보라 편에 서서 선을 _____ .

22) 용의 턱 아래 있는 _____ 를 얻으면 무엇이든 마음대로 만들어 낼 수 있다고 한다.

23) 급식실에서 _____ 를 어기고 새치기를 하다가 걸려서 선생님께 혼났다.

24) 그는 물에 빠져 허우적거리는 아이를 _____ 강물에 뛰어들었다.

25) 영화「우리들」에 나온 _____ 중에 선이 자주 말하던 "아니, 그게 아니고."가 가장 기억에 남는다.

26) _____ 사람은 자신에게 주어진 일을 열심히 하기 때문에 무슨 일을 하든 결국에는 성공하게 된다.

27) 어제 감상했던 영화의 내용을 _____ 인상 깊은 장면을 간추려서 일기장에 감상을 적었다.

28) 용이 되지 못하여 물속에 산다는 _____ 는 천 년을 더 기다려야 용이 될 기회를 얻는다고 한다.

29) 그 영화는 예측할 수 없는 사건들이 계속 _____ 한시도 눈을 뗄 수 없다.

30) 친구에게 줄 생일 선물을 담을 상자를 가장 큰 것으로 _____ .

1일

1. 이어질 장면을 생각해요

만화 영화 감상하기 | 교과서 48~51쪽 |

용기 (용)
한자 날랠 · 용감할 용 勇
기운 기 氣

굳세고 씩씩한 ●기운 또는 무엇을 겁내지 않는 ●기개

예 아이는 ●내성적이어서 발표를 하려면 큰 **용기**가 필요했다.

● 기운   (눈에 보이지 않으나, 분위기나 몸의 감각으로 알 수 있는) 느낌

● 기개   (뜻을 굽히지 않고 밀고 나아가는) 굳센 태도와 씩씩한 마음

● 내성적   속마음 · 감정을 (겉으로 나타내지 않고) 마음속으로만 생각하는

평 (비평)
한자 평할 평 評

좋고 나쁨, 잘하고 못함, 옳고 그름 따위를 / ●평가함 또는 평가하는 말

예 영화를 보기 전에 인터넷에서 영화의 감상 **평**을 ●찾아봤다.

● 평가함   (사물의 좋고 나쁨, 잘하고 못함, 옳고 그름 따위를) 가르고 정함

● 찾아보다   원하는 정보를 구하거나 알기 위해 무엇을 뒤지거나 살피다

만화 영화 감상하고 사건의 연속에서 이어질 내용 쓰기 | 교과서 52~55쪽 |

해결하다
한자 풀 해 解
결단할 결 決

얽힌 일을 풀어서 / 잘 ●처리하다 또는 문제를 풀어서 / ●결말짓다

예 지구촌에는 교통 문제, 주택 문제, 환경 문제 등 **해결해야** 할 일들이 많다.

● 처리하다   (정해진 차례와 방법에 따라) 일을 끝맺다

● 결말짓다(끝맺다)(結 맺다 결, 末 끝 말)   일을 마무리하여 끝내다

송이송이

여럿 있는 / ●송이●마다 모두

예 꽃이 피기 시작하자 꿀벌들은 꽃 **송이송이**에 달라붙어 꿀을 모았다.

● 송이   꽃, 열매, 눈 따위가 따로따로 다른 꼭지에 달린 한 덩이

● 마다   '낱낱이 모두 다' 의 뜻을 나타내는 낱말

꽃봉오리
(꽃봉, 봉오리)

●망울만 ●맺히고 / 아직 피지 않은 / 꽃

예 봄이 되자 나뭇가지에서 새싹이 나오고 붉은 **꽃봉오리**가 ●피어올랐다.

● 망울(꽃망울)   아직 피지 않은 어린 꽃봉오리

● 맺히다   (꽃망울이나 열매가 꽃이나 나무에) 생기어 열리게 되다

● 피어오르다 꽃봉오리 등이 맺혀 막 벌어지려고 하다

계획
한자 셀 · 셈할 계 計
그을 획 劃

앞으로 할 일에 대한 / ●구체적인 순서, 방법, 규모 따위를 / 미리 생각하여 / ●짜냄

예 우등생들은 공부를 시작하기 전에 어떤 과목을 얼마나 공부할지 **계획**부터 세운다.

● 구체적(具 갖추다 구, 體 몸 체)   실제적이고 자세한 부분까지 담고 있는

● 짜내다   (사람이 온 힘을 다해) 어떤 생각이 나오게 하다

⟶ 바른 답 02쪽

1 문장을 읽고, 알맞은 낱말을 써 넣어 봅시다.

1) 굳세고 씩씩한 기운 또는 무엇을 겁내지 않는 기개　☐☐

2) 좋고 나쁨, 잘하고 못함, 옳고 그름 따위를 평가함 또는 평가하는 말　☐

3) 얽힌 일을 풀어서 잘 처리하다 또는 문제를 풀어서
결말짓다　☐☐☐☐

4) 여럿 있는 송이마다 모두　☐☐☐☐

5) 망울만 맺히고 아직 피지 않은 꽃　☐☐☐

6) 앞으로 할 일에 대한 구체적인 순서, 방법, 규모 따위를
미리 생각하여 짜냄　☐☐

2 밑줄 친 곳에 알맞은 낱말을 써 넣어 문장을 완성해 봅시다.

1) 아이는 내성적이어서 발표를 하려면 큰 ＿＿＿＿＿＿가 필요했다.

2) 영화를 보기 전에 인터넷에서 영화의 감상 ＿＿＿＿＿＿을 찾아봤다.

3) 지구촌에는 교통 문제, 주택 문제, 환경 문제 등 ＿＿＿＿＿＿ 할 일들이 많다.

4) 꽃이 피기 시작하자 꿀벌들은 꽃 ＿＿＿＿＿＿에 달라붙어 꿀을 모았다.

5) 봄이 되자 나뭇가지에서 새싹이 나오고 붉은 ＿＿＿＿＿＿가 피어올랐다.

6) 우등생들은 공부를 시작하기 전에 어떤 과목을 얼마나 공부할지 ＿＿＿＿＿＿
부터 세운다.

1. 이어질 장면을 생각해요

까닭

어떤 일이 생기게 된 / *이유 또는 *원인

㉠ 아이는 친구가 왜 화를 내는지 그 **까닭**을 알 수 없었다.

* 이유(理 다스리다 이, 由 말미암다 유)　　어떤 결론·결과가 나온 근거(일·의견 등에 근본이 되는 사실)

* 원인(原 근원 원, 因 말미암다 인)　어떤 결과·일·사건·현상 따위를 벌어지게 만든 일

중심인물

한자 가운데 중 中
마음 심 心
사람 인 人
물건 물 物

이야기 따위에서 / 사건의 *중심이 되는 / *인물

㉠ 이야기에서는 특별한 일이 생기고, **중심인물**이 그 일을 해결한다.

* 중심　　매우 중요하고 기본이 되는 부분

* 인물　　(이야기·드라마·연극·영화 등에서) 어떤 역할을 하는 사람

전개하다

한자 펼 전 展
열 개 開

이야기, 사건을 / 펼쳐 나가다

㉠ 국어 시간에 《오늘이》의 뒤에 이어질 이야기를 상상해서 썼는데, 새로운 인물을 *등장시켜서 사건을 *색다르게 **전개했다.**

* 등장시키다　이야기에서 인물을 일정한 역할을 띠고 나타나게 하다

* 색다르다　무엇이 특색(보통의 것과 다른 점)이 있다

어울리다
(아울리다)

여럿이 서로 / *조화롭게 보이다 또는 자연스럽게 보이다

㉠ 새로운 인물을 등장시켜 뒤에 이어질 이야기를 전개했는데, 앞 이야기와 **어울리지** 않아서 내용이 이상해졌다.

* 조화롭다　(둘 이상의 것이 서로 잘 어울려) 어긋나거나 부딪침 없다

시름시름

* 병세가 / 더 나빠지지도 않고·좋아지지도 않으며 / 오래 계속되는 모양

㉠ 소녀가 **시름시름** *앓다가 죽자 소년은 깊은 슬픔에 빠졌다.

* 병세(病 병 병, 勢 형세 세)　　병이 진행되는 상태

* 앓다　병에 걸려 아파하거나 괴로워하다

대본

한자 대 대 臺
근본 본 本

연극을 하거나·영화를 만들기 위해 / 무대의 모습, 이야기의 상황과 *배경, 배우의 행동과 대사 따위를 적은 / 글

㉠ 학생들은 대사를 외우지 못해서 **대본**을 보면서 연극을 했다.

* 배경　문학 작품에서, 주제를 뒷받침하는 시대적·사회적 환경이나 장소

⟶ 바른 답 02쪽

1 **문장을 읽고, 알맞은 낱말을 써 넣어 봅시다.**

2주
2일

1) 어떤 일이 생기게 된 이유 또는 원인

2) 이야기 따위에서 사건의 중심이 되는 인물

3) 이야기, 사건을 펼쳐 나가다

4) 여럿이 서로 조화롭게 보이다 또는 자연스럽게 보이다

5) 병세가 더 나빠지지도 않고 · 좋아지지도 않으며
   오래 계속되는 모양

6) 연극을 하거나 · 영화를 만들기 위해 무대의 모습, 이야기의
   상황과 배경, 배우의 행동과 대사 따위를 적은 글

2 **밑줄 친 곳에 알맞은 낱말을 써 넣어 문장을 완성해 봅시다.**

1) 아이는 친구가 왜 화를 내는지 그 _____ 을 알 수 없었다.

2) 이야기에서는 특별한 일이 생기고, _____ 이 그 일을 해결한다.

3) 국어 시간에 《오늘이》의 뒤에 이어질 이야기를 상상해서 썼는데, 새로운 인물을
   등장시켜서 사건을 색다르게 _____ .

4) 새로운 인물을 등장시켜 뒤에 이어질 이야기를 전개했는데, 앞 이야기와
   _____ 않아서 내용이 이상해졌다.

5) 소녀가 _____ 앓다가 죽자 소년은 깊은 슬픔에 빠졌다.

6) 학생들은 대사를 외우지 못해서 _____ 을 보면서 연극을 했다.

③일 1. 이어질 장면을 생각해요

역할 (역, 배역)
한자 부릴 역 役
나눌 할 割

영화, 연극, 드라마에서 / 배우가 / •등장인물을 맡는 것

⑩ 「토끼의 재판」의 배역을 정하는데, 토끼 **역할**을 서로 하겠다고 •아우성치는
반면, 호랑이 **역할**을 하겠다고 •선뜻 나서는 사람은 없었다.

• **등장인물**   소설 · 연극 · 영화 따위에 나오는 인물
• **아우성치다** (둘 이상의 사람이) 함께 기세를 올려 악을 쓰며 소리를 부르짖다
• **선뜻(산뜻)**   행동이 빠르고 시원스러운 모양

즉흥적
한자 곧 즉 卽
일 흥 興
과녁 적 的

그 자리에서 일어나는 / 기분이나 생각에 따라 / 하는 (것)

⑩ 학생들은 역할극을 만들기 위해 역할을 정하고, 대본이 없는 상태에서 **즉흥적**
으로 이어질 내용에 어울리는 대사를 만들었다.

연기
한자 펼 연 演
재주 기 技

배우가 / 연극, 영화에서 맡은 인물의 / 행동이나 성격 따위를 / 표현해 내는 일

⑩ 역할극을 하는데, 친구가 대본과 다르게 즉흥적으로
연기를 해서 당황스러웠다.

소품 (소도구)
한자 작을 소 小
물건 품 品

연극, 영화 따위에서 / 무대 장치나 •분장에 쓰는 /
작은 도구•류를 통틀어 •이르는 말

⑩ 미술 시간에 친구들과 함께 연기를 하는 데 필요한 **소품**을 만들었다.

• **분장**   등장인물의 나이, 성격, 특징에 걸맞은 모습으로 얼굴과 옷차림을 꾸밈
• **-류(類 무리 류)**   그와 같은 종류에 속하는 것을 가리키는 말
• **이르다**   (어떤 사물을 보고) 무엇이라고 말하다

충분히
한자 채울 충 充
나눌 분 分

크기, 수량, 요구 조건 따위가 / 모자람이 없이 / 기준에 •차고도 남음이 있게

⑩ 역할극에서 •실감나는 연기를 하려면 자신이 맡은 역할을 **충분히** 이해해야 한다.

• **차다**   일정한 기준 · 분량에 이르는(어떤 정도나 범위에 미치는) 상태가 되다
• **실감나다(實 열매 실, 感 느끼다 감)**   실제로 보고 듣고 겪은 것 같은 느낌이 들다
비 넉넉히, 십분(十 열 십, 分 나눌 분), 족히(足 발 · 만족하다 족), 흡족히, 만족히
(滿 가득하다 만)

비슷하다

둘 이상의 대상이 / 닮은 점이 많다 또는 거의 같다

⑩ 두 아이는 키가 **비슷하지만**, 몸무게는 10킬로그램이 차이 난다.

비 유사하다(類, 似 닮다 사), 흡사하다(恰 흡사하다 흡, 似), 비등하다
(比 견줄 비, 等 무리 등), 근사하다(近 비슷하다 근, 似), 맞먹다

공부한 날   월   일   학습평가 ☑

 문장을 읽고, 알맞은 낱말을 써 넣어 봅시다.

1) 영화, 연극, 드라마에서 배우가 등장인물을 맡는 것

2) 그 자리에서 일어나는 기분이나 생각에 따라 하는 (것)

3) 배우가 연극, 영화에서 맡은 인물의 행동이나 성격 따위를 표현해 내는 일

4) 연극, 영화 따위에서 무대 장치나 분장에 쓰는 작은 도구류를 통틀어 이르는 말

5) 크기, 수량, 요구 조건 따위가 모자람이 없이 기준에 차고도 남음이 있게

6) 둘 이상의 대상이 닮은 점이 많다 또는 거의 같다

2 **밑줄 친 곳에 알맞은 낱말을 써 넣어 문장을 완성해 봅시다.**

1) 「토끼의 재판」의 배역을 정하는데, 토끼 _____ 을 서로 하겠다고 아우성치는 반면, 호랑이 _____ 을 하겠다고 선뜻 나서는 사람은 없었다.

2) 학생들은 역할극을 만들기 위해 역할을 정하고, 대본이 없는 상태에서 _____ 으로 이어질 내용에 어울리는 대사를 만들었다.

3) 역할극을 하는데, 친구가 대본과 다르게 즉흥적으로 _____ 를 해서 당황스러웠다.

4) 미술 시간에 친구들과 함께 연기를 하는 데 필요한 _____ 을 만들었다.

5) 역할극에서 실감나는 연기를 하려면 자신이 맡은 역할을 _____ 이해해야 한다.

6) 두 아이는 키가 _____ , 몸무게는 10킬로그램이 차이 난다.

마음을 드러내는 표현 찾기 | 교과서 60-65쪽 |

드러내다

숨겨진 것 또는 알려져 있지 않던 것을 / *나타내어 알게 하다

예 동생은 자신에게 *불리한 사실은 숨기고, *유리한 사실만 **드러내어** 말한다.

* **나타내다**　(말, 글, 표정, 몸짓, 그림, 음악 따위로) 생각·느낌 따위를 겉으로 보이게 하다

* **불리하다**(不 아니다 불, 利 이롭다 리)　　이롭지 않다

* **유리하다**(이롭다) 보탬(보태고 더하는 일, 보태어 돕는 일)이 되는 것이 있다

비 밝히다, 나타내다, 반영하다(反 되돌아오다 반, 映 비치다 영), 내놓다

전하다
한자 전할 전 傳

의미, 지식, 감정 따위를 / 말이나 글로 나타내어 / 다른 사람이 알게 하다

예 생일을 *맞은 친구에게 편지와 선물을 *건네며 축하의 마음을 **전했다**.

* **맞다**　(시간이 흐름에 따라 자연히 돌아오는) 날을 대하다

* **건네다**　　무엇을 남에게 넘겨주다

비 전달하다(傳 전하다 전, 達 이르다[어떤 장소나 시간에 닿다 달])

쑥스럽다

행동, 모습이 / 자연스럽지 못하거나·어울리지 않아 / 어색하고·부끄럽다

예 친구에게 고마운 마음을 말로 전하고 싶었지만, **쑥스러워서** 편지로 대신했다.

비 멋쩍다, 부끄럽다, 겸연쩍다(慊 마음에 차지 않다 겸, 然 그러하다 연), 계면쩍다

어루만지다

따뜻한 말, 행동으로 / 괴로움을 덜어 주거나·슬픔을 *달래서 / *마음을 풀어 주다

예 '미안해'라는 말은 다친 마음을 **어루만지고** *용서를 부르는 말이다.

* **달래다**　(슬퍼하거나, 고통스러워하거나, 흥분한 사람에게) 말로 어르거나 타일러 기분을 가라앉히다

* **마음이 풀리다**　마음속에 맺히거나 틀어졌던 것이 없어지다

* **용서**　　지은 죄나 잘못한 일에 대하여 (꾸짖거나 벌하지 않고) 덮어 줌

두근거리다

몹시 놀라서·겁나서·기분이 좋아서 / 가슴이 자꾸 뛰다

예 내성적인 아이는 발표를 할 때마다 가슴이 **두근거리고** 목소리가 떨렸다.

비 두근대다, 두근두근하다, 설레다

긴장하다
한자 긴할 긴 緊
베풀 장 張

사람이 / 어떤 *자극으로 인하여 / *흥분하다

예 운동회 날에 달리기 경기를 하다가 *잔뜩 **긴장해서** *그만 넘어지고 말았다.

* **자극**　　(감각이나 마음에) 반응이 일어나게 함. 또는 그런 자극을 주는 사물

* **흥분하다**　(어떤 자극을 받아) 감정이 북받쳐 일어나다

* **잔뜩**　　(더할 수 없이) 매우 심하게　　　* **그만**　자신도 모르는 사이에

1 문장을 읽고, 알맞은 낱말을 써 넣어 봅시다.

2주
4일

1) 숨겨진 것 또는 알려져 있지 않던 것을 나타내어
알게 하다

☐ ☐ ☐ ☐

2) 의미, 지식, 감정 따위를 말이나 글로 나타내어
다른 사람이 알게 하다

☐ ☐ ☐

3) 행동, 모습이 자연스럽지 못하거나·어울리지 않아
어색하고·부끄럽다

☐ ☐ ☐ ☐

4) 따뜻한 말, 행동으로 괴로움을 덜어 주거나·
슬픔을 달래서 마음을 풀어 주다

☐ ☐ ☐ ☐

5) 몹시 놀라서·겁나서·기분이 좋아서
가슴이 자꾸 뛰다

☐ ☐ ☐ ☐

6) 사람이 어떤 자극으로 인하여 흥분하다

☐ ☐ ☐

2 밑줄 친 곳에 알맞은 낱말을 써 넣어 문장을 완성해 봅시다.

1) 동생은 자신에게 불리한 사실은 숨기고, 유리한 사실만 _____ 말한다.

2) 생일을 맞은 친구에게 편지와 선물을 건네며 축하의 마음을 _____.

3) 친구에게 고마운 마음을 말로 전하고 싶었지만, _____ 편지로 대신했다.

4) '미안해'라는 말은 다친 마음을 _____ 용서를 부르는 말이다.

5) 내성적인 아이는 발표를 할 때마다 가슴이 _____ 목소리가 떨렸다.

6) 운동회 날에 달리기 경기를 하다가 잔뜩 _____ 그만 넘어지고 말았다.

5일 2. 마음을 전하는 글을 써요

|마음을 드러내는 표현 찾기 | 교과서 60~65쪽 |

응원하다
한자 응할 응 應
도울 원 援

하는 일이 잘되도록 / 곁에서 *돕다 또는 *격려하다

예 아이들은 이어달리기 시합을 할 때마다 *자기편을 목이 터지도록 **응원했다.**

* **돕다** 남이 하는 일이 잘되도록 거들거나 힘을 보태다

* **격려하다(激 심하다 격, 勵 권장하다 려)** 용기나 의욕이 솟아나도록 북돋아 주다

* **자기편** 자기와 생각이나 행동을 같이하는 쪽. 또는 그런 사람

보람

어떤 일을 한 뒤에 얻어지는 / *만족스러운 느낌 또는 좋은 *결과

예 《국단어 완전 정복》을 공부하면 몰랐던 낱말을 알게 되는 **보람**이 있다.

* **만족스럽다** (일이나 행위가 모자람이 없이) 마음에 들어 흐뭇한 데가 있다

* **결과** 어떤 원인으로 결말(일을 맺는 끝)이 생김. 또는 그런 결말의 상태

비 효과(效 본받다 · 효과 효, 果 열매 과), 효력(效, 力 힘 력)

깜빡하다
(깜박하다)

어떤 것을 기억하지 못하다 또는 *주의를 기울이지 못하다

예 준비물을 **깜빡하고** 집에 놓고 와서 엄마한테 갖다 달라고 전화를 했다.

* **주의(注 붓다 주, 意 뜻 · 생각 의)** 어떤 곳이나 일에 정신을 집중함

속상하다
한자 다칠 상 傷

화가 나거나 · 걱정이 되어 / 마음이 불편하고 · 괴롭고 · *우울하다

예 준비물을 미리미리 챙기지 못했다고 엄마한테 *타박을 들어서 **속상했다.**

* **우울하다(憂 근심 우, 鬱 우울하다 울)** 답답하거나 걱정스러워 기운이 없다

* **타박** 잘못한 일, 부족한 점 따위를 지적하여 말하거나 꾸짖다

|글쓴이가 전하려는 마음 알기 | 교과서 66~69쪽 |

형식
한자 모양 형 形
법 식 式

설명문, 일기, 편지 따위의 / 글을 쓰는 / *일정한 방법

예 《해리포터》를 읽고 주인공들에게 전하는 편지 **형식**으로 독후감을 썼다.

* **일정하다(一 하나 일, 定 정하다 정)** (방식이나 구조 따위가) 어떤 식으로 정해져 있다

도자기
한자 질그릇 도 陶
사기그릇 자 瓷
그릇 기 器

흙으로 *빚은 그릇을 / 통틀어 이르는 말

예 고려청자는 전 세계적으로 잘 알려진 우리나라의 *대표적인 **도자기**이다.

* **빚다** 흙 따위의 재료를 반죽하여 어떤 형태를 만들다

* **대표적(代 대신하다 대, 表 겉 표)** 무엇의 성질을 가장 잘 나타내는

→ 바른 답 03쪽

1 문장을 읽고, 알맞은 낱말을 써 넣어 봅시다.

1) 하는 일이 잘되도록 곁에서 돕다 또는 격려하다 □□□□

2) 어떤 일을 한 뒤에 얻어지는 만족스러운 느낌 또는 좋은 결과 □□

3) 어떤 것을 기억하지 못하다 또는 주의를 기울이지 못하다 □□□

4) 화가 나거나·걱정이 되어 마음이 불편하고·괴롭고·우울하다 □□□

5) 설명문, 일기, 편지 따위의 글을 쓰는 일정한 방법 □□

6) 흙으로 빚은 그릇을 통틀어 이르는 말 □□□

2 밑줄 친 곳에 알맞은 낱말을 써 넣어 문장을 완성해 봅시다.

1) 아이들은 이어달리기 시합을 할 때마다 자기편을 목이 터지도록 _____ .

2) 《국단어 완전 정복》을 공부하면 몰랐던 낱말을 알게 되는 _____ 이 있다.

3) 준비물을 _____ 집에 놓고 와서 엄마한테 갖다 달라고 전화를 했다.

4) 준비물을 미리미리 챙기지 못했다고 엄마한테 타박을 들어서 _____ .

5) 《해리포터》를 읽고 주인공들에게 전하는 편지 _____ 으로 독후감을 썼다.

6) 고려청자는 전 세계적으로 잘 알려진 우리나라의 대표적인 _____ 이다.

1 문장을 읽고, 알맞은 낱말을 써 넣어 봅시다.

1) 여럿이 서로 조화롭게 보이다 또는 자연스럽게 보이다 _____

2) 하는 일이 잘되도록 곁에서 돕다 또는 격려하다 _____

3) 망울만 맺히고 아직 피지 않은 꽃 _____

4) 좋고 나쁨, 잘하고 못함, 옳고 그름 따위를 평가함 또는 평가하는 말 _____

5) 몹시 놀라서·겁나서·기분이 좋아서 가슴이 자꾸 뛰다 _____

6) 어떤 일을 한 뒤에 얻어지는 만족스러운 느낌 또는 좋은 결과 _____

7) 어떤 것을 기억하지 못하다 또는 주의를 기울이지 못하다 _____

8) 흙으로 빚은 그릇을 통틀어 이르는 말 _____

9) 행동, 모습이 자연스럽지 못하거나·어울리지 않아 어색하고·부끄럽다 _____

10) 숨겨진 것 또는 알려져 있지 않던 것을 나타내어 알게 하다 _____

11) 둘 이상의 대상이 닮은 점이 많다 또는 거의 같다 _____

12) 따뜻한 말, 행동으로 괴로움을 덜어 주거나· 슬픔을 달래서 마음을 풀어 주다 _____

13) 연극을 하거나·영화를 만들기 위해 무대의 모습, 이야기의 상황과 배경, 배우의 행동과 대사 따위를 적은 글 _____

14) 영화, 연극, 드라마에서 배우가 등장인물을 맡는 것 _____

15) 굳세고 씩씩한 기운 또는 무엇을 겁내지 않는 기개 _____

→ 바른 답 03쪽

16) 얽힌 일을 풀어서 잘 처리하다 또는 문제를 풀어서
    결말짓다 _____

17) 설명문, 일기, 편지 따위의 글을 쓰는 일정한 방법 _____

18) 어떤 일이 생기게 된 이유 또는 원인 _____

19) 여럿 있는 송이마다 모두 _____

20) 앞으로 할 일에 대한 구체적인 순서, 방법, 규모 따위를
    미리 생각하여 짜냄 _____

21) 사람이 어떤 자극으로 인하여 흥분하다 _____

22) 연극, 영화 따위에서 무대 장치나 분장에 쓰는 작은 도구류를
    통틀어 이르는 말 _____

23) 이야기, 사건을 펼쳐 나가다 _____

24) 그 자리에서 일어나는 기분이나 생각에 따라 하는 (것) _____

25) 배우가 연극, 영화에서 맡은 인물의 행동이나 성격 따위를
    표현해 내는 일 _____

26) 이야기 따위에서 사건의 중심이 되는 인물 _____

27) 병세가 더 나빠지지도 않고 · 좋아지지도 않으며 오래
    계속되는 모양 _____

28) 크기, 수량, 요구 조건 따위가 모자람이 없이 기준에
    차고도 남음이 있게 _____

29) 의미, 지식, 감정 따위를 말이나 글로 나타내어
    다른 사람이 알게 하다 _____

30) 화가 나거나 · 걱정이 되어 마음이 불편하고 ·
    괴롭고 · 우울하다 _____

2 밑줄 친 곳에 알맞은 낱말을 써 넣어 문장을 완성해 봅시다.

1) 친구에게 고마운 마음을 말로 전하고 싶었지만, _____ 편지로 대신했다.

2) 소녀가 _____ 앓다가 죽자 소년은 깊은 슬픔에 빠졌다.

3) 아이들은 이어달리기 시합을 할 때마다 자기편을 목이 터지도록 _____.

4) 미술 시간에 친구들과 함께 연기를 하는 데 필요한 _____ 을 만들었다.

5) 내성적인 아이는 발표를 할 때마다 가슴이 _____ 목소리가 떨렸다.

6) 꽃이 피기 시작하자 꿀벌들은 꽃 _____ 에 달라붙어 꿀을 모았다.

7) 준비물을 _____ 집에 놓고 와서 엄마한테 갖다 달라고 전화를 했다.

8) 생일을 맞은 친구에게 편지와 선물을 건네며 축하의 마음을 _____.

9) 이야기에서는 특별한 일이 생기고, _____ 이 그 일을 해결한다.

10) 영화를 보기 전에 인터넷에서 영화의 감상 _____ 을 찾아봤다.

11) 고려청자는 전 세계적으로 잘 알려진 우리나라의 대표적인 _____ 이다.

12) 「토끼의 재판」의 배역을 정하는데, 토끼 _____ 을 서로 하겠다고 아우성치는 반면, 호랑이 _____ 을 하겠다고 선뜻 나서는 사람은 없었다.

13) 역할극을 하는데, 친구가 대본과 다르게 즉흥적으로 _____ 를 해서 당황스러웠다.

14) 국어 시간에 《오늘이》의 뒤에 이어질 이야기를 상상해서 썼는데, 새로운 인물을 등장시켜서 사건을 색다르게 _____.

15) 두 아이는 키가 _____, 몸무게는 10킬로그램이 차이 난다.

→ 바른 답 03쪽

16) 《해리포터》를 읽고 주인공들에게 전하는 편지 _____ 으로 독후감을 썼다.

17) '미안해'라는 말은 다친 마음을 _____ 용서를 부르는 말이다.

18) 아이는 내성적이어서 발표를 하려면 큰 _____ 가 필요했다.

19) 역할극에서 실감나는 연기를 하려면 자신이 맡은 역할을 _____ 이해해야 한다.

20) 지구촌에는 교통 문제, 주택 문제, 환경 문제 등 _____ 할 일들이 많다.

21) 봄이 되자 나뭇가지에서 새싹이 나오고 붉은 _____ 가 피어올랐다.

22) 우등생들은 공부를 시작하기 전에 어떤 과목을 얼마나 공부할지 _____ 부터 세운다.

23) 운동회 날에 달리기 경기를 하다가 잔뜩 _____ 그만 넘어지고 말았다.

24) 학생들은 역할극을 만들기 위해 역할을 정하고, 대본이 없는 상태에서 _____ 으로 이어질 내용에 어울리는 대사를 만들었다.

25) 준비물을 미리미리 챙기지 못했다고 엄마한테 타박을 들어서 _____ .

26) 아이는 친구가 왜 화를 내는지 그 _____ 을 알 수 없었다.

27) 새로운 인물을 등장시켜 뒤에 이어질 이야기를 전개했는데, 앞 이야기와 _____ 않아서 내용이 이상해졌다.

28) 《국단어 완전 정복》을 공부하면 몰랐던 낱말을 알게 되는 _____ 이 있다.

29) 학생들은 대사를 외우지 못해서 _____ 을 보면서 연극을 했다.

30) 동생은 자신에게 불리한 사실은 숨기고, 유리한 사실만 _____ 말한다.

2. 마음을 전하는 글을 써요

글쓴이가 전하려는 마음 알기 | 교과서 66~69쪽

물레 (돌림판)

도자기를 만들 때 / 흙을 빚거나 · 무늬를 넣는 데 / 사용하는 / 기구

예 체험 학습에서 °진흙 °반죽을 **물레** 위에 올려놓고 도자기를 빚었다.

° 진흙(질흙, 이토) 빛깔이 붉고 차진(끈끈한 기운이 많은) 흙

° 반죽 　　가루에 물을 부어서 이겨 갬. 또는 그렇게 한 것

당황스럽다

한자 당황할 당 唐
　　어리둥절할 황 慌

°뜻밖의 일을 당하여 / 어찌할 바를 몰라 / °어리둥절하다

예 축구공을 차다가 신발이 벗겨져 허공으로 날아가서 **당황스러웠다.**

° 뜻밖 　　생각이나 예상을 전혀 하지 못함. 생각 밖. 예상외. 의외

° 어리둥절하다 　　뜻밖의 일 때문에 정신을 차릴 수 없을 정도로 얼떨떨하다

시범

한자 보일 시 示
　　법 ·
　　본보기 범 範

°모범을 / 보임

예 교사는 학생들 앞에서 진흙 반죽을 그릇 모양으로 빚는 **시범**을 보였다.

° 모범(模 본뜨다 · 본받다 모, 範 법 · 본보기 범) 　　본받아(그대로 따라) 배울 만한
　　　　　　　　　　　　　　　　　　　　　　　　　방법 · 행동 · 대상 따위

신기하다

한자 새로울 신 新
　　기특할 기 奇

사물, °현상 따위가 / °새롭고 · °이상하다

예 진흙 반죽이 물레 위에서 그릇 모양으로 변하는 모습이 정말 **신기하다.**

° 현상 　　관찰할(눈으로 보고 살필) 수 있는 사물의 모양과 상태

° 새롭다 　　(무엇이) 지금까지 있었던 적이 없다

° 이상하다(異 다르다 이, 常 항상 상) 지금까지의 경험이나 지식과는
　　　　　　　　　　　　　　　　　　　　달리 별나거나 색다르다

특징

한자 특별할 특 特
　　부를 징 徵

다른 것에 °비하여 / 특별히 °눈에 띄는 / 점

예 한 친구는 큰 키가 **특징**이고, 다른 친구는 긴 머리카락이 **특징**이다.

° 비(比: 견줄 비)하다 　　(사물 따위를 다른 것에) 견주다. 비교하다

° 눈(에)띄다 　두드러지게 드러나다(겉으로 나타나다)

비 특성(特, 性 성품 성), 특이성(異 다르다 이), 특유성(有 있다 유), 특색(色 빛 색)

표현하다

한자 겉 표 表
　　나타날 현 現

°생각, 감정을 / 말, 행동, 글, 음악, 그림 따위를 통해 / 겉으로 나타내다

예 부모님께 말로 전하기 쑥스러운 고마운 마음을 편지글로 **표현했다.**

° 생각 　　무엇에 대한 의견이나 느낌. 또는 사물을 헤아리고 판단하는 정신 작용

비 나타내다, 드러내다, 그리다, 표시하다(表, 示 보이다 시), 표하다

⟶ 바른 답 03쪽

1 문장을 읽고, 알맞은 낱말을 써 넣어 봅시다.

1) 도자기를 만들 때 흙을 빚거나 · 무늬를 넣는 데 사용하는 기구

2) 뜻밖의 일을 당하여 어찌할 바를 몰라 어리둥절하다

3) 모범을 보임

4) 사물, 현상 따위가 새롭고 · 이상하다

5) 다른 것에 비하여 특별히 눈에 띄는 점

6) 생각, 감정을 말, 행동, 글, 음악, 그림 따위를 통해 겉으로 나타내다

3주 1일

2 밑줄 친 곳에 알맞은 낱말을 써 넣어 문장을 완성해 봅시다.

1) 체험 학습에서 진흙 반죽을 _____ 위에 올려놓고 도자기를 빚었다.

2) 축구공을 차다가 신발이 벗겨져 허공으로 날아가서 _____ .

3) 교사는 학생들 앞에서 진흙 반죽을 그릇 모양으로 빚는 _____ 을 보였다.

4) 진흙 반죽이 물레 위에서 그릇 모양으로 변하는 모습이 정말 _____ .

5) 한 친구는 큰 키가 _____ 이고, 다른 친구는 긴 머리카락이 _____ 이다.

6) 부모님께 말로 전하기 쑥스러운 고마운 마음을 편지글로 _____ .

마음을 전하는 글을 쓰는 방법 알기 | 교과서 70~73쪽 |

축하하다

한자 빌 축 祝
하례할 하 賀

남의 좋은 일에 / 기뻐하고 · 즐거워하는 / 마음을 전하기 위해 / °인사하다

예 친구의 생일을 **축하하는** 마음을 편지에 담아 표현했다.

° **인사하다**   (고맙거나 칭찬할 일 따위에 대하여) 예의를 표하다

국회

한자 나라 국 國
모일 회 會

국민이 뽑은 국회 의원들로 °**구성되어** / 국민의 의견을 °**반영하여** / 여러 가지 일을 °**추진하는** / °**입법** 기관

예 **국회**는 국민의 대표인 의원들이 모여 법을 만드는 곳이다.

° **구성하다(構 얽다 구, 成 이루다 성)** 몇 가지 부분들을 모아서 일정한 전체를 짜 이루다

° **반영하다**   (다른 것에 영향을 받아) 무엇을 겉으로 드러나 보이게 하다

° **추진하다**   목적을 향해 어떤 일을 계속 해 나가다

° **입법(立 똑바로 서다 입, 法 법 법)**   법을 만들거나 고치는 일

의원

한자 의논할 의 議
인원 원 員

국회, 지방 의회와 같은 / °**조직체의** °**구성원으로** / °**의결권을** 가진 사람

예 학급 회의에서는 모든 학생이 °**안건**에 대하여 의결권을 갖는 **의원**이다.

° **조직체**   조직적(낱낱의 부분이 잘 짜여 있는)으로 이루어진 단체 · 집단 · 모임

° **구성원(構成, 員 인원 원)**   (조직, 집단, 단체를 이루고 있는) 사람들

° **의결권**   회의에 참석하여 안건에 대하여 의결할(의논하여 결정할) 수 있는 권리

° **안건(案 책상 · 안건 안, 件 물건 건)** 회의를 통해 해결할 문제

들르다

지나는 길에 / 어디에 잠깐 들어가 / °**머무르다**

예 °**하굣길**에 내일 미술 시간에 쓸 준비물을 사려고 문구점에 **들렀다.**

° **머무르다**   어떤 곳에서 잠시 동안 또는 꽤 오랫동안 지내다

° **하굣길**   수업을 마치고 학교에서 집으로 돌아가는 길

꾸준히

쉬거나 · 중간에 끊어짐이 없이 / 처음부터 끝까지 / °**변함없이**

예 수학은 매일 **꾸준히** 공부해야 좋은 점수를 받을 수 있다.

° **변함없이(變 변하다 변)**   이전과 달라진 것이 없이 그대로(전에 있던 대로)

노력하다

한자 힘쓸 노 努
힘 력 力

일을 이루기 위해 / 있는 힘을 다하여 / 힘쓰다

예 아이는 시험을 잘 보기 위해 꾸준히 **노력했고,**
결국 시험에서 백 점을 맞았다.

비 힘쓰다, 애쓰다

1 문장을 읽고, 알맞은 낱말을 써 넣어 봅시다.

1) 남의 좋은 일에 기뻐하고·즐거워하는 마음을
   전하기 위해 인사하다

2) 국민이 뽑은 국회 의원들로 구성되어 국민의 의견을 반영하여
   여러 가지 일을 추진하는 입법 기관

3) 국회, 지방 의회와 같은 조직체의 구성원으로 의결권을 가진 사람

4) 지나는 길에 어디에 잠깐 들어가 머무르다

5) 쉬거나·중간에 끊어짐이 없이 처음부터 끝까지 변함없이

6) 일을 이루기 위해 있는 힘을 다하여 힘쓰다

3주
2일

2 밑줄 친 곳에 알맞은 낱말을 써 넣어 문장을 완성해 봅시다.

1) 친구의 생일을 _____ 마음을 편지에 담아 표현했다.

2) _____ 는 국민의 대표인 의원들이 모여 법을 만드는 곳이다.

3) 학급 회의에서는 모든 학생이 안건에 대하여 의결권을 갖는 _____ 이다.

4) 하굣길에 내일 미술 시간에 쓸 준비물을 사려고 문구점에 _____ .

5) 수학은 매일 _____ 공부해야 좋은 점수를 받을 수 있다.

6) 아이는 시험을 잘 보기 위해 꾸준히 _____ , 결국 시험에서 백 점을
   맞았다.

3_일

2. 마음을 전하는 글을 써요

동양
한자 동녘 동 東 큰 바다 양 洋

*서양에 *대응되는 말로 / 유럽 대륙의 동쪽에 위치한 / 아시아의 여러 나라를 / 통틀어 부르는 말

㉮ **동양**은 서양에 대응되는 말로, 아시아의 동부 및 남부에 있는 한국, 중국, 일본, 인도, 미얀마, 타이, 인도네시아 등의 *지역을 말한다.

* **서양(구미)** 유럽과 남북아메리카의 여러 나라를 통틀어 이르는 말
* **대응되다** 두 대상이 (주어진 관계에 의하여) 서로 짝이 이루어지다
* **지역** 경계(지역과 지역을 나누어 가르는 선) 안의 땅

힘쓰다

괴로움과 어려움을 *무릅쓰고 / 꾸준히 노력하다

㉮ *학창 시절은 *한창 배우고 익혀야 하는 *시기이므로 학업에 **힘써야** 한다.

* **무릅쓰다** 힘들고 어려운 일을 그대로 참고 견디다
* **학창 시절** 신분이 학생이던 시절(일정한 시기나 때)
* **한창** 어떤 일이 가장 활기 있고 왕성하게 일어나는 때
* **시기(때)(時** 때 시, **機** 틀 기) 어떤 일이나 현상이 진행되는 시점

진실하다
한자 참 진 眞 열매 실 實

마음에 거짓이 없이 / *순수하고 · *바르다

㉮ *언행이 *일치하고 남을 속이지 않는 **진실한** 사람을 친구로 사귀어야 한다.

* **순수하다** 사사로운(개인적인) 욕심이나 못된 생각이 없다
* **바르다** 말과 행동이 도리(사람이 마땅히 행하여야 할 바른 길)에 맞다
* **언행** 말과 행동 　　***일치하다** 서로 (어긋나지 않고) 꼭 맞다

워낙 (원체, 원판)

사물, 현상이 / 만들어지거나 · 생겨난 / 처음부터

㉮ 동생은 **워낙** 착해서 욕심을 전혀 부리지 않고 자기 것을 다 내준다.

비 본디(本 근본 본), 원래(元 으뜸 원, 來 올 래), 본래, 본시(是 옳다 시)

가리다

여럿 가운데서 / 어떤 것을 / 고르다

㉮ 좋은 사람이 되려면 좋은 친구를 **가려** 사귀고, 좋은 책을 **가려** 봐야 한다.

비 고르다, 가려내다, 골라내다, 뽑다, 선발하다, 선별하다, 선택하다, 간택하다

하루 30분

조건
한자 가지 조 條 물건 건 件

일이 / 진행되거나 · *성립되기 위해 / *갖춰야 할 / *요소 또는 상태

㉮ 엄마는 하루에 30분만 사용하는 **조건**으로 아이에게 휴대폰을 사주었다.

* **성립되다(成** 이루다 성, **立** 똑바로 서다 립) (일 따위가) 제대로 이루어지다
* **갖추다** 있어야 할 것을 가지거나 챙기다. 또는 미리 골고루 준비하다
* **요소** (무엇의 성립이나 효력 발생 따위에) 꼭 있어야 할 성분(부분) 또는 조건

→ 바른 답 03쪽

1 문장을 읽고, 알맞은 낱말을 써 넣어 봅시다.

1) 서양에 대응되는 말로 유럽 대륙의 동쪽에 위치한
아시아의 여러 나라를 통틀어 부르는 말

2) 괴로움과 어려움을 무릅쓰고 꾸준히 노력하다

3) 마음에 거짓이 없이 순수하고 · 바르다

3주
3일

4) 사물, 현상이 만들어지거나 · 생겨난 처음부터

5) 여럿 가운데서 어떤 것을 고르다

6) 일이 진행되거나 · 성립되기 위해 갖춰야 할 요소 또는 상태

2 밑줄 친 곳에 알맞은 낱말을 써 넣어 문장을 완성해 봅시다.

1) ＿＿＿＿＿ 은 서양에 대응되는 말로, 아시아의 동부 및 남부에 있는 한국, 중국,
일본, 인도, 미얀마, 타이, 인도네시아 등의 지역을 말한다.

2) 학창 시절은 한창 배우고 익혀야 하는 시기이므로 학업에 ＿＿＿＿＿ 한다.

3) 언행이 일치하고 남을 속이지 않는 ＿＿＿＿＿ 사람을 친구로 사귀어야 한다.

4) 동생은 ＿＿＿＿＿ 착해서 욕심을 전혀 부리지 않고 자기 것을 다 내준다.

5) 좋은 사람이 되려면 좋은 친구를 ＿＿＿＿＿ 사귀고, 좋은 책을 ＿＿＿＿＿
봐야 한다.

6) 엄마는 하루에 30분만 사용하는 ＿＿＿＿＿ 으로 아이에게 휴대폰을 사주었다.

2. 마음을 전하는 글을 써요

견디다

°시련, 고통을 / °참다

㉾ 고통을 **견디며** 한 걸음 한 걸음 올라가서 마침내 °정상에 올랐다.

° 시련(試 시험 시, 鍊 불리다쇠를 불에 달구어 단단하게 하다 련)　　(겪어 내기 힘든) 어려움

° 참다　　웃음 · 울음 · 아픔 따위를 억누르고 견디다

° 정상(頂 꼭대기 정, 上 윗 상)　　산 따위에서 맨 꼭대기(높이가 있는 사물의 맨 위쪽)

부지런하다

일하는 태도가 / °열성적이며 · 꾸준하다

㉾ '거지도 **부지런하면** 더운밥을 얻어먹는다'는 속담은 '아무리 어렵게 살더라도 **부지런하면** 작은 행복을 누릴 수 있고 좋은 성과를 얻을 수 있다'는 뜻이다.

° 열성적(熱 덥다 열, 誠 정성 성)　　열심히 정성을 다하는

고르다

여럿 중에서 / 쓸 것이나 · 좋은 것을 / 뽑다

㉾ 동생과 마트에 가서 먹고 싶은 과자를 한 봉지씩 **골랐다**.

비 가리다, 선택하다(選 뽑다 선, 擇 고르다 택), 택하다, 추리다

필요하다

한자 반드시 필 必
요긴할 요 要

반드시 쓸 곳이 있다 또는 반드시 갖춰야 한다

㉾ 옷장을 정리하면서 **필요한** 옷만 골라서 남기고 나머지는 버렸다.

지식

한자 알 지 知
알 식 識

교육, 경험, 연구 따위를 통해 / 알게 된 °정보

㉾ 독서는 필요한 **지식**을 얻을 수 있는 가장 °손쉬운 방법 중 하나이다.

° 정보(情 뜻 정, 報 갚다 · 알리다 보)　　(문제 해결에 도움이 될 수 있는 형태로 정리한) 지식과 자료

° 손쉽다　　(어떤 것을 다루거나 어떤 일을 하기가) 매우 쉽다

종류

한자 씨 종 種
무리 류 類

사물의 °부문을 나누는 / °갈래

㉾ 우리 반 친구들이 가장 즐겨 읽는 책의 **종류**는 위인전과 학습 만화이다.

° 부문 (部 떼 · 구분 부, 門 문 · 부문 문)　　(일정한 기준에 따라 큰 범위에서 분류하거나 나누어 놓은) 낱낱의 범위나 부분

° 갈래　　(하나에서 둘 이상으로 갈라져 나간) 낱낱의 가닥 · 부분

1 문장을 읽고, 알맞은 낱말을 써 넣어 봅시다.

1) 시련, 고통을 참다

2) 일하는 태도가 열성적이며 · 꾸준하다

3) 여럿 중에서 쓸 것이나 · 좋은 것을 뽑다

4) 반드시 쓸 곳이 있다 또는 반드시 갖춰야 한다

5) 교육, 경험, 연구 따위를 통해 알게 된 정보

6) 사물의 부문을 나누는 갈래

3주 4일

2 밑줄 친 곳에 알맞은 낱말을 써 넣어 문장을 완성해 봅시다.

1) 고통을 _____ 한 걸음 한 걸음 올라가서 마침내 정상에 올랐다.

2) '거지도 _____ 더운밥을 얻어먹는다'는 속담은 '아무리 어렵게 살더라도
_____ 작은 행복을 누릴 수 있고 좋은 성과를 얻을 수 있다'는 뜻이다.

3) 동생과 마트에 가서 먹고 싶은 과자를 한 봉지씩 _____ .

4) 옷장을 정리하면서 _____ 옷만 골라서 남기고 나머지는 버렸다.

5) 독서는 필요한 _____ 을 얻을 수 있는 가장 손쉬운 방법 중 하나이다.

6) 우리 반 친구들이 가장 즐겨 읽는 책의 _____ 는 위인전과 학습 만화이다.

마음을 전하는 글을 써서 평생을 읽기 | 교과서 70~73쪽 |

익히다

일을 / 여러 번 해 보아 / 솜씨 있게 *잘하다

㉠ 학교와 학원에서 배운 지식을 **익히려면** 여러 번 *복습해야 한다.

* **잘하다**　익숙하고 솜씨 있게 하다
* **복습하다 (復 돌아오다 복, 習 익히다 습)**　이미 배운 것을 다시 익혀 공부하다
* 비 단련하다(鍛 불리다 단, 錬 불리다 련), 수련하다(修 닦을 수, 錬), 연마하다(研 갈다 연, 磨 갈다 마), 연습하다(練 익히다 연, 習), 공부하다(工 장인 공, 夫 남편 · 사내 부), 학습하다(學 배우다 학, 習)

당부하다
한자 마땅 당 當
줄 부 付

말로 / 강하게 *부탁하다

㉠ 안창호 선생은 아들에게 두 종류의 책을 골라 읽으라고 **당부했는데**, 첫째는 좋은 사람의 이야기가 담겨 있어 *본받을 수 있는 책이고, 둘째는 공부에 필요한 지식을 얻을 수 있는 책이다.

* **부탁하다**　(어떤 일을 해 달라고) 남에게 청하다 · 원하다 · 바라다
* **본받다(本 근본 본)**　(무엇을 본보기로 하여) 그대로 따라 하다
* 비 신신당부하다(申 거듭 신), 신신부탁하다(付 주다 부, 託 부탁하다 탁), 부탁하다

고려하다
한자 생각할 고 考
생각할 려 慮

대상에 대하여 / *헤아려 생각하다

㉠ 마음을 전하는 글을 쓸 때에는 읽는 사람의 마음을 **고려해서** 써야 한다.

* **헤아리다**　(마음이나 일의 속뜻을) 짐작으로 가늠하거나 미루어 생각하다

안부
한자 편안 안 安
아닐 부 否

어떤 사람이 편안히 지내는지 · 그렇지 않은지에 대한 소식 또는 인사로 안부를 전하거나 묻는 일

㉠ 전학을 간 친구에게 잘 지내고 있는지 **안부**를 묻는 문자를 보냈다.

치료
한자 다스릴 치 治
병 고칠 료 療

병, 상처를 / 잘 *다스려 / 낫게 함

㉠ **치료**가 힘든 전염병이 유행하는 *바람에 모든 학교가 휴교를 했다.

* **다스리다**　(사람이 병을) 낫도록 보살피다
* **바람**　('—는 바람에'의 꼴로 쓰여) 뒷말의 원인이나 근거를 나타내는 말

보건
한자 지킬 보 保
굳셀 건 健

*건강을 *지킴

㉠ 손을 자주 씻는 것은 **보건**을 위해 무척 중요하다.

* **건강(健 굳세다 · 건강하다 건, 康 편안하다 강)**　정신적 · 육체적으로 병이 없고 튼튼함. 또는 그런 상태
* **지키다**　상태나 태도를 그대로 유지하다(변함없이 계속 이어 가다)

1 **문장을 읽고, 알맞은 낱말을 써 넣어 봅시다.**

1) 일을 여러 번 해 보아 솜씨 있게 잘하다

2) 말로 강하게 부탁하다

3) 대상에 대하여 헤아려 생각하다

4) 어떤 사람이 편안히 지내는지 · 그렇지 않은지에 대한 소식 또는 인사로 안부를 전하거나 묻는 일

5) 병, 상처를 잘 다스려 낫게 함

6) 건강을 지킴

2 **밑줄 친 곳에 알맞은 낱말을 써 넣어 문장을 완성해 봅시다.**

1) 학교와 학원에서 배운 지식을 _____ 여러 번 복습해야 한다.

2) 안창호 선생은 아들에게 두 종류의 책을 골라 읽으라고 _____ , 첫째는 좋은 사람의 이야기가 담겨 있어 본받을 수 있는 책이고, 둘째는 공부에 필요한 지식을 얻을 수 있는 책이다.

3) 마음을 전하는 글을 쓸 때에는 읽는 사람의 마음을 _____ 써야 한다.

4) 전학을 간 친구에게 잘 지내고 있는지 _____ 를 묻는 문자를 보냈다.

5) _____ 가 힘든 전염병이 유행하는 바람에 모든 학교가 휴교를 했다.

6) 손을 자주 씻는 것은 _____ 을 위해 무척 중요하다.

1 문장을 읽고, 알맞은 낱말을 써 넣어 봅시다.

1) 쉬거나 · 중간에 끊어짐이 없이 처음부터 끝까지 변함없이 _____

2) 일을 여러 번 해 보아 솜씨 있게 잘하다 _____

3) 말로 강하게 부탁하다 _____

4) 대상에 대하여 헤아려 생각하다 _____

5) 건강을 지킴 _____

6) 여럿 가운데서 어떤 것을 고르다 _____

7) 국민이 뽑은 국회 의원들로 구성되어 국민의 의견을
반영하여 여러 가지 일을 추진하는 입법 기관 _____

8) 시련, 고통을 참다 _____

9) 서양에 대응되는 말로 유럽 대륙의 동쪽에 위치한
아시아의 여러 나라를 통틀어 부르는 말 _____

10) 괴로움과 어려움을 무릅쓰고 꾸준히 노력하다 _____

11) 병, 상처를 잘 다스려 낫게 함 _____

12) 사물, 현상 따위가 새롭고 · 이상하다 _____

13) 사물, 현상이 만들어지거나 · 생겨난 처음부터 _____

14) 일이 진행되거나 · 성립되기 위해 갖춰야 할 요소 또는 상태 _____

15) 일하는 태도가 열성적이며 · 꾸준하다 _____

→ 바른 답 04쪽

3주
평가

16) 여럿 중에서 쓸 것이나·좋은 것을 뽑다   _____

17) 남의 좋은 일에 기뻐하고·즐거워하는 마음을
     전하기 위해 인사하다   _____

18) 지나는 길에 어디에 잠깐 들어가 머무르다   _____

19) 사물의 부문을 나누는 갈래   _____

20) 반드시 쓸 곳이 있다 또는 반드시 갖춰야 한다   _____

21) 국회, 지방 의회와 같은 조직체의 구성원으로 의결권을
     가진 사람   _____

22) 도자기를 만들 때 흙을 빚거나·무늬를 넣는 데
     사용하는 기구   _____

23) 다른 것에 비하여 특별히 눈에 띄는 점   _____

24) 모범을 보임   _____

25) 생각, 감정을 말, 행동, 글, 음악, 그림 따위를 통해
     겉으로 나타내다   _____

26) 마음에 거짓이 없이 순수하고·바르다   _____

27) 뜻밖의 일을 당하여 어찌할 바를 몰라 어리둥절하다   _____

28) 어떤 사람이 편안히 지내는지·그렇지 않은지에 대한 소식
     또는 인사로 안부를 전하거나 묻는 일   _____

29) 일을 이루기 위해 있는 힘을 다하여 힘쓰다   _____

30) 교육, 경험, 연구 따위를 통해 알게 된 정보   _____

2 밑줄 친 곳에 알맞은 낱말을 써 넣어 문장을 완성해 봅시다.

1) 손을 자주 씻는 것은 _____ 을 위해 무척 중요하다.

2) 옷장을 정리하면서 _____ 옷만 골라서 남기고 나머지는 버렸다.

3) 학교와 학원에서 배운 지식을 _____ 여러 번 복습해야 한다.

4) 엄마는 하루에 30분만 사용하는 _____ 으로 아이에게 휴대폰을 사주었다.

5) _____ 는 국민의 대표인 의원들이 모여 법을 만드는 곳이다.

6) 동생과 마트에 가서 먹고 싶은 과자를 한 봉지씩 _____ .

7) 고통을 _____ 한 걸음 한 걸음 올라가서 마침내 정상에 올랐다.

8) 하굣길에 내일 미술 시간에 쓸 준비물을 사려고 문구점에 _____ .

9) 교사는 학생들 앞에서 진흙 반죽을 그릇 모양으로 빚는 _____ 을 보였다.

10) 친구의 생일을 _____ 마음을 편지에 담아 표현했다.

11) '거지도 _____ 더운밥을 얻어먹는다'는 속담은 '아무리 어렵게 살더라도 _____ 작은 행복을 누릴 수 있고 좋은 성과를 얻을 수 있다' 는 뜻이다.

12) 수학은 매일 _____ 공부해야 좋은 점수를 받을 수 있다.

13) _____ 은 서양에 대응되는 말로, 아시아의 동부 및 남부에 있는 한국, 중국, 일본, 인도, 미얀마, 타이, 인도네시아 등의 지역을 말한다.

14) 학급 회의에서는 모든 학생이 안건에 대하여 의결권을 갖는 _____ 이다.

15) 마음을 전하는 글을 쓸 때에는 읽는 사람의 마음을 _____ 써야 한다.

→ 바른 답 04쪽

3주
평가

16) 진흙 반죽이 물레 위에서 그릇 모양으로 변하는 모습이 정말 _____ .

17) 우리 반 친구들이 가장 즐겨 읽는 책의 _____ 는 위인전과 학습 만화이다.

18) 한 친구는 큰 키가 _____ 이고, 다른 친구는 긴 머리카락이 _____ 이다.

19) 학창 시절은 한창 배우고 익혀야 하는 시기이므로 학업에 _____ 한다.

20) 독서는 필요한 _____ 을 얻을 수 있는 가장 손쉬운 방법 중 하나이다.

21) 언행이 일치하고 남을 속이지 않는 _____ 사람을 친구로 사귀어야 한다.

22) 축구공을 차다가 신발이 벗겨져 허공으로 날아가서 _____ .

23) 동생은 _____ 착해서 욕심을 전혀 부리지 않고 자기 것을 다 내준다.

24) 안창호 선생은 아들에게 두 종류의 책을 골라 읽으라고 _____ , 첫째는 좋은 사람의 이야기가 담겨 있어 본받을 수 있는 책이고, 둘째는 공부에 필요한 지식을 얻을 수 있는 책이다.

25) 아이는 시험을 잘 보기 위해 꾸준히 _____ , 결국 시험에서 백 점을 맞았다.

26) 전학을 간 친구에게 잘 지내고 있는지 _____ 를 묻는 문자를 보냈다.

27) 좋은 사람이 되려면 좋은 친구를 _____ 사귀고, 좋은 책을 _____ 봐야 한다.

28) 체험 학습에서 진흙 반죽을 _____ 위에 올려놓고 도자기를 빚었다.

29) 부모님께 말로 전하기 쑥스러운 고마운 마음을 편지글로 _____ .

30) _____ 가 힘든 전염병이 유행하는 바람에 모든 학교가 휴교를 했다.

어리다

기운, 추억, 현상 따위가 / 담겨 있다

예 학생들은 어버이날을 맞아 부모님께 감사한 마음이 •묻어나는 •진심 **어린** 편지를 썼다.

• 묻어나다 　말, 글 따위에서 어떤 분위기나 감정 따위가 드러나다
• 진심(眞 참 진, 心 마음 심) 　　　(거짓이 없는) 참된 마음

부족하다

한자 아닐 부 不
발 족 足

필요한 양, 기준보다 / •적다

예 '과유불급'은 '정도가 지나친 것은 **부족한** 것과 다를 바 없다'는 뜻이다.

• 적다(모자라다) 　(무엇의 수 · 양 · 정도가) 일정한 기준에 미치지 못하다
비 모자라다, 불충분하다(不, 充 채우다 충, 分 나누다 분)

이사

한자 옮길 이 移
옮길 사 徙

사는 집을 / 다른 곳으로 / 옮김

예 **이사**를 하는 바람에 전학을 왔는데, 예전에 다녔던 학교 친구한테 안부 문자가 왔다.

이웃

서로 •가까이에 •인접하여 / 사는 집 또는 그 집에 사는 사람

예 얼마 전에 이사를 와서 얼굴을 아는 **이웃**이 •아직 한 명도 없다.

• 가까이 　　(어떤 지역, 지점, 대상 따위에서) 거리가 짧은 곳
• 인접하다(鄰 이웃 인, 接 잇다 접) 　(두 장소가) 서로 가까이 있거나, 경계가 붙어 있다
• 아직 　　　지금도 전과 같은 상태임을 나타내는 말

승강기

한자 오를 승 昇
내릴 강 降
틀 기 機

사람, •화물을 / •동력을 사용하여 / 아래위로 실어나르는 / 장치

예 아파트의 **승강기**가 고장나서 •주민들은 계단을 걸어서 •오르내렸다.

• 화물(貨 재물 화, 物 물건 물) 　　　운반할(옮겨 나를) 수 있는 물품
• 동력(動 움직이다 동, 力 힘 력) 　　　(전기 · 물 · 바람의 힘 따위로) 기계를 움직이게 하는 힘
• 주민(住 살다 주, 民 백성 민) 　　　일정한 지역에 살고 있는 사람
• 오르내리다 올라갔다 내려갔다 하다
비 리프트(lift), 엘리베이터(elevator)

담다

내용, 생각을 / 그림, 글, 말, 표정 속에 / 나타내다

예 이웃들은 승강기 벽에 붙은 아이의 편지를 읽고, 마음을 **담은** 쪽지를 붙였다.

→ 바른 답 04쪽

1 문장을 읽고, 알맞은 낱말을 써 넣어 봅시다.

1) 기운, 추억, 현상 따위가 담겨 있다

2) 필요한 양, 기준보다 적다

3) 사는 집을 다른 곳으로 옮김

4) 서로 가까이에 인접하여 사는 집 또는 그 집에 사는 사람

5) 사람, 화물을 동력을 사용하여 아래위로 실어나르는 장치

6) 내용, 생각을 그림, 글, 말, 표정 속에 나타내다

4주
1일

2 밑줄 친 곳에 알맞은 낱말을 써 넣어 문장을 완성해 봅시다.

1) 학생들은 어버이날을 맞아 부모님께 감사한 마음이 묻어나는 진심 _____ 편지를 썼다.

2) '과유불급'은 '정도가 지나친 것은 _____ 것과 다를 바 없다'는 뜻이다.

3) _____ 를 하는 바람에 전학을 왔는데, 예전에 다녔던 학교 친구한테 안부 문자가 왔다.

4) 얼마 전에 이사를 와서 얼굴을 아는 _____ 이 아직 한 명도 없다.

5) 아파트의 _____ 가 고장나서 주민들은 계단을 걸어서 오르내렸다.

6) 이웃들은 승강기 벽에 붙은 아이의 편지를 읽고, 마음을 _____ 쪽지를 붙였다.

2일

2. 마음을 전하는 글을 써요

낮설다

무엇을 처음 *접하여 / 눈에 *익숙하지 않아서 / 어색하다

㉎ 일주일 전에 이사를 와서 동네와 이웃들이 아직 **낮설다.**

* **접하다** 　다른 사람을 사귀거나, 다른 환경을 대하다
* **익숙하다** 　대상을 자주 보거나 겪어서 잘 아는 상태에 있다

소통하다

한자 소통할 소 疏
통할 통 通

*의견, 생각 따위가 / *서로 잘 *통하다

㉎ *한때 미국에서 살았던 아이는 영어를 쓰는 외국인과 완벽히 **소통할** 수 있다.

* **의견** 　(사물 · 현상 · 일에 대하여 자기 마음에서 판단하여 가지는) 생각
* **서로** 　(관계되는 둘 이상 사이에서) 각각 그 상대에 대하여
* **통하다(通)** 　말을 주고받아 서로의 뜻을 알다
* **한때** 　어느 한 시기

훈훈하다

한자 향초 훈 薰
향초 훈 薰

마음을 부드럽게 녹여 주는 / *따뜻함이 있다

㉎ 몇 년 동안 남몰래 *기부해 온 그의 *미담을 듣고 마음이 **훈훈해졌다.**

* **따뜻하다** 　감정, 태도, 분위기 따위가 정답고 포근하다
* **기부하다(寄 보내다 기, 付 주다 부)** 　남을 돕기 위하여 돈이나 물건을 내놓다
* **미담(美 아름답다 미, 談 이야기 담)** 　사람을 감동시키는 아름다운 내용의 이야기

한가득하다

무엇이 / 넘칠 만큼 꽉 *차다

㉎ 승강기 벽면에 편지를 써서 붙인 재환이도, 편지 위에 쪽지를 써서 붙인 이웃도 모두 훈훈한 마음이 **한가득했다.**

* **차다** 　감정 · 기운 등이 가득하게 되다

게시판 (알림판)

한자 높이 들 ·
걸 게 揭
보일 시 示
널빤지 판 板

벽에 붙이거나 · 바닥에 세워 놓고 / 글, 그림, 사진 따위를 붙여 / 여러 사람이 *두루 보게 하는 / 판

㉎ 학급 온라인 **게시판**에 친구들에게 안부를 전하는 글을 올렸더니 친구들이 *댓글을 달아주었다.

* **두루** 　빠짐없이 골고루
* **댓글** 　인터넷상에서, 한 사람이 게시판에 올린 글에 대해 다른 사람이 대답하거나 덧붙인 글

소식 (알림)

한자 사라질 소 消
쉴 식 息

사람의 안부 또는 일의 *형세 따위를 알리는 / 말 또는 글

㉎ 이사 간 친구의 **소식**이 궁금해서 안부를 묻는 문자를 보냈다.

* **형세(정세)(形 모양 형, 勢 형세 세)** 　일이 되어 가는 형편(상태 · 경로 · 결과)

공부한 날　　월　　일　학습평가 ☑　

1　**문장을 읽고, 알맞은 낱말을 써 넣어 봅시다.**

1)　무엇을 처음 접하여 눈에 익숙하지 않아서 어색하다

2)　의견, 생각 따위가 서로 잘 통하다

3)　마음을 부드럽게 녹여 주는 따뜻함이 있다

4)　무엇이 넘칠 만큼 꽉 차다

5)　벽에 붙이거나 · 바닥에 세워 놓고 글, 그림, 사진 따위를
　　붙여 여러 사람이 두루 보게 하는 판

6)　사람의 안부 또는 일의 형세 따위를 알리는 말 또는 글

4주
2일

2　**밑줄 친 곳에 알맞은 낱말을 써 넣어 문장을 완성해 봅시다.**

1)　일주일 전에 이사를 와서 동네와 이웃들이 아직 ＿＿＿＿＿.

2)　한때 미국에서 살았던 아이는 영어를 쓰는 외국인과 완벽히 ＿＿＿＿＿ 수 있다.

3)　몇 년 동안 남몰래 기부해 온 그의 미담을 듣고 마음이 ＿＿＿＿＿.

4)　승강기 벽면에 편지를 써서 붙인 재환이도, 편지 위에 쪽지를 써서 붙인 이웃도 모두
　　훈훈한 마음이 ＿＿＿＿＿.

5)　학급 온라인 ＿＿＿＿＿ 에 친구들에게 안부를 전하는 글을 올렸더니 친구들이
　　댓글을 달아주었다.

6)　이사 간 친구의 ＿＿＿＿＿ 이 궁금해서 안부를 묻는 문자를 보냈다.

3. 바르고 공손하게

위로
한자 위로할 위 慰
일할 로 勞

따뜻한 말, 행동으로 / 괴로움을 덜어 줌 또는 슬픔을 달래 줌
예 시험을 못 봐서 속상해하는 친구에게 **위로**의 말을 건넸다.

대화
한자 대할 대 對
말씀 화 話

•상대방과 / 마주 보며 / 이야기를 주고받음
예 취향이 비슷한 두 사람은 소통이 잘 돼서 한 번 만나면 몇 시간 동안 쉼 없이 **대화**를 한다.
• 상대방(상대, 상대편)   마주(서로 똑바로 향하여) 바라보는 사람
비 대담(對, 談 이야기 · 말씀 담)

예절 (예법)
한자 예도 예 禮
마디 절 節

•예의에 관한 / •순서와 방법
예 다른 사람이 말할 때 중간에 끼어들지 않는 것은 대화의 기본적인 **예절**이다.
• 예의(禮, 儀 예절 의)   다른 사람과의 관계에서 존경의 뜻을 표하기 위하여 예(사람
                          이 마땅히 지켜야 할 도리)로써 나타내는 말투와 몸가짐
• 순서(順 순하다 순, 序 차례 서)   (무슨 일을 행하거나, 무슨 일이 이루어지는) 차례

서방
한자 글 서 書
방 방 房

•벼슬이 없는 사람을 / •성 뒤에 붙여서 / 부르는 말
예 고기를 파는 박 노인에게 윗마을 •양반은 '박바우'라고 불렸고, 아랫마을 양반
   은 '박 **서방**'이라고 불렸다.
• 벼슬   예전에, 관청(국가 기관)에 나가서 나랏일을 맡아 다스리는 자리
• 성(姓: 성씨 성)   같은 조상으로부터 갈려 나온 사람들을 나타내기 위해 붙인 칭호
• 양반   고려 · 조선 시대에 지배층을 이루던 상류 계급에 속한 사람

바르다

말, 행동이 / •규범, •도리에 맞다
예 예의 **바른** 말은 타인에게 •호감을 주고, •그른 말은 타인에게 •악감을 준다.
• 규범   (사람이 행동하거나 판단할 때) 마땅히 따르고 지켜야 할 행동 규칙
• 도리   사람이 마땅히 행하여야 할 바른 길   • 호감(호감정)   좋은 감정
• 그르다   (어떤 일이) 옳지 못하다   • 악감(악감정)   나쁜 감정

말투
한자 씌울 투 套

말의 빠르기, 높낮이, 세기에서 드러나는 / 독특한 방식 또는 느낌
예 •쏘아붙이는 식의 **말투**는 대화하는 상대의 기분을 나쁘게 만든다.
• 쏘아붙이다 날카로운 말투로 상대방을 몰아세우다(잘잘못을 가리지도
              않고 일방적으로 심하게 나무라다)
비 어투(語 말 · 이야기 어, 套), 언투(言 말 언, 套), 톤(tone), 말씨

| 공부한 날 | 월 | 일 | 학습평가 ☑ | |

 문장을 읽고, 알맞은 낱말을 써 넣어 봅시다.

1) 따뜻한 말, 행동으로 괴로움을 덜어 줌 또는 슬픔을 달래 줌

2) 상대방과 마주 보며 이야기를 주고받음

3) 예의에 관한 순서와 방법

4) 벼슬이 없는 사람을 성 뒤에 붙여서 부르는 말

5) 말, 행동이 규범, 도리에 맞다

6) 말의 빠르기, 높낮이, 세기에서 드러나는 독특한 방식 또는 느낌

4주
3일

2 **밑줄 친 곳에 알맞은 낱말을 써 넣어 문장을 완성해 봅시다.**

1) 시험을 못 봐서 속상해하는 친구에게 _____ 의 말을 건넸다.

2) 취향이 비슷한 두 사람은 소통이 잘 돼서 한 번 만나면 몇 시간 동안 쉼 없이 _____ 를 한다.

3) 다른 사람이 말할 때 중간에 끼어들지 않는 것은 대화의 기본적인 _____ 이다.

4) 고기를 파는 박 노인에게 윗마을 양반은 '박바우'라고 불렀고, 아랫마을 양반은 '박 _____ '이라고 불렀다.

5) 예의 _____ 말은 타인에게 호감을 주고, 그른 말은 타인에게 악감을 준다.

6) 쏘아붙이는 식의 _____ 는 대화하는 상대의 기분을 나쁘게 만든다.

공손하다

한자 공손할 공 恭
겸손할 손 遜

말, 행동이 / 예의 바르고 · *겸손하다

예 온라인 대화를 할 때에는 상대가 보이지 않더라도 예의를 갖추어 **공손한** 말투를 사용해야 한다.

* **겸손하다**(謙 겸손하다 겸, 遜 겸손하다 손) 남을 존중하고 자신을 낮추는 태도가 있음

짓다

표정, 태도 따위를 / 얼굴, 몸에 / *나타내다

예 *아장아장 걷다가 넘어진 아기가 *울상을 **짓자**, 엄마는 걱정스러운 표정을 **지으며** 아기에게 다가갔다.

* **나타내다** (표정, 감정을) 얼굴이나 몸으로 드러내 보이다

* **아장아장** 키가 작은 사람이나 짐승이 천천히 걷는 모양

* **울상**(相 서로 · 모양 상) 울려고 하는 얼굴 모양

근

한자 근 근 斤

저울로 다는 / 무게의 단위

예 무게의 단위인 근은 물건의 종류에 따라 무게가 다른데, 예컨대 고기 1근은 600g이고, 채소 1근은 375g이다.

태도

한자 모습 태 態
법도 도 度

일, 상황에 *대처하는 / 입장 또는 *자세

예 똑같은 이야기라도 말하는 사람의 말투에 따라 듣는 사람의 **태도**가 달라진다.

* **대처하다** 알맞은 대책(계획 · 수단)을 세워 어떤 행동을 하거나 태도를 보이다

* **자세**(姿 모양 자, 勢 형세 세) 사물을 대할 때 가지는 마음가짐이나 태도

상하다

한자 다칠 상 傷

마음, 기분이 / 나빠지다

예 친구가 듣기 싫어하는 별명을 자꾸 불러서 기분이 **상했다**.

비교하다

한자 견줄 비 比
견줄 교 較

둘 이상의 대상을 서로 *견주어 / 비슷한 점, 다른 점, 나음과 못함 따위를 / *살피다

예 부모님께서 존댓말을 쓰는 동생과 *반말을 쓰는 나를 자꾸 **비교하시는** 바람에 앞으로 부모님께 존댓말을 쓰기로 했다.

* **견주다** (둘 이상의 대상을 질, 양, 차이, 우월 따위를) 비교하려고 대어 보다

* **살피다** 주의하여 빠짐없이 골고루 자세히 보다

* **반말** 친한 사람끼리 편하게 하는 말투. 또는 아랫사람에게 낮추어 하는 말투

비 견주다, 비하다(比), 비기다, 대조하다(對 대하다 대, 照 비추다 · 밝다 조)

→ 바른 답 04쪽

1 **문장을 읽고, 알맞은 낱말을 써 넣어 봅시다.**

1) 말, 행동이 예의 바르고 · 겸손하다

2) 표정, 태도 따위를 얼굴, 몸에 나타내다

3) 저울로 다는 무게의 단위

4) 일, 상황에 대처하는 입장 또는 자세

5) 마음, 기분이 나빠지다

6) 둘 이상의 대상을 서로 견주어 비슷한 점, 다른 점,
   나음과 못함 따위를 살피다

4주
4일

2 **밑줄 친 곳에 알맞은 낱말을 써 넣어 문장을 완성해 봅시다.**

1) 온라인 대화를 할 때에는 상대가 보이지 않더라도 예의를 갖추어 _____
   말투를 사용해야 한다.

2) 아장아장 걷다가 넘어진 아기가 울상을 _____ , 엄마는 걱정스러운
   표정을 _____ 아기에게 다가갔다.

3) 무게의 단위인 _____ 은 물건의 종류에 따라 무게가 다른데, 예컨대
   고기 1 _____ 은 600g이고, 채소 1 _____ 은 375g이다.

4) 똑같은 이야기라도 말하는 사람의 말투에 따라 듣는 사람의 _____ 가
   달라진다.

5) 친구가 듣기 싫어하는 별명을 자꾸 불러서 기분이 _____ .

6) 부모님께서 존댓말을 쓰는 동생과 반말을 쓰는 나를 자꾸 _____ 바람에
   앞으로 부모님께 존댓말을 쓰기로 했다.

3. 바르고 공손하게

어긋나다

말, 행동이 / 기대에 맞지 않다 또는 **일정한 기준에서** °벗어나다

㉠ "아버지, 이건 내가 할게요"는 대화 예절에 **어긋나는** 표현이다.

° **벗어나다**　규범, 이치, 체계 따위에 어긋나다(어그러지다)

🔒 벗어나다, 어그러지다

사용하다

한자 하여금 사 使
　　 쓸 용 用

사물을 / 목적, °기능에 맞게 / 쓰다

㉠ 어른과 대화할 때에는 '내가' 대신에 '제가'라는 말을 **사용해야** 예절에 어긋나지 않는다.

° **기능**　　(기계, 부품 따위가) 어떤 일을 해내는 능력

🔒 쓰다, 이용하다(利 이롭다 리, 用)

**일상생활
(일상, 속생활)**

한자 날 일 日
　　 항상 상 常
　　 날 생 生
　　 살 활 活

매일 반복되는 / 날마다의 °생활 또는 °평소의 생활

㉠ 아이는 학교에 가려고 집을 나서면서 엄마께 인사하는 것으로 **일상생활을** 시작한다.

° **생활**　　(사람이나 동물이 일정한 환경에서) 활동하며 살아감

° **평소(평일, 평시, 평상시)**　특별한 일이 없는 보통 때

인사하다

한자 사람 인 人
　　 일 사 事

만나거나 헤어질 때 / 몸짓, 말로 / 예를 °표하다

㉠ 아는 사람을 만났을 때 반갑게 **인사하는** 것은 일상생활에서 지켜야 할 기본 예의이다.

° **표하다(表 겉 표)** (감정·의견·태도를) 말, 글, 표정, 행동 따위로 나타내다

수고하다

일을 하느라고 / °애쓰다

㉠ 교통 봉사 활동을 하시는 아주머니께 "**수고하셨어요**"라고 인사하는 것은 대화 예절에 어긋난다.

° **애쓰다**　　마음과 힘을 다하여 무엇을 이루려고 힘쓰다(힘들여 일하다)

장소별

한자 마당 장 場
　　 바 소 所
　　 나눌 별 別

°장소에 따른 / °구별

㉠ 휴대폰에는 사진을 찍은 **장소별로** °자동 °분류해 주는 기능이 있다.

° **장소**　　무엇이 있는 곳. 일이 일어나는 곳

° **구별**　　성질·종류에 따라 나타나는 차이. 또는 성질·종류에 따라 갈라놓음

° **자동(自 스스로 자, 動 움직일 동)**　스스로 움직임. 제 힘으로 움직임

° **분류하다(分 나누다 분, 類 무리 류)** (공통되는 성질에 따라) 사물을 종류별로 가르다

⟶ 바른 답 04쪽

1 문장을 읽고, 알맞은 낱말을 써 넣어 봅시다.

1) 말, 행동이 기대에 맞지 않다 또는 일정한 기준에서 벗어나다

2) 사물을 목적, 기능에 맞게 쓰다

3) 매일 반복되는 날마다의 생활 또는 평소의 생활

4) 만나거나 헤어질 때 몸짓, 말로 예를 표하다

5) 일을 하느라고 애쓰다

6) 장소에 따른 구별

4주
5일

2 밑줄 친 곳에 알맞은 낱말을 써 넣어 문장을 완성해 봅시다.

1) "아버지, 이건 내가 할게요"는 대화 예절에 _____ 표현이다.

2) 어른과 대화할 때에는 '내가' 대신에 '제가'라는 말을 _____ 예절에 어긋나지 않는다.

3) 아이는 학교에 가려고 집을 나서면서 엄마께 인사하는 것으로 _____ 을 시작한다.

4) 아는 사람을 만났을 때 반갑게 _____ 것은 일상생활에서 지켜야 할 기본 예의이다.

5) 교통 봉사 활동을 하시는 아주머니께 " _____ "라고 인사하는 것은 대화 예절에 어긋난다.

6) 휴대폰에는 사진을 찍은 _____ 로 자동 분류해 주는 기능이 있다.

1 **문장을 읽고, 알맞은 낱말을 써 넣어 봅시다.**

1) 무엇을 처음 접하여 눈에 익숙하지 않아서 어색하다 _____

2) 말, 행동이 기대에 맞지 않다 또는 일정한 기준에서
벗어나다 _____

3) 매일 반복되는 날마다의 생활 또는 평소의 생활 _____

4) 말, 행동이 예의 바르고·겸손하다 _____

5) 표정, 태도 따위를 얼굴, 몸에 나타내다 _____

6) 따뜻한 말, 행동으로 괴로움을 덜어 줌 또는 슬픔을 달래 줌 _____

7) 둘 이상의 대상을 서로 견주어 비슷한 점, 다른 점,
나음과 못함 따위를 살피다 _____

8) 벼슬이 없는 사람을 성 뒤에 붙여서 부르는 말 _____

9) 기운, 추억, 현상 따위가 담겨 있다 _____

10) 장소에 따른 구별 _____

11) 무엇이 넘칠 만큼 꽉 차다 _____

12) 필요한 양, 기준보다 적다 _____

13) 일을 하느라고 애쓰다 _____

14) 마음, 기분이 나빠지다 _____

15) 서로 가까이에 인접하여 사는 집 또는 그 집에 사는 사람 _____

───→ 바른 답 04쪽

16) 사람의 안부 또는 일의 형세 따위를 알리는 말 또는 글 _____

17) 사람, 화물을 동력을 사용하여 아래위로 실어나르는 장치 _____

18) 말, 행동이 규범, 도리에 맞다 _____

19) 저울로 다는 무게의 단위 _____

20) 일, 상황에 대처하는 입장 또는 자세 _____

21) 상대방과 마주 보며 이야기를 주고받음 _____

22) 말의 빠르기, 높낮이, 세기에서 드러나는 독특한 방식 또는 느낌 _____

23) 의견, 생각 따위가 서로 잘 통하다 _____

24) 만나거나 헤어질 때 몸짓, 말로 예를 표하다 _____

25) 마음을 부드럽게 녹여 주는 따뜻함이 있다 _____

26) 내용, 생각을 그림, 글, 말, 표정 속에 나타내다 _____

27) 사물을 목적, 기능에 맞게 쓰다 _____

28) 벽에 붙이거나·바닥에 세워 놓고 글, 그림, 사진 따위를 붙여 여러 사람이 두루 보게 하는 판 _____

29) 예의에 관한 순서와 방법 _____

30) 사는 집을 다른 곳으로 옮김 _____

2 밑줄 친 곳에 알맞은 낱말을 써 넣어 문장을 완성해 봅시다.

1) 친구가 듣기 싫어하는 별명을 자꾸 불러서 기분이 _____ .

2) 교통 봉사 활동을 하시는 아주머니께 " _____ "라고 인사하는 것은 대화 예절에 어긋난다.

3) 한때 미국에서 살았던 아이는 영어를 쓰는 외국인과 완벽히 _____ 수 있다.

4) 어른과 대화할 때에는 '내가' 대신에 '제가'라는 말을 _____ 예절에 어긋나지 않는다.

5) 온라인 대화를 할 때에는 상대가 보이지 않더라도 예의를 갖추어 _____ 말투를 사용해야 한다.

6) 이웃들은 승강기 벽에 붙은 아이의 편지를 읽고, 마음을 _____ 쪽지를 붙였다.

7) 예의 _____ 말은 타인에게 호감을 주고, 그른 말은 타인에게 악감을 준다.

8) "아버지, 이건 내가 할게요"는 대화 예절에 _____ 표현이다.

9) 똑같은 이야기라도 말하는 사람의 말투에 따라 듣는 사람의 _____ 가 달라진다.

10) 취향이 비슷한 두 사람은 소통이 잘 돼서 한 번 만나면 몇 시간 동안 쉼 없이 _____ 를 한다.

11) 아파트의 _____ 가 고장나서 주민들은 계단을 걸어서 오르내렸다.

12) 다른 사람이 말할 때 중간에 끼어들지 않는 것은 대화의 기본적인 _____ 이다.

13) 일주일 전에 이사를 와서 동네와 이웃들이 아직 _____ .

14) 무게의 단위인 _____ 은 물건의 종류에 따라 무게가 다른데, 예컨대 고기 1 _____ 은 600g이고, 채소 1 _____ 은 375g이다.

15) 부모님께서 존댓말을 쓰는 동생과 반말을 쓰는 나를 자꾸 _____ 바람에 앞으로 부모님께 존댓말을 쓰기로 했다.

16) 몇 년 동안 남몰래 기부해 온 그의 미담을 듣고 마음이 _____ .

17) 학생들은 어버이날을 맞아 부모님께 감사한 마음이 묻어나는 진심 _____ 편지를 썼다.

18) 휴대폰에는 사진을 찍은 _____ 로 자동 분류해 주는 기능이 있다.

19) 아는 사람을 만났을 때 반갑게 _____ 것은 일상생활에서 지켜야 할 기본 예의이다.

20) 아이는 학교에 가려고 집을 나서면서 엄마께 인사하는 것으로 _____ 을 시작한다.

4주
평가

21) 쏘아붙이는 식의 _____ 는 대화하는 상대의 기분을 나쁘게 만든다.

22) _____ 를 하는 바람에 전학을 왔는데, 예전에 다녔던 학교 친구한테 안부 문자가 왔다.

23) 얼마 전에 이사를 와서 얼굴을 아는 _____ 이 아직 한 명도 없다.

24) 승강기 벽면에 편지를 써서 붙인 재환이도, 편지 위에 쪽지를 써서 붙인 이웃도 모두 훈훈한 마음이 _____ .

25) 시험을 못 봐서 속상해하는 친구에게 _____ 의 말을 건넸다.

26) 학급 온라인 _____ 에 친구들에게 안부를 전하는 글을 올렸더니 친구들이 댓글을 달아주었다.

27) 이사 간 친구의 _____ 이 궁금해서 안부를 묻는 문자를 보냈다.

28) 고기를 파는 박 노인에게 윗마을 양반은 '박바우'라고 불렀고, 아랫마을 양반은 '박 _____ '이라고 불렀다.

29) '과유불급'은 '정도가 지나친 것은 _____ 것과 다를 바 없다'는 뜻이다.

30) 아장아장 걷다가 넘어진 아기가 울상을 _____ , 엄마는 걱정스러운 표정을 _____ 아기에게 다가갔다.

1 문장을 읽고, 알맞은 낱말을 써 넣어 봅시다.

1) 일을 여러 번 해 보아 솜씨 있게 잘하다 ( )

2) 무엇이 넘칠 만큼 꽉 차다 ( )

3) 일이 잘못될까 불안해하며 속을 태움 ( )

4) 무엇을 처음 접하여 눈에 익숙하지 않아서 어색하다 ( )

5) 얽힌 일을 풀어서 잘 처리하다 또는 문제를 풀어서
   결말짓다 ( )

6) 대상에 대하여 헤아려 생각하다 ( )

7) 상대한 사람과 마주 대하기를 꺼려 피하다 또는
   얼굴을 돌리다 ( )

8) 도자기를 만들 때 흙을 빚거나 · 무늬를 넣는 데
   사용하는 기구 ( )

9) 망울만 맺히고 아직 피지 않은 꽃 ( )

10) 어떤 일, 내용, 사람 따위를 다시 생각해 내다 ( )

11) 괴로움과 어려움을 무릅쓰고 꾸준히 노력하다 ( )

12) 이야기 따위에서 사건의 중심이 되는 인물 ( )

13) 저울로 다는 무게의 단위 ( )

14) 밉거나 싫은 사람을 따로 떼어 멀리하다 ( )

15) 마음을 부드럽게 녹여 주는 따뜻함이 있다 ( )

→ 바른 답 04쪽

16) 사람이 어떤 자극으로 인하여 흥분하다 　　　　　（　　　　）

17) 말, 행동이 기대에 맞지 않다 또는 일정한 기준에서
벗어나다 　　　　　（　　　　）

18) 중요한 내용만 골라서 짧고 간단하게 가려 뽑다 　　（　　　　）

19) 여럿 중에서 쓸 것이나 · 좋은 것을 뽑다 　　　　（　　　　）

20) 따뜻한 말, 행동으로 괴로움을 덜어 줌 또는
슬픔을 달래 줌 　　　　　（　　　　）

21) 어떤 것을 기억하지 못하다 또는 주의를 기울이지 못하다 （　　　　）

22) 사물, 현상이 만들어지거나 · 생겨난 처음부터 　　（　　　　）

23) 둘 이상의 것을 먼저와 나중을 구분하여 줄을 지어
하나씩 늘어놓은 것 　　　　　（　　　　）

24) 기운, 추억, 현상 따위가 담겨 있다 　　　　（　　　　）

25) 다른 것에 비하여 특별히 눈에 띄는 점 　　　（　　　　）

26) 뜻밖의 일을 당하여 어찌할 바를 몰라 어리둥절하다 （　　　　）

27) 정성스럽고 · 참되다 　　　　　（　　　　）

28) 의견, 생각 따위가 서로 잘 통하다 　　　　（　　　　）

29) 화가 나거나 · 걱정이 되어 마음이 불편하고 · 괴롭고 ·
우울하다 　　　　　（　　　　）

30) 그 자리에서 일어나는 기분이나 생각에 따라 하는 (것) （　　　　）

2 밑줄 친 곳에 알맞은 낱말을 써 넣어 문장을 완성해 봅시다.

1) 몇 년 동안 남몰래 기부해 온 그의 미담을 듣고 마음이 _____ .

2) 휴대폰에는 사진을 찍은 _____ 로 자동 분류해 주는 기능이 있다.

3) 어제 감상했던 영화의 내용을 _____ 인상 깊은 장면을 간추려서
   일기장에 감상을 적었다.

4) 동생은 _____ 착해서 욕심을 전혀 부리지 않고 자기 것을 다 내준다.

5) _____ 은 서양에 대응되는 말로, 아시아의 동부 및 남부에 있는 한국,
   중국, 일본, 인도, 미얀마, 타이, 인도네시아 등의 지역을 말한다.

6) 아이는 학교에 가려고 집을 나서면서 엄마께 인사하는 것으로 _____ 을
   시작한다.

7) 그들은 주말마다 영화를 한 편씩 _____ , 영화에 대한 감상을
   주고받는다.

8) 좋은 사람이 되려면 좋은 친구를 _____ 사귀고, 좋은 책을
   _____ 봐야 한다.

9) 친구에게 고마운 마음을 말로 전하고 싶었지만, _____ 편지로 대신했다.

10) 취향이 비슷한 두 사람은 소통이 잘 돼서 한 번 만나면 몇 시간 동안 쉼 없이
    _____ 를 한다.

11) 국어 시간에 《오늘이》의 뒤에 이어질 이야기를 상상해서 썼는데, 새로운 인물을
    등장시켜서 사건을 색다르게 _____ .

12) 온라인 대화를 할 때에는 상대가 보이지 않더라도 예의를 갖추어 _____
    말투를 사용해야 한다.

13) 친구에게 줄 생일 선물을 담을 상자를 가장 큰 것으로 _____ .

14) 아장아장 걷다가 넘어진 아기가 울상을 _____ , 엄마는 걱정스러운 표정을 _____ 아기에게 다가갔다.

15) '미안해'라는 말은 다친 마음을 _____ 용서를 부르는 말이다.

16) 학급 온라인 _____ 에 친구들에게 안부를 전하는 글을 올렸더니 친구들이 댓글을 달아주었다.

17) 손을 자주 씻는 것은 _____ 을 위해 무척 중요하다.

18) 아이는 책의 제목을 보고 어떤 내용이 펼쳐질지 _____ 보았다.

19) 교사는 학생들 앞에서 진흙 반죽을 그릇 모양으로 빚는 _____ 을 보였다.

20) 「토끼의 재판」의 배역을 정하는데, 토끼 _____ 을 서로 하겠다고 아우성치는 반면, 호랑이 _____ 을 하겠다고 선뜻 나서는 사람은 없었다.

21) 낫, 낮, 낯의 발음은 모두[낟]으로 같지만, 그 뜻은 _____ 다르다.

22) 일주일 전에 이사를 와서 동네와 이웃들이 아직 _____ .

23) 내성적인 아이는 발표를 할 때마다 가슴이 _____ 목소리가 떨렸다.

24) 진흙 반죽이 물레 위에서 그릇 모양으로 변하는 모습이 정말 _____ .

25) 아이는 편지를 읽어 내려가는 친구의 _____ 이 점점 어두워지는 걸 보고, 무언가 심각한 내용이 적혀 있을 거라고 짐작했다.

26) 아이는 친구가 왜 화를 내는지 그 _____ 을 알 수 없었다.

27) 학교와 학원에서 배운 지식을 _____ 여러 번 복습해야 한다.

28) 다음 주 수업에 필요한 준비물을 이번 주에 _____ 챙겨놓았다.

29) 고통을 _____ 한 걸음 한 걸음 올라가서 마침내 정상에 올랐다.

30) 《국단어 완전 정복》을 공부하면 몰랐던 낱말을 알게 되는 _____ 이 있다.

5~8주

칭찬 사과 색칠놀이

하루 공부를 잘 마쳤다면 나에게 칭찬 사과를 선물하세요.
사과 나무에 사과가 주렁주렁 열릴 때까지 열심히 공부합시다!

■ 하루 공부가 끝나면 사과 한 개씩 예쁘게 색칠해 보세요.

칭찬 사과를
색칠해 보세요!!

1일

3. 바르고 공손하게

현관
한자 검을 현 玄
관계할 관 關

건물의 *출입문

예 집에 들어왔을 때 **현관**에 신발이 하나도 없는 걸 보고
집에 아무도 없다는 사실을 알았다.

* 출입문(出 태어나다 · 나가다 출, 入 들다 입, 門 문 문) 드나드는 문

식탁
한자 밥 · 먹을 식 食
높을 탁 卓

음식을 / *차려놓고 먹는 / *용도로 쓰는 / *탁자

예 손님들을 대접하기 위해 준비한 음식들을 **식탁** 위에 올려놓았다.

* 차려놓다　음식을 장만하여 갖추어 놓다
* 용도(用 쓰다 용, 途 길 도) 쓰이는 곳
* 탁자　　　(물건을 올려놓기 위해) 책상 모양으로 만든 가구를 통틀어 이르는 말

당연하다
한자 마땅 당 當
그럴 연 然

일의 앞뒤 사정을 놓고 볼 때 / *마땅히 그렇다

예 부모님의 말씀을 잘 따르는 것은 자식으로서 **당연한** 도리이다.

* 마땅히　　(이치로 보아) 그렇게 하거나 되는 것이 옳게

비 마땅하다, 지당하다(至 이르다어떤 장소나 시간에 닿다 지, 當)

어색하다
한자 말씀 어 語
막힐 색 塞

잘 모르거나 · 별로 만나고 싶지 않았던 / 사람과 마주 대하여 / 쑥스럽다

예 앞집 아주머니께서 먼저 인사를 하셨는데 **어색해서** 인사를 하지 않고 집에
들어왔다.

비 서먹하다, 서먹서먹하다, 겸연쩍다, 멋쩍다

미안하다
한자 아닐 미 未
편안 안 安

다른 사람에게 / 괴로움이나 폐를 끼쳐 / 마음이 편하지 않고 · *부끄럽다

예 앞집 아주머니께 **미안한** 마음에 들어서 다음에는 먼저 인사를 해야겠다고
생각했다.

* 부끄럽다　(일을 잘 못하거나, 양심에 거리끼어) 볼 낯이 없거나, 떳떳하지 못하다

주제
한자 주인 주 主
제목 제 題

회의, 대화, *연구 따위에서 / 중심이 되는 / 문제

예 '가족 여행'을 **주제**로 가족회의를 했는데, 동생이 "중국집에 가서 자장면을
먹자"며 회의 **주제**와 상관없는 *딴소리를 해댔다.

* 연구(研 갈다 연, 究 연구하다 구)　어떤 일이나 사물에 대하여
조사하고 생각하여 진리(참된 이치)를 알아냄
* 딴소리(딴말)　주어진 상황과 아무 관계도 없는 말

1 문장을 읽고, 알맞은 낱말을 써 넣어 봅시다.

1) 건물의 출입문 ☐☐

2) 음식을 차려놓고 먹는 용도로 쓰는 탁자 ☐☐

3) 일의 앞뒤 사정을 놓고 볼 때 마땅히 그렇다 ☐☐☐

4) 잘 모르거나 · 별로 만나고 싶지 않았던 사람과
    마주 대하여 쑥스럽다 ☐☐☐

5) 다른 사람에게 괴로움이나 폐를 끼쳐 마음이
    편하지 않고 · 부끄럽다 ☐☐☐

6) 회의, 대화, 연구 따위에서 중심이 되는 문제 ☐☐

2 밑줄 친 곳에 알맞은 낱말을 써 넣어 문장을 완성해 봅시다.

1) 집에 들어왔을 때 _____ 에 신발이 하나도 없는 걸 보고 집에 아무도
    없다는 사실을 알았다.

2) 손님들을 대접하기 위해 준비한 음식들을 _____ 위에 올려놓았다.

3) 부모님의 말씀을 잘 따르는 것은 자식으로서 _____ 도리이다.

4) 앞집 아주머니께서 먼저 인사를 하셨는데 _____ 인사를 하지 않고 집에
    들어왔다.

5) 앞집 아주머니께 _____ 마음에 들어서 다음에는 먼저 인사를
    해야겠다고 생각했다.

6) '가족 여행'을 _____ 로 가족회의를 했는데, 동생이 "중국집에 가서
    자장면을 먹자"며 회의 _____ 와 상관없는 딴소리를 해댔다.

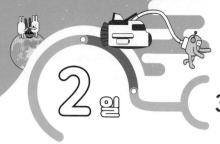

결정하다

한자 결단할 결 決
정할 정 定

행동, 태도, 입장 따위를 / 분명하게 *정하다

예 학원을 계속 다닐지 그만둘지 부모님과 *의논한 끝에 그만 다니기로 **결정했다.**

* 정하다(定) 여럿 가운데 (선택하거나 판단하여) 하나를 고르다

* 의논하다(議 의논하다 의, 論 논하다 론)   (어떤 일에 대하여 서로) 의견을 주고받다

다수결

한자 많을 다 多
셈 수 數
결단할 결 決

*회의에서 / 많은 사람의 *찬반에 따라 / *가부를 정함

예 점심 시간에 술래잡기를 하기로 친구들과 **다수결**로 결정했는데, 한 친구가
피구를 하자고 자꾸 고집을 부렸다.

* 회의(會 모이다 회, 議) 여럿이 모여 서로 의논함(의견을 주고 받음)

* 찬반   찬성과 반대   * 가부   찬성과 반대의 여부(그러함과 그렇지 않음)

원칙

한자 언덕 원 原
법칙 칙 則

처음부터 끝까지 변함없이 / 꼭 지켜야 하는 / *기본적인 *규칙이나 *법칙

예 회의 주제를 다수결의 **원칙**에 따라 결정했는데, 가장 많은 사람이
동의한 안건인 '친구들과 사이좋게 지내자'로 *선정되었다.

* 기본적   (사물 · 현상 · 이론 따위의) 기초와 근본이 되는

* 규칙   (여러 사람이 다 함께 지키기로 정한) 약속

* 법칙   (행동하거나 판단할 때에) 마땅히 따르고 지켜야 할 가치 판단의 기준

* 선정되다   (여럿 가운데서 어떤 것이) 뽑혀 정해지다

동의하다

한자 한가지 동 同
뜻 의 意

다른 사람의 의견에 / *뜻을 하나로 같이하다(함께하다)

예 다수결의 원칙에 따라 가장 많은 사람이 **동의한** 안건을 회의 주제로 결정했다.

* 뜻   무엇을 하려고 속으로 먹은 마음

비 찬동하다(贊 돕다 찬, 同 한가지 동), 찬성하다(贊, 成 이루다 성), 동조하다(同, 調 고
르다 조), 맞장구치다

기회 (찬스)

한자 틀 기 機
모일 회 會

일, 행동을 하기에 / 가장 좋은 / *때

예 회의에서 의견을 말할 때는 손을 들어 말할 **기회**를 얻은 후에 *발표한다.

* 때   좋은 기회나 알맞은 시기   * 발표하다   세상에 드러내어 널리 알리다

공식적

한자 공평할 공 公
법 식 式
과녁 적 的

*개인적이지 않고 / 국가나 사회의 구성원에게 / 널리 *관계있는 (것)

예 회의나 발표처럼 많은 사람들 앞에서 말을 하는 **공식적인**
상황에서는 높임말을 써야 한다.

* 개인적   개인(국가 · 사회 · 단체 등을 구성하는 낱낱의 사람)과 관련된 것

* 관계있다   둘 이상의 사람 · 사물 · 현상 따위가 서로 관련이 있다

1 　문장을 읽고, 알맞은 낱말을 써 넣어 봅시다.

1)　행동, 태도, 입장 따위를 분명하게 정하다 ☐☐☐☐

2)　회의에서 많은 사람의 찬반에 따라 가부를 정함 ☐☐☐

3)　처음부터 끝까지 변함없이 꼭 지켜야 하는 기본적인 규칙이나 법칙 ☐☐

4)　다른 사람의 의견에 뜻을 하나로 같이하다(함께하다) ☐☐☐

5)　일, 행동을 하기에 가장 좋은 때 ☐☐

6)　개인적이지 않고 국가나 사회의 구성원에게
　　널리 관계있는 (것) ☐☐☐

2 　밑줄 친 곳에 알맞은 낱말을 써 넣어 문장을 완성해 봅시다.

1)　학원을 계속 다닐지 그만둘지 부모님과 의논한 끝에 그만 다니기로 _____ .

2)　점심 시간에 술래잡기를 하기로 친구들과 _____ 로 결정했는데, 한 친구가
　　피구를 하자고 자꾸 고집을 부렸다.

3)　회의 주제를 다수결의 _____ 에 따라 결정했는데, 가장 많은 사람이 동의한
　　안건인 '친구들과 사이좋게 지내자'로 선정되었다.

4)　다수결의 원칙에 따라 가장 많은 사람이 _____ 안건을 회의 주제로 결정했다.

5)　회의에서 의견을 말할 때는 손을 들어 말할 _____ 를 얻은 후에 발표한다.

6)　회의나 발표처럼 많은 사람들 앞에서 말을 하는 _____ 상황에서는
　　높임말을 써야 한다.

근거

한자 뿌리 근 根
근거 거 據

의견의 내용을 / *뒷받침해 주는 / *까닭

예 회의에서 의견을 낼 때에는 그에 대한 **근거**도 함께 말해야 한다.

* **뒷받침하다** 뒤에서 힘을 보태고 도움을 주다
* **까닭**　　　(일이 생기게 된) 이유, 원인, 조건, 상황

경청하다

한자 기울 경 傾
들을 청 聽

남의 말, 의견을 / *귀기울여 듣다

예 *토론을 할 때는 상대가 하는 말을 **경청해야** 제대로 된 *반박을 할 수 있다.

* **귀기울이다** (다른 사람의 말·의견에) 주의를 집중하여 정성껏 듣다
* **토론**　　　찬성편과 반대편으로 나뉘는 주제에 대하여 자기편의 입장이 선택되도록
　　　　　　근거를 들어 자기편의 주장을 논리적으로 펼치는 말하기
* **반박(反 돌이키다 반, 駁 논박하다 박)**　　　남의 의견에 대하여 반대하여 말함

온라인

영어 on-line

컴퓨터, 휴대폰 등이 / 인터넷으로 연결되어 / 서로 정보를
주고받을 수 있는 상태

예 상대방의 얼굴을 직접 확인할 수 없는 **온라인** 대화 상황에서
　　*대화명은 또 다른 내 이름이라고 할 수 있다.

* **대화명(對 대하다 대, 話 이야기 화)**　인터넷 채팅으로 대화를 할 때 정한 자신의 이름

줄임 말

낱말의 일부를 / 줄여 쓴 말

예 온라인 대화에서 'ㅇㅇ'이나 '생선'과 같은 **줄임 말**을 *지나치게 많이 쓰면
　　상대방과 *원활히 소통할 수 없다.

* **지나치다**　　한도·기준을 넘어선 상태에 있다
* **원활히**　　　일이 생각한대로 잘되어 가게

신중하다

한자 삼갈 신 愼
무거울 중 重

매우 *조심스럽다

예 '돌다리도 두들겨 보고 건너라'는 *속담은 아주 잘 아는 일도 **신중해야** 실수하
　　지 않는다는 뜻이다.

* **조심스럽다** (잘못·실수가 없도록) 말, 행동에 마음을 쓰는 태도가 있다
* **속담**　　　　옛날부터 말로 전해 내려온 교훈이 될 만한 짧은 말

고정하다

한자 굳을 고 固
정할 정 定

일정한 곳에 붙어서 / 움직이지 못하게 하다

예 이번에 새로 *구입한 에어컨을 거실 벽에 **고정했다**.

* **구입하다**　　물건 따위를 사다(값을 치르고 자기 것으로 만들다)

1 문장을 읽고, 알맞은 낱말을 써 넣어 봅시다.

1) 의견의 내용을 뒷받침해 주는 까닭

☐ ☐

2) 남의 말, 의견을 귀기울여 듣다

☐ ☐ ☐ ☐

3) 컴퓨터, 휴대폰 등이 인터넷으로 연결되어 서로 정보를 주고받을 수 있는 상태

☐ ☐ ☐

4) 낱말의 일부를 줄여 쓴 말

☐ ☐ ☐

5) 매우 조심스럽다

☐ ☐ ☐

6) 일정한 곳에 붙어서 움직이지 못하게 하다

☐ ☐ ☐

2 밑줄 친 곳에 알맞은 낱말을 써 넣어 문장을 완성해 봅시다.

1) 회의에서 의견을 낼 때에는 그에 대한 _____ 도 함께 말해야 한다.

2) 토론을 할 때는 상대가 하는 말을 _____ 제대로 된 반박을 할 수 있다.

3) 상대방의 얼굴을 직접 확인할 수 없는 _____ 대화 상황에서 대화명은 또 다른 내 이름이라고 할 수 있다.

4) 온라인 대화에서 'ㅇㅇ'이나 '생선'과 같은 _____ 을 지나치게 많이 쓰면 상대방과 원활히 소통할 수 없다.

5) '돌다리도 두들겨 보고 건너라'는 속담은 아주 잘 아는 일도 _____ 실수하지 않는다는 뜻이다.

6) 이번에 새로 구입한 에어컨을 거실 벽에 _____ .

그림말 (이모티콘)

영어 emoticon

컴퓨터, 휴대폰의 / 문자, 기호, 숫자 따위를 °조합해 만든 / 그림 문자

예 인터넷이나 휴대폰에서 기분을 효과적으로 전달하기 위해 사용하는 **그림말**은 영어로는 '이모티콘(emoticon)'으로, '감정'을 뜻하는 'emotion'과 '기호'를 뜻하는 'icon'이 합쳐진 말이다.

° 조합하다(組 베를 짜다 조, 合 합하다 합)　　여럿을 모아 한 덩어리가 되게 하다

표어

한자 표할 표 標
말씀 어 語

의견, 주장 등을 알리기 위해 / 그 내용을 °호소력 있게 표현한 / 짧은 말

예 1970년대에는 °출산율을 낮추기 위해 "딸 아들 구별 말고 둘만 낳아 잘 기르자"라는 **표어**를 °홍보하며 °저출산을 °장려했다.

° 호소력　　강한 인상을 주어 다른 사람의 마음을 사로잡을 수 있는 힘

° 출산율　　일정 기간에 태어난 아이가 전체 인구에 차지하는 비율

° 홍보하다　널리 알리다　　° 저출산　아이를 적게 낳음

° 장려하다　(좋은 일에 힘쓰도록) 기운이나 정신 따위를 더욱 높여 주다

딸, 아들 구별 말고 둘만 낳아 잘 기르자

공익 광고

한자 공평할 공 公
더할 익 益
넓을 광 廣
고할 고 告

기업, 단체에서 / °공공의 이익을 목적으로 하는 / °광고

예 '환경을 보호하자'는 주제의 **공익 광고**를 텔레비전에서 본 후로는 분리수거를 열심히 하게 되었다.

° 공공(公, 共 한가지 공)　사회 구성원에게 공동으로 속하거나, 두루 관계되는 것

° 광고　　　　어떤 정보를 사람들에게 널리 알리는 활동

환경을 보호하자
공익 광고

죄송하다

한자 허물 죄 罪
두려울 송 悚

죄스러울 정도로 / 미안하다

예 어른이 말씀하시는 °도중에 급히 할 말이 있다면 "말씀하시는데 **죄송합니다.** 급한 일이 있어서요"라고 °허락을 받고 이야기하면 된다.

° 도중(중도)(途 길 도, 中 가운데 중)　일이 계속되고 있는 동안

° 허락(許 허락하다 허, 諾 허락하다 낙)　　　원하는 일을 하도록 들어줌

비 미안하다(未 아니다 미, 安 편안 안), 송구하다(懼 두려워하다 구), 면구하다 (面 낯 면)

조사하다

한자 고를 조 調
조사할 사 查

무엇의 내용을 / 자세히 알아보다 또는 찾아보다

예 대화 예절 표어를 만들기 위해 '대화할 때 지켜야 할 예절'을 인터넷으로 **조사**했다.

출처

한자 날 출 出
곳 처 處

사물, 사실, 말 따위가 / 나온 곳 또는 생긴 곳

예 다른 사람이 쓴 자료를 °활용할 때에는 **출처**를 정확하게 밝혀야 한다.

° 활용하다(活 살다 활, 用 쓰다 용)　　충분히 잘 이용하다(이롭게 쓰다)

→ 바른 답 05쪽

1 문장을 읽고, 알맞은 낱말을 써 넣어 봅시다.

1) 컴퓨터, 휴대폰의 문자, 기호, 숫자 따위를 조합해 만든
그림 문자

2) 의견, 주장 등을 알리기 위해 그 내용을 호소력 있게 표현한 짧은 말

3) 기업, 단체에서 공공의 이익을 목적으로 하는 광고

4) 죄스러울 정도로 미안하다

5) 무엇의 내용을 자세히 알아보다 또는 찾아보다

6) 사물, 사실, 말 따위가 나온 곳 또는 생긴 곳

2 밑줄 친 곳에 알맞은 낱말을 써 넣어 문장을 완성해 봅시다.

1) 인터넷이나 휴대폰에서 기분을 효과적으로 전달하기 위해 사용하는
_____ 은 영어로는 '이모티콘(emoticon)'으로, '감정'을 뜻하는 'emotion'과
'기호'를 뜻하는 'icon'이 합쳐진 말이다.

2) 1970년대에는 출산율을 낮추기 위해 "딸 아들 구별 말고 둘만 낳아 잘 기르자"라는
_____ 를 홍보하며 저출산을 장려했다.

3) '환경을 보호하자'는 주제의 _____ 를 텔레비전에서 본 후로는 분리수거
를 열심히 하게 되었다.

4) 어른이 말씀하시는 도중에 급히 할 말이 있다면 "말씀하시는데 _____ .
급한 일이 있어서요"라고 허락을 받고 이야기하면 된다.

5) 대화 예절 표어를 만들기 위해 '대화할 때 지켜야 할 예절'을 인터넷으로 _____ .

6) 다른 사람이 쓴 자료를 활용할 때에는 _____ 를 정확하게 밝혀야 한다.

4. 이야기 속 세상

귀담아듣다

다른 사람의 말을 / 주의를 기울여 / 잘 듣다

㉖ 공부를 잘하는 우등생들은 수업 시간에 교사의 설명을 한마디도 놓치지 않고 **귀담아듣는다.**

🅱 경청하다(傾 기울다 경, 聽 듣다 청), 귀여겨듣다

오해하다

한자 그르칠 오 誤
풀 해 解

사람이 무엇을 / °사실과 다르게 받아들이다 또는 그 뜻을 °잘못 알다

㉖ 상대방이 하는 말을 °신중히 귀담아듣지 않으면 °말뜻을 °정반대로 **오해할** 수도 있다.

° 사실　　　실제로 있었던 일. 또는 현재에 일어나고 있는 일

° 잘못　　　그릇되게. 틀리게　　　° 신중히　　　매우 조심스럽게

° 말뜻　　　말 속에 담긴 뜻　　　° 정반대　　　완전히 반대되는 일

정리하다

한자 가지런할 정 整
다스릴 리 理

일정한 순서, °체계를 / 가진 상태가 / 되게 하다

㉖ 수업 시간에 선생님의 설명을 귀담아듣고 그 내용을 공책에 °꼼꼼히 **정리했다.**

° 체계　　　(낱낱의 부분이 잘 짜여서) 조화를 이룬 전체

° 꼼꼼히　　매우 차근차근하고 자세하여 빈틈이 없이

울타리 (울)

°담 대신에 / 풀, 나무, 철사 따위를 얽어서 / 집 따위를 둘러막거나 · °경계를 °가르는 / 물건

㉖ 아버지와 아들은 나무로 **울타리**를 둘러쳐서 집 둘레를 막았다.

° 담　　　(흙 · 돌 · 벽돌 따위로) 집 둘레나 공간을 둘러막는 것

° 경계　　지역(땅)을 구분 짓거나 가르는 선

° 가르다　무엇을 따로따로 나누어 서로 구분을 짓다

자리 (좌석)

일정한 공간 안에 / 사람이 앉을 수 있도록 / 의자 따위를 °마련해 놓은 / 곳

㉖ '앉을 **자리** 봐 가면서 앉으라'는 속담은 모든 행동을 °분별 있고 °눈치 있게 하라는 말이다.

° 마련하다　미리 준비하여 갖추다

° 분별(分 나누다 분, 別 나누다 별)　(세상 물정에 대한) 바른 생각 · 판단

° 눈치　　　(남의 마음, 일이 되어 가는 상황을) 알아채는 힘

구분되다

한자 구분할 구 區
나눌 분 分

일정한 기준에 따라 / 전체가 몇 개로 / 나누어지다

㉖ 예전에 미국에서는 버스를 탈 때 백인들이 앉는 자리와 흑인들이 앉은 자리가 **구분되어** 있었다.

1 문장을 읽고, 알맞은 낱말을 써 넣어 봅시다.

1) 다른 사람의 말을 주의를 기울여 잘 듣다

2) 사람이 무엇을 사실과 다르게 받아들이다 또는 그 뜻을 잘못 알다

3) 일정한 순서, 체계를 가진 상태가 되게 하다

4) 담 대신에 풀, 나무, 철사 따위를 얽어서 집 따위를 둘러막거나 · 경계를 가르는 물건

5) 일정한 공간 안에 사람이 앉을 수 있도록 의자 따위를 마련해 놓은 곳

6) 일정한 기준에 따라 전체가 몇 개로 나누어지다

2 밑줄 친 곳에 알맞은 낱말을 써 넣어 문장을 완성해 봅시다.

1) 공부를 잘하는 우등생들은 수업 시간에 교사의 설명을 한마디도 놓치지 않고 _____ .

2) 상대방이 하는 말을 신중히 귀담아듣지 않으면 말뜻을 정반대로 _____ 수도 있다.

3) 수업 시간에 선생님의 설명을 귀담아듣고 그 내용을 공책에 꼼꼼히 _____ .

4) 아버지와 아들은 나무로 _____ 를 둘러쳐서 집 둘레를 막았다.

5) '앉을 _____ 봐 가면서 앉으라'는 속담은 모든 행동을 분별 있고 눈치 있게 하라는 말이다.

6) 예전에 미국에서는 버스를 탈 때 백인들이 앉는 자리와 흑인들이 앉은 자리가 _____ 있었다.

1 **문장을 읽고, 알맞은 낱말을 써 넣어 봅시다.**

1) 일정한 기준에 따라 전체가 몇 개로 나누어지다   _____

2) 다른 사람의 말을 주의를 기울여 잘 듣다   _____

3) 사람이 무엇을 사실과 다르게 받아들이다 또는
    그 뜻을 잘못 알다   _____

4) 죄스러울 정도로 미안하다   _____

5) 컴퓨터, 휴대폰의 문자, 기호, 숫자 따위를 조합해 만든
    그림 문자   _____

6) 행동, 태도, 입장 따위를 분명하게 정하다   _____

7) 처음부터 끝까지 변함없이 꼭 지켜야 하는 기본적인
    규칙이나 법칙   _____

8) 일, 행동을 하기에 가장 좋은 때   _____

9) 의견, 주장 등을 알리기 위해 그 내용을 호소력 있게
    표현한 짧은 말   _____

10) 의견의 내용을 뒷받침해 주는 까닭   _____

11) 기업, 단체에서 공공의 이익을 목적으로 하는 광고   _____

12) 다른 사람에게 괴로움이나 폐를 끼쳐 마음이
     편하지 않고 · 부끄럽다   _____

13) 남의 말, 의견을 귀기울여 듣다   _____

14) 컴퓨터, 휴대폰 등이 인터넷으로 연결되어 서로 정보를
     주고받을 수 있는 상태   _____

→ 바른 답 05쪽

15) 건물의 출입문 _____

16) 일정한 순서, 체계를 가진 상태가 되게 하다 _____

17) 무엇의 내용을 자세히 알아보다 또는 찾아보다 _____

18) 일의 앞뒤 사정을 놓고 볼 때 마땅히 그렇다 _____

19) 개인적이지 않고 국가나 사회의 구성원에게 널리
     관계있는 (것) _____

20) 회의, 대화, 연구 따위에서 중심이 되는 문제 _____

21) 낱말의 일부를 줄여 쓴 말 _____

22) 일정한 곳에 붙어서 움직이지 못하게 하다 _____

23) 음식을 차려놓고 먹는 용도로 쓰는 탁자 _____

24) 일정한 공간 안에 사람이 앉을 수 있도록 의자 따위를
     마련해 놓은 곳 _____

25) 사물, 사실, 말 따위가 나온 곳 또는 생긴 곳 _____

26) 잘 모르거나 · 별로 만나고 싶지 않았던 사람과
     마주 대하여 쑥스럽다 _____

27) 매우 조심스럽다 _____

28) 담 대신에 풀, 나무, 철사 따위를 얽어서 집 따위를
     둘러막거나 · 경계를 가르는 물건 _____

29) 회의에서 많은 사람의 찬반에 따라 가부를 정함 _____

30) 다른 사람의 의견에 뜻을 하나로 같이하다(함께하다) _____

2 밑줄 친 곳에 알맞은 낱말을 써 넣어 문장을 완성해 봅시다.

1) '환경을 보호하자'는 주제의 _____ 를 텔레비전에서 본 후로는 분리수거를 열심히 하게 되었다.

2) 공부를 잘하는 우등생들은 수업 시간에 교사의 설명을 한마디도 놓치지 않고 _____ .

3) 부모님의 말씀을 잘 따르는 것은 자식으로서 _____ 도리이다.

4) 상대방이 하는 말을 신중히 귀담아듣지 않으면 말뜻을 정반대로 _____ 수도 있다.

5) 대화 예절 표어를 만들기 위해 '대화할 때 지켜야 할 예절'을 인터넷으로 _____ .

6) 회의에서 의견을 말할 때는 손을 들어 말할 _____ 를 얻은 후에 발표한다.

7) 인터넷이나 휴대폰에서 기분을 효과적으로 전달하기 위해 사용하는 _____ 은 영어로는 '이모티콘(emoticon)'으로, '감정'을 뜻하는 'emotion'과 '기호'를 뜻하는 'icon'이 합쳐진 말이다.

8) 아버지와 아들은 나무로 _____ 를 둘러쳐서 집 둘레를 막았다.

9) 1970년대에는 출산율을 낮추기 위해 "딸 아들 구별 말고 둘만 낳아 잘 기르자"라는 _____ 를 홍보하며 저출산을 장려했다.

10) 회의에서 의견을 낼 때에는 그에 대한 _____ 도 함께 말해야 한다.

11) 앞집 아주머니께 _____ 마음에 들어서 다음에는 먼저 인사를 해야겠다고 생각했다.

12) 토론을 할 때는 상대가 하는 말을 _____ 제대로 된 반박을 할 수 있다.

13) 어른이 말씀하시는 도중에 급히 할 말이 있다면 "말씀하시는데 _____ . 급한 일이 있어서요"라고 허락을 받고 이야기하면 된다.

14) 상대방의 얼굴을 직접 확인할 수 없는 _____ 대화 상황에서 대화명은 또 다른 내 이름이라고 할 수 있다.

15) 이번에 새로 구입한 에어컨을 거실 벽에 _____ .

16) '돌다리도 두들겨 보고 건너라'는 속담은 아주 잘 아는 일도 _____ 실수하지 않는다는 뜻이다.

17) 학원을 계속 다닐지 그만둘지 부모님과 의논한 끝에 그만 다니기로 _____ .

18) 온라인 대화에서 'ㅇㅇ'이나 '생선'과 같은 _____ 을 지나치게 많이 쓰면 상대방과 원활히 소통할 수 없다.

19) 점심 시간에 술래잡기를 하기로 친구들과 _____ 로 결정했는데, 한 친구가 피구를 하자고 자꾸 고집을 부렸다.

20) 회의 주제를 다수결의 _____ 에 따라 결정했는데, 가장 많은 사람이 동의한 안건인 '친구들과 사이좋게 지내자'로 선정되었다.

21) 손님들을 대접하기 위해 준비한 음식들을 _____ 위에 올려놓았다.

22) 다수결의 원칙에 따라 가장 많은 사람이 _____ 안건을 회의 주제로 결정했다.

23) 집에 들어왔을 때 _____ 에 신발이 하나도 없는 걸 보고 집에 아무도 없다는 사실을 알았다.

24) 예전에 미국에서는 버스를 탈 때 백인들이 앉는 자리와 흑인들이 앉은 자리가 _____ 있었다.

25) 앞집 아주머니께서 먼저 인사를 하셨는데 _____ 인사를 하지 않고 집에 들어왔다.

26) '가족 여행'을 _____ 로 가족회의를 했는데, 동생이 "중국집에 가서 자장면을 먹자"며 회의 _____ 와 상관없는 딴소리를 해댔다.

27) 회의나 발표처럼 많은 사람들 앞에서 말을 하는 _____ 상황에서는 높임말을 써야 한다.

28) 다른 사람이 쓴 자료를 활용할 때에는 _____ 를 정확하게 밝혀야 한다.

29) 수업 시간에 선생님의 설명을 귀담아듣고 그 내용을 공책에 꼼꼼히 _____ .

30) '앉을 _____ 봐 가면서 앉으라'는 속담은 모든 행동을 분별 있고 눈치 있게 하라는 말이다.

1일

4. 이야기 속 세상

인물

한자 사람 인 人
물건 물 物

이야기에서 / 어떤 일을 겪는 / 사람 또는 사물

예 《사라, 버스를 타다》에는 사라, 사라의 어머니, 경찰관, 운전사, 신문 기자 등의 **인물**이 나온다.

배경

한자 등 배 背
볕 경 景

이야기가 펼쳐지는 / 시간과 장소

예 이야기의 구성 요소 중에서 **배경**이란 작품 속에 •등장하는 인물이 행동하거나 사건이 벌어지는 시간, 장소, 사회적 분위기 따위를 말한다.

•등장하다 (연극 · 영화 · 소설 따위에서) 인물이 일정한 역할을 띠고 나타나다

구성

한자 얽을 구 構
이룰 성 成

등장인물들이 / 벌이는 여러 사건들을 / 시간의 흐름에 따라서 또는 원인과 결과의 관계로 / •짜임새 있게 •얽는 것

예 이야기의 재료가 되는 인물, 사건, 배경을 이야기의 **구성** 요소라고 한다.

•짜임새 글이나 이야기의 앞뒤 내용이 관련과 체계를 갖춘 상태
•얽다 글의 틀(일정한 형식)을 구성하다

요소

한자 요긴할 요 要
본디 소 素

무엇을 만드는 데 / 꼭 있어야 할 •요긴한 / 조건 또는 •성분

예 인물, 사건, 배경은 이야기를 구성하는 데 반드시 필요한 **요소**이다.

•요긴하다(긴요하다) 꼭 필요하고 중요하다
•성분(成 이루다 성, 分 나누다 분) 물체를 구성하는 바탕 (뼈대 · 틀 · 근본을 이루는 기초 부분)이 되는 요소

찡그리다
(쨍그리다)

얼굴의 근육, •눈살에 / 힘을 주어 / 주름이 잡히게 하다

예 창가로 밀려드는 아침 •햇살이 •눈부셔서 얼굴을 **찡그렸다.**

•눈살 두 눈썹 사이(양미간 · 미간)에 잡힌 주름(피부에 생긴 줄 자국)
•햇살(볕살) 해에서 나오는 빛의 줄기. 해가 내쏘는 광선
•눈부시다 (빛이) 강하여 바로 보기 어렵다

만족하다

한자 찰 만 滿
발 족 足

•충분하게 •마음에 들다

예 아이는 평소에 100점을 자주 받아서 95점을 받으면 **만족하지** 못한다는 듯 얼굴을 찡그린다.

•충분하다(흡족하다)(充 채우다 충, 分) (조금도 모자람이 없이) 차다, 넉넉하다
•마음에 들다 (무엇이 사람의) 마음이나 감정에 좋게 여겨지다
비 흡족하다(洽 흡족하다 흡, 足 발 · 만족하다 족)

→ 바른 답 06쪽

1 문장을 읽고, 알맞은 낱말을 써 넣어 봅시다.

1) 이야기에서 어떤 일을 겪는 사람 또는 사물

2) 이야기가 펼쳐지는 시간과 장소

3) 등장인물들이 벌이는 여러 사건들을 시간의 흐름에 따라서
    또는 원인과 결과의 관계로 짜임새 있게 얽는 것

4) 무엇을 만드는 데 꼭 있어야 할 요긴한 조건 또는 성분

5) 얼굴의 근육, 눈살에 힘을 주어 주름이 잡히게 하다

6) 충분하게 마음에 들다

2 밑줄 친 곳에 알맞은 낱말을 써 넣어 문장을 완성해 봅시다.

1) 《사라, 버스를 타다》에는 사라, 사라의 어머니, 경찰관, 운전사, 신문 기자 등의
    _____ 이 나온다.

2) 이야기의 구성 요소 중에서 _____ 이란 작품 속에 등장하는 인물이 행동
    하거나 사건이 벌어지는 시간, 장소, 사회적 분위기 따위를 말한다.

3) 이야기의 재료가 되는 인물, 사건, 배경을 이야기의 _____ 요소라고 한다.

4) 인물, 사건, 배경은 이야기를 구성하는 데 반드시 필요한 _____ 이다.

5) 창가로 밀려드는 아침 햇살이 눈부셔서 얼굴을 _____ .

6) 아이는 평소에 100점을 자주 받아서 95점을 받으면 _____ 못한다는 듯
    얼굴을 찡그린다.

4. 이야기 속 세상

시간, 버스를 타다 | 교과서 116~127쪽 |

가정
한자 집 가 家
뜰 정 庭

가족이 모여 사는 생활 공간 또는 부부를 중심으로 그 부모나
자녀를 포함한 가족 *집단

예 아이는 집안 분위기가 화목한 **가정**에서 나고 자랐다.

* **집단**　　여럿이 모여 이룬 모임(목적을 위해 만든 단체)

깍지 (손깍지)

열 손가락을 / 서로 엇갈리게 바짝 맞추어 / 잡은 상태

예 체육 시간에 학생들이 두 손을 **깍지** 낀 *채 준비 운동을 하고 있다.

* **채**　　　'어떤 상태인 대로 계속'의 뜻을 나타내는 말

종일 (온종일)
한자 끝날 종 終
날 일 日

아침부터 *저녁까지 / *내내

예 *큰비가 **종일** 내려서 아침부터 저녁까지 *꼼짝없이 집에만 있었다.

* **저녁**　　해 질 무렵부터 해가 진 밤이 오기까지의 사이
* **내내(내)**　처음부터 끝까지 계속해서. 줄곧
* **큰비**　　오래도록 많이 쏟아지는 비
* **꼼짝없다**　현재의 상태를 벗어날 방법 따위가 없다

형편
한자 모양 형 形
편할 편 便

*개인, 집단의 / *경제 상태

예 할머니는 주말에도 쉬지 않고 일했지만, 너무 가난해서 신발 한 *켤레,
　　옷 한 *벌 사 입을 **형편**이 못 되었다.

* **개인**　　국가·사회·단체 따위를 구성하는 낱낱(여럿 가운데의 하나하나)의 사람
* **경제**　　재화(돈 또는 값 나가는 물건)와 서비스(남을 돕거나 여러 가지 심부름을
　　　　　　해 주는 것)를 만들고, 나누고, 쓰는 모든 활동
* **켤레**　　(신발·양말·장갑 따위의) 짝이 되는 두 개를 한 벌로 세는 단위
* **벌**　　　옷을 세는 단위

마음먹다

'무엇을 하겠다'고 / 마음을 굳게 정하다

예 마을에서 귀신이 산다고 소문이 난 집이 있었는데, 어느 날 마을 아이들은
　　진짜 귀신이 사는지 알아보기로 **마음먹고** 그 집으로 들어갔다.

비 결심하다(決 결단하다 결, 心 마음 심), 작정하다, 정하다, 뜻하다, 결의하다(意 뜻 의)

별다르다
한자 나눌 별 別

무엇이 / 다른 것과 / *별스럽게 다르다

예 그에겐 **별다른** 특징이 없기 때문에 그를 한두 번 본 사람들은 그를 잘 기억하
　　지 못한다.

* **별스럽다**　(무엇이) 보통과 다르고 이상한 데가 있다

1 문장을 읽고, 알맞은 낱말을 써 넣어 봅시다.

6주
2일

1) 가족이 모여 사는 생활 공간 또는 부부를 중심으로
   그 부모나 자녀를 포함한 가족 집단

2) 열 손가락을 서로 엇갈리게 바짝 맞추어 잡은 상태

3) 아침부터 저녁까지 내내

4) 개인, 집단의 경제 상태

5) '무엇을 하겠다'고 마음을 굳게 정하다

6) 무엇이 다른 것과 별스럽게 다르다

2 밑줄 친 곳에 알맞은 낱말을 써 넣어 문장을 완성해 봅시다.

1) 아이는 집안 분위기가 화목한 _____ 에서 나고 자랐다.

2) 체육 시간에 학생들이 두 손을 _____ 낀 채 준비 운동을 하고 있다.

3) 큰비가 _____ 내려서 아침부터 저녁까지 꼼짝없이 집에만 있었다.

4) 할머니는 주말에도 쉬지 않고 일했지만, 너무 가난해서 신발 한 켤레, 옷 한 벌 사 입
   을 _____ 이 못 되었다.

5) 마을에서 귀신이 산다고 소문이 난 집이 있었는데, 어느 날 마을 아이들은 진짜
   귀신이 사는지 알아보기로 _____ 그 집으로 들어갔다.

6) 그에겐 _____ 특징이 없기 때문에 그를 한두 번 본 사람들은 그를 잘 기억
   하지 못한다.

사람, 버스를 타다 | 교과서 116~127쪽 |

통로 (통행로)
한자 통할 통 通
길 로 路

*통하여 다니는 / 길

예 우리 학교에 드나들 수 있는 **통로**는 *정문과 후문, 두 곳이 있다.

* **통하다** (길이나 공간을 따라) 거쳐서 지나가다
* **정문**(正 바르다 정, 門 문 문) 건물의 정면에 있는 주가 되는 문

지저분하다

보기 싫게 더럽다

예 학급 회의 주제로 '깨끗한 교실을 만들자'를 *제안하면서, 그 근거로 교실이 **지저분하기** 때문이라고 발표했다.

* **제안하다**(提 이끌다 제, 案 책상·생각 안) (다른 사람에게 어떤 일을 하자고) 의견을 내어놓다

대단하다

수준, 정도가 / 매우 특별하고·뛰어나다

예 아이가 시험에 합격하자 주위 사람들은 정말 **대단한** 아이라고 *입을 모아 칭찬했다.

* **입(을) 모으다** (둘 이상의 사람이 어찌하다고) 모두 똑같이 말하다

특별하다
한자 특별할 특 特
나눌 별 別

*보통과 / 아주 다르다

예 오늘은 남들에겐 평소와 다를 바 없는 날이지만, 생일을 맞은 아이에겐 무척 **특별한** 날이었다.

* **보통** (특별하지 아니하고) 흔히 있음. 또는 흔히 볼 수 있음

비 다르다, 유다르다, 특이하다, 독특하다, 별나다, 비범하다, 비상하다, 각별하다, 자별하다

계속
한자 이을 계 繼
이을 속 續

현상, 행동이 / 끊어지지 않고 *잇따라

예 아침부터 배가 **계속** 아파서 2교시를 마치고 조퇴했다.

* **잇따르다**(잇달다, 연달다) (일·행동 따위가) 이어서 일어나다

중얼거리다

알아듣기 어려울 정도의 작은 목소리로 / 자꾸 *혼잣말하다

예 친구가 수업 시간에 **중얼거리는** 목소리로 계속 발표를 해서 무슨 소린지 하나도 들리지 않았다.

* **혼잣말하다** 말을 하는 상대가 없이 혼자서 말을 하다

비 종알거리다, 쭝얼거리다, 중얼대다, 중얼중얼하다

1 문장을 읽고, 알맞은 낱말을 써 넣어 봅시다.

1) 통하여 다니는 길

2) 보기 싫게 더럽다

3) 수준, 정도가 매우 특별하고·뛰어나다

4) 보통과 아주 다르다

5) 현상, 행동이 끊어지지 않고 잇따라

6) 알아듣기 어려울 정도의 작은 목소리로
자꾸 혼잣말하다

2 밑줄 친 곳에 알맞은 낱말을 써 넣어 문장을 완성해 봅시다.

1) 우리 학교에 드나들 수 있는 _____ 는 정문과 후문, 두 곳이 있다.

2) 학급 회의 주제로 '깨끗한 교실을 만들자'를 제안하면서, 그 근거로 교실이
_____ 때문이라고 발표했다.

3) 아이가 시험에 합격하자 주위 사람들은 정말 _____ 아이라고 입을 모아
칭찬했다.

4) 오늘은 남들에겐 평소와 다를 바 없는 날이지만, 생일을 맞은 아이에겐 무척
_____ 날이었다.

5) 아침부터 배가 _____ 아파서 2교시를 마치고 조퇴했다.

6) 친구가 수업 시간에 _____ 목소리로 계속 발표를 해서 무슨 소린지 하나
도 들리지 않았다.

기어
영어 gear

*회전 *속도, 운동 방향을 바꾸는 / 톱니바퀴 장치

예 *오르막과 *내리막이 반복되는 바람에 자전거의 **기어**를 계속 바꿔야 했다.

* 회전　　　(한 점이나 축, 어떤 물체를 중심으로 하여) 그 둘레를 빙빙 돎
* 속도(速 빠르다 속, 度 법도 도)　　물체가 움직일 때, 그 빠른 정도
* 오르막　　높은 곳으로 기울어져 올라가는 길
* 내리막　　낮은 곳으로 기울어져 내려가는 길

성나다

화가 치밀 만큼 / *언짢은 기분이 *일다

예 아이가 계속 말썽을 피우자 엄마는 **성난** 얼굴로 아이를 쏘아봤다.

* 언짢다　　마음에 들지 않다, 기분이 좋지 않다
* 일다(일어나다)　　(감정이) 새로 생기다

쏘아보다

상대를 / *날카로운 *눈초리로 / 뚫어지게 보다

예 두 아이가 수업 시간에 계속 쪽지를 주고받자 교사는 성난 얼굴로 "쪽지를
　　갖고 나오라"고 말하면서 *차가운 눈초리로 아이들을 **쏘아보았다**.

* 날카롭다　　(남이 겁을 낼 만큼 성질 · 기운 · 태도 따위가) 차갑다
* 눈초리　　어떤 대상을 바라볼 때 눈에 나타나는 표정
* 차갑다　　(사람의 표정이나 태도가 정다운 맛이 없고) 매정하다. 쌀쌀하다
비 노려보다

아무런 (아무)

전혀 어떠한의 뜻을 나타내는 말

예 친구가 **아무런** 이유도 없이 성난 얼굴로 나를 쏘아봐서 *어이없었다.

* 어이없다(어처구니없다) 일이 너무 뜻밖이어서 기가 막히다

그리 (그다지)

그렇게까지는 또는 그러한 정도로

예 4학년 학생이 곱셈과 나눗셈을 못 하는 건 **그리** *사소한 문제가 아니다.

* 사소하다(些 적다 · 작다 사, 少 적다 · 작다 소)　　보잘것없이 작다, 적다

**쿵쾅거리다
(쿵쾅대다)**

발로 바닥을 *구르는 쿵쾅 소리가(를) / 계속 나다 또는 계속 내다

예 종례를 마친 아이들은 **쿵쾅거리는** 발소리를 내며 계단 쪽으로 *소란스럽게
　　*우르르 뛰어갔다.

* 구르다　　(서 있는 자리에서) 밑바닥이 울리도록 바닥에 발을 힘 있게 내리 디디다
* 소란스럽다 듣기 싫을 정도로 소리가 크고 시끄러운 데가 있다
* 우르르　　사람이나 동물 따위가 한꺼번에 움직이거나 한곳에 몰리는 모양

⟶ 바른 답 06쪽

1 문장을 읽고, 알맞은 낱말을 써 넣어 봅시다.

6주
4일

1) 회전 속도, 운동 방향을 바꾸는 톱니바퀴 장치 ☐☐

2) 화가 치밀 만큼 언짢은 기분이 일다 ☐☐☐

3) 상대를 날카로운 눈초리로 뚫어지게 보다 ☐☐☐

4) 전혀 어떠한의 뜻을 나타내는 말 ☐☐☐

5) 그렇게까지는 또는 그러한 정도로 ☐☐

6) 발로 바닥을 구르는 쿵쾅 소리가(를) 계속 나다 또는 계속 내다 ☐☐☐☐☐

2 밑줄 친 곳에 알맞은 낱말을 써 넣어 문장을 완성해 봅시다.

1) 오르막과 내리막이 반복되는 바람에 자전거의 _____ 를 계속 바꿔야 했다.

2) 아이가 계속 말썽을 피우자 엄마는 _____ 얼굴로 아이를 쏘아봤다.

3) 두 아이가 수업 시간에 계속 쪽지를 주고받자 교사는 성난 얼굴로 "쪽지를 갖고 나오라"고 말하면서 차가운 눈초리로 아이들을 _____ .

4) 친구가 _____ 이유도 없이 성난 얼굴로 나를 쏘아봐서 어이없었다.

5) 4학년 학생이 곱셈과 나눗셈을 못 하는 건 _____ 사소한 문제가 아니다.

6) 종례를 마친 아이들은 _____ 발소리를 내며 계단 쪽으로 소란스럽게 우르르 뛰어갔다.

두리번거리다
(두리번대다,
두리번두리번하다)

눈을 크게 뜨고 / 이쪽저쪽을 자꾸 / *둘러보다

㉮ 문구점에 들어간 아이는 사야 할 준비물이 어디에 있는지 찾기 위해 이쪽저쪽을 두리번거리며 문구점 안을 돌아다녔다.

* **둘러보다** 주위를 이리저리 빠짐없이 살펴보다

규칙
[한자] 법 규 規
법칙 칙 則

여러 사람이 / 다 함께 지키기로 정한 / *약속

㉮ 학급 회의 결과, 교실이 지저분해지면 대청소를 하는 것으로 **규칙**을 정했다.

* **약속**   다른 사람과 앞으로의 일을 어떻게 할 것인가를
              미리 정해 둠. 또는 그리 정한 내용

[비] 규약(規, 約 맺다 · 묶다 약), 규율(律 법칙 율), 규정(定 정하다 정)

따르다

*명령, 의견 따위를 받아들여 / 그대로 행동으로 옮기다

㉮ 학생들은 학급 규칙을 잘 **따랐고**, 교실은 *이전보다 더 깨끗해졌다.

* **명령(명, 영)** 남에게 어떤 일이나 행동 따위를 하게 함. 또는 그런 내용
* **이전**   기준이 되는 때를 포함하여 그보다 앞

당당하다
[한자] 집 당 堂
집 당 堂

모습, 태도가 / *거리낌 없고 · 남 앞에 내세울 만큼 / *바르고 · *떳떳하다

㉮ 아이는 곱셈과 나눗셈을 못 하는 것에 *대수롭지 않다는 듯 **당당했지만**, 엄마는 그리 **당당한** 일은 아니라며 아이를 쏘아보았다.

* **거리낌 없다** 마음에 걸려서 꺼림칙하게(언짢고 싫게) 생각되는 것이 없다
* **바르다**   말 · 행동 · 생각이 사회적인 규범이나 사리에 들어맞다
* **떳떳하다**   말 · 행동 · 생각이 올바르고(옳고 바르고) 굽힘이 없다
* **대수롭다**   중요하게 여길 만하다

지각하다
[한자] 늦을 지 遲
새길 각 刻

정한 시각보다 / 늦게 *도착하다

㉮ 학생들은 8시 30분까지 교실 안에 들어오지 않으면 **지각한** 것으로 규칙을 정했다.

* **도착하다**   목적한 곳에 이르러 닿다

[비] 지참하다(參 참여하다 참)

콩닥거리다
(콩닥대다)

몹시 놀라거나 · *설레어 / 가슴이 / 자꾸 뛰다

㉮ 큰 개가 자기 쪽으로 달려오자 아이는 너무 놀라서 가슴이 **콩닥거렸다**.

* **설레다**   마음이 들떠서 두근거리다

→ 바른 답 06쪽

1 문장을 읽고, 알맞은 낱말을 써 넣어 봅시다.

6주
5일

1) 눈을 크게 뜨고 이쪽저쪽을
자꾸 둘러보다

☐ ☐ ☐ ☐ ☐ ☐

2) 여러 사람이 다 함께 지키기로 정한 약속

☐ ☐

3) 명령, 의견 따위를 받아들여 그대로 행동으로 옮기다

☐ ☐

4) 모습, 태도가 거리낌 없고 · 남 앞에 내세울
만큼 바르고 · 떳떳하다

☐ ☐ ☐ ☐

5) 정한 시각보다 늦게 도착하다

☐ ☐ ☐

6) 몹시 놀라거나 · 설레어 가슴이 자꾸 뛰다

☐ ☐ ☐ ☐

2 밑줄 친 곳에 알맞은 낱말을 써 넣어 문장을 완성해 봅시다.

1) 문구점에 들어간 아이는 사야 할 준비물이 어디에 있는지 찾기 위해 이쪽저쪽을
_____ 문구점 안을 돌아다녔다.

2) 학급 회의 결과, 교실이 지저분해지면 대청소를 하는 것으로 _____ 을
정했다.

3) 학생들은 학급 규칙을 잘 _____ , 교실은 이전보다 더 깨끗해졌다.

4) 아이는 곱셈과 나눗셈을 못 하는 것에 대수롭지 않다는 듯 _____ , 엄마는
그리 _____ 일은 아니라며 아이를 쏘아보았다.

5) 학생들은 8시 30분까지 교실 안에 들어오지 않으면 _____ 것으로 규칙을
정했다.

6) 큰 개가 자기 쪽으로 달려오자 아이는 너무 놀라서 가슴이 _____ .

1 문장을 읽고, 알맞은 낱말을 써 넣어 봅시다.

1) 이야기가 펼쳐지는 시간과 장소 　　　　　　

2) 눈을 크게 뜨고 이쪽저쪽을 자꾸 둘러보다 　　　　　　

3) 개인, 집단의 경제 상태 　　　　　　

4) 명령, 의견 따위를 받아들여 그대로 행동으로 옮기다 　　　　　　

5) 여러 사람이 다 함께 지키기로 정한 약속 　　　　　　

6) 회전 속도, 운동 방향을 바꾸는 톱니바퀴 장치 　　　　　　

7) 통하여 다니는 길 　　　　　　

8) 몹시 놀라거나 · 설레어 가슴이 자꾸 뛰다 　　　　　　

9) 보기 싫게 더럽다 　　　　　　

10) 모습, 태도가 거리낌 없고 · 남 앞에 내세울 만큼
바르고 · 떳떳하다 　　　　　　

11) 보통과 아주 다르다 　　　　　　

12) 현상, 행동이 끊어지지 않고 잇따라 　　　　　　

13) 알아듣기 어려울 정도의 작은 목소리로 자꾸 혼잣말하다 　　　　　　

14) 충분하게 마음에 들다 　　　　　　

15) 화가 치밀 만큼 언짢은 기분이 일다

→ 바른 답 06쪽

6주
평가

16) '무엇을 하겠다'고 마음을 굳게 정하다   _____

17) 가족이 모여 사는 생활 공간 또는 부부를 중심으로
     그 부모나 자녀를 포함한 가족 집단   _____

18) 이야기에서 어떤 일을 겪는 사람 또는 사물   _____

19) 전혀 어떠한의 뜻을 나타내는 말   _____

20) 수준, 정도가 매우 특별하고·뛰어나다   _____

21) 등장인물들이 벌이는 여러 사건들을 시간의 흐름에 따라서
     또는 원인과 결과의 관계로 짜임새 있게 얽는 것   _____

22) 얼굴의 근육, 눈살에 힘을 주어 주름이 잡히게 하다   _____

23) 열 손가락을 서로 엇갈리게 바짝 맞추어 잡은 상태   _____

24) 아침부터 저녁까지 내내   _____

25) 상대를 날카로운 눈초리로 뚫어지게 보다   _____

26) 무엇이 다른 것과 별스럽게 다르다   _____

27) 무엇을 만드는 데 꼭 있어야 할 요긴한 조건 또는 성분   _____

28) 그렇게까지는 또는 그러한 정도로   _____

29) 발로 바닥을 구르는 쿵쾅 소리가(를) 계속 나다 또는
     계속 내다   _____

30) 정한 시각보다 늦게 도착하다   _____

2 밑줄 친 곳에 알맞은 낱말을 써 넣어 문장을 완성해 봅시다.

1) 창가로 밀려드는 아침 햇살이 눈부셔서 얼굴을 _____ .

2) 문구점에 들어간 아이는 사야 할 준비물이 어디에 있는지 찾기 위해 이쪽저쪽을 _____ 문구점 안을 돌아다녔다.

3) 학급 회의 주제로 '깨끗한 교실을 만들자'를 제안하면서, 그 근거로 교실이 _____ 때문이라고 발표했다.

4) 큰 개가 자기 쪽으로 달려오자 아이는 너무 놀라서 가슴이 _____ .

5) 오르막과 내리막이 반복되는 바람에 자전거의 _____ 를 계속 바꿔야 했다.

6) 아침부터 배가 _____ 아파서 2교시를 마치고 조퇴했다.

7) 큰비가 _____ 내려서 아침부터 저녁까지 꼼짝없이 집에만 있었다.

8) 아이가 계속 말썽을 피우자 엄마는 _____ 얼굴로 아이를 쏘아봤다.

9) 오늘은 남들에겐 평소와 다를 바 없는 날이지만, 생일을 맞은 아이에겐 무척 _____ 날이었다.

10) 우리 학교에 드나들 수 있는 _____ 는 정문과 후문, 두 곳이 있다.

11) 학생들은 8시 30분까지 교실 안에 들어오지 않으면 _____ 것으로 규칙을 정했다.

12) 마을에서 귀신이 산다고 소문이 난 집이 있었는데, 어느 날 마을 아이들은 진짜 귀신이 사는지 알아보기로 _____ 그 집으로 들어갔다.

13) 아이는 집안 분위기가 화목한 _____ 에서 나고 자랐다.

14) 아이가 시험에 합격하자 주위 사람들은 정말 _____ 아이라고 입을 모아 칭찬했다.

15) 그에겐 _____ 특징이 없기 때문에 그를 한두 번 본 사람들은 그를 잘 기억하지 못한다.

→ 바른 답 06쪽

6주
평가

16) 학급 회의 결과, 교실이 지저분해지면 대청소를 하는 것으로 _____ 을 정했다.

17) 친구가 수업 시간에 _____ 목소리로 계속 발표를 해서 무슨 소린지 하나도 들리지 않았다.

18) 4학년 학생이 곱셈과 나눗셈을 못 하는 건 _____ 사소한 문제가 아니다.

19) 인물, 사건, 배경은 이야기를 구성하는 데 반드시 필요한 _____ 이다.

20) 체육 시간에 학생들이 두 손을 _____ 낀 채 준비 운동을 하고 있다.

21) 《사라, 버스를 타다》에는 사라, 사라의 어머니, 경찰관, 운전사, 신문 기자 등의 _____ 이 나온다.

22) 할머니는 주말에도 쉬지 않고 일했지만, 너무 가난해서 신발 한 켤레, 옷 한 벌 사 입을 _____ 이 못 되었다.

23) 학생들은 학급 규칙을 잘 _____ , 교실은 이전보다 더 깨끗해졌다.

24) 이야기의 재료가 되는 인물, 사건, 배경을 이야기의 _____ 요소라고 한다.

25) 두 아이가 수업 시간에 계속 쪽지를 주고받자 교사는 성난 얼굴로 "쪽지를 갖고 나오라"고 말하면서 차가운 눈초리로 아이들을 _____ .

26) 아이는 평소에 100점을 자주 받아서 95점을 받으면 _____ 못한다는 듯 얼굴을 찡그린다.

27) 이야기의 구성 요소 중에서 _____ 이란 작품 속에 등장하는 인물이 행동하거나 사건이 벌어지는 시간, 장소, 사회적 분위기 따위를 말한다.

28) 종례를 마친 아이들은 _____ 발소리를 내며 계단 쪽으로 소란스럽게 우르르 뛰어갔다.

29) 아이는 곱셈과 나눗셈을 못 하는 것에 대수롭지 않다는 듯 _____ , 엄마는 그리 _____ 일은 아니라며 아이를 쏘아보았다.

30) 친구가 _____ 이유도 없이 성난 얼굴로 나를 쏘아봐서 어이없었다.

1일

4. 이야기 속 세상

사람, 버섯을 타다 | 교과서 116~127쪽 |

어기다	약속, 규칙, 시간, 명령 따위를 / 지키지 않다
	예 교실 안에 8시 30분까지 들어오는 규칙을 **어겨서** 지각으로 처리되었다.
	비 위반하다(違 어긋나다 위, 反 돌이키다 반)
법 (법률) 한자 법 법 法	국가에 의해 / °강제력을 갖는 / 사회 °규범
	예 우리나라에서는 '어린이는 초등학교에 다녀야 한다'는 것을 **법**으로 정해 놓고 있다.
	°강제력 국가가 국민에게 명하여 그 명령을 강제하는(억지로 시키는) 힘
	°규범 (인간이 행동하거나 판단할 때에) 마땅히 따르고 지켜야 할 행동 규칙
흥분하다 한자 일 흥 興 떨칠 분 奮	°격한 감정을 드러내다 또는 날카로운 °신경 상태를 보이다
	예 아이가 시험에서 20점을 받자, 엄마는 **흥분한** 목소리로 아이를 호되게 °야단쳤다.
	°격하다(激 격하다·심하다 격) 갑자기 화를 내거나 흥분하다
	°신경(神 귀신 신, 經 지나다 경) 어떤 일을 느끼거나 생각하는 힘
	°야단치다 소리를 높여 호되게(매우 심하게) 꾸짖다
안타깝다	다른 사람이 힘든 일을 당한 것이 / 불쌍하고·마음이 아프다
	예 엄마는 아이가 20점을 맞은 일에 격한 감정을 드러내며 흥분했지만, 한편으로는 **안타까운** 마음도 들었다.
	비 안쓰럽다, 애처롭다
상관 한자 서로 상 相 관계할 관 關	둘 이상의 사람, 사물, 현상 따위가 / 서로 연결되어 °얽혀 있음 또는 그러한 일
	예 낮 °기온이 올라가면서 선풍기 판매량이 늘었다는 신문 기사를 읽고, 둘 사이에 °밀접한 **상관**이 있다는 사실을 알게 되었다.
	°얽히다 둘 이상의 것이 이리저리 관련되다(서로 얽혀서 가까운 관계에 있다)
	°기온 대기(공기)의 온도. 보통, 지면으로부터 1.5m 높이에서 잰 온도를 이름
	°밀접하다 썩 가까운 관계에 있다. 아주 가깝게 맞닿아 있다
	비 관련 (聯 잇다·연결하다 련), 관계(係 매다·묶다 계), 연관
절레절레 **(절절)**	머리를 / °좌우로 자꾸 흔드는 / 모양
	예 수영 강사는 위험한 행동을 하는 아이들을 보며 고개를 **절레절레** 흔들더니, 허우적대는 한 아이를 물 밖으로 °번쩍 안아 올렸다.
	°좌우 왼쪽(좌)과 오른쪽(우)
	°번쩍(반짝, 뻔쩍) 물건 따위를 가볍게 빨리 들어올리는 모양

기온

선풍기 판매량

→ 바른 답 06쪽

공부한 날   월   일 | 학습평가 ☑

1 문장을 읽고, 알맞은 낱말을 써 넣어 봅시다.

1) 약속, 규칙, 시간, 명령 따위를 지키지 않다　□□□

2) 국가에 의해 강제력을 갖는 사회 규범　□

3) 격한 감정을 드러내다 또는 날카로운
   신경 상태를 보이다　□□□□

4) 다른 사람이 힘든 일을 당한 것이 불쌍하고·
   마음이 아프다　□□□

5) 둘 이상의 사람, 사물, 현상 따위가 서로 연결되어 얽혀 있음
   또는 그러한 일　□□

6) 머리를 좌우로 자꾸 흔드는 모양　□□□□

7주
1일

2 밑줄 친 곳에 알맞은 낱말을 써 넣어 문장을 완성해 봅시다.

1) 교실 안에 8시 30분까지 들어오는 규칙을 _____ 지각으로 처리되었다.

2) 우리나라에서는 '어린이는 초등학교에 다녀야 한다'는 것을 _____ 으로
   정해 놓고 있다.

3) 아이가 시험에서 20점을 받자, 엄마는 _____ 목소리로 아이를 호되게
   야단쳤다.

4) 엄마는 아이가 20점을 맞은 일에 격한 감정을 드러내며 흥분했지만, 한편으로는
   _____ 마음도 들었다.

5) 낮 기온이 올라가면서 선풍기 판매량이 늘었다는 신문 기사를 읽고, 둘 사이에 밀접한
   _____ 이 있다는 사실을 알게 되었다.

6) 수영 강사는 위험한 행동을 하는 아이들을 보며 고개를 _____ 흔들더니,
   허우적대는 한 아이를 물 밖으로 번쩍 안아 올렸다.

4. 이야기 속 세상

사람, 버스를 타다 | 교과서 116~127쪽 |

감옥
한자 볼 감 監
옥 옥 獄

죄인을 / 가두어 두는 / 곳
예 학급 규칙을 어기면 가벼운 벌을 받고 끝나지만, 법을 어기고 죄를 지으면 **감옥**에 갈 수도 있다.
비 교도소(矯 바로잡다 교, 導 이끌다 · 인도하다 도, 所 곳 소), 형무소 (刑 형벌 형, 務 힘쓰다 무), 옥

되받아치다

남의 행동, 말에 / •맞서서 •대들다
예 교사가 욕을 한 학생을 •꾸짖자, 아이는 "저는 욕을 한 적이 없어요"라며 **되받아쳤다.**
• 맞서다　　서로 굽히지 않고 마주 겨루어 버티다
• 대들다　　맞서서 자기 의견을 강하게 내세우거나 반항하다
• 꾸짖다　　아랫사람의 잘못을 엄하게 꾸중하다

확실히
한자 굳을 확 確
열매 실 實

사실, 현상이 / 틀림없이 그렇게
예 교사는 "네가 욕하는 소리를 **확실히** 들었다"라고 •응수했지만, 아이는 "저는 **확실히** 욕을 하지 않았어요"라고 계속 되받아쳤다.
• 응수하다　　(어떤 사람이 다른 사람의 말이나 행동에) 대응하는 말이나 행동을 하다
비 틀림없이, 명확히, 분명히, 확연히, 명백히, 명명백백히, 정확히

토닥이다

물체를 / 잇따라 가볍게 / 두드리다
예 엄마는 아기를 품에 안고 등을 **토닥이며** 잠을 재웠다.
비 토닥거리다, 토닥대다, 토닥토닥하다

헷갈리다
(헛갈리다)

여러 가지가 마구 뒤섞이어 / 옳고 그름, 좋고 나쁨, 참 거짓, 같고 다름 따위를 / 가릴 수 없다
예 두 아이가 "네가 먼저 •시비를 걸었다"고 서로 되받아치자, 교사는 누구의 말이 옳은지 무척 **헷갈렸다.**
• 시비(是 옳다 · 바르다 시, 非 아니다 · 그르다 비)　　옳고 그름을 따지는 말다툼

대꾸하다

남의 말을 듣고 / 그 말에 대한 / 자신의 생각을 •밝히다
예 "시험 점수가 왜 이렇게 형편없냐?"는 엄마의 물음에 아이는 "이번 시험이 너무 어려웠어요!"라고 **대꾸했다.**
• 밝히다　　(드러나지 않거나 알려지지 않은 사실, 생각 따위를) 드러내 알리다

문장을 읽고, 알맞은 낱말을 써 넣어 봅시다.

1) 죄인을 가두어 두는 곳

2) 남의 행동, 말에 맞서서 대들다

7주
2일

3) 사실, 현상이 틀림없이 그렇게

4) 물체를 잇따라 가볍게 두드리다

5) 여러 가지가 마구 뒤섞이어 옳고 그름, 좋고 나쁨,
   참 거짓, 같고 다름 따위를 가릴 수 없다

6) 남의 말을 듣고 그 말에 대한 자신의 생각을 밝히다

밑줄 친 곳에 알맞은 낱말을 써 넣어 문장을 완성해 봅시다.

1) 학급 규칙을 어기면 가벼운 벌을 받고 끝나지만, 법을 어기고 죄를 지으면
   _____ 에 갈 수도 있다.

2) 교사가 욕을 한 학생을 꾸짖자, 아이는 "저는 욕을 한 적이 없어요"라며 _____.

3) 교사는 "네가 욕하는 소리를 _____ 들었다"라고 응수했지만, 아이는 "저는
   _____ 욕을 하지 않았어요"라고 계속 되받아쳤다.

4) 엄마는 아기를 품에 안고 등을 _____ 잠을 재웠다.

5) 두 아이가 "네가 먼저 시비를 걸었다"고 서로 되받아치자, 교사는 누구의 말이
   옳은지 무척 _____.

6) "시험 점수가 왜 이렇게 형편없냐?"는 엄마의 물음에 아이는 "이번 시험이 너무
   어려웠어요!"라고 _____.

범죄자
(범죄인, 범인)

한자 범할 범 犯
허물 죄 罪
놈 자 者

법을 어기고 / *죄를 저지른 / 사람

예 학생들은 "*중대한 죄를 저지른 **범죄자**의 *신상을 *공개해야 하는가'를 주제로 토론을 벌였다.

* 죄(범죄)　법에 따라 일정한 형벌을 가하게 되는 위법(법을 어김) 행위

* 중대하다(重 무겁다 중, 大 크다 대) (가볍게 여길 수 없을 만큼) 매우 중요하고 크다

* 신상(身 몸 신, 上 위 상)　한 사람(개인)의 주변에 관한 일, 형편

* 공개하다　(어떤 사실 따위를) 여러 사람에게 널리 드러내 알게 하다

헤치다

앞에 걸리는 것을 / 좌우로 치워서 / 없애다

예 형사들은 경찰서 앞으로 몰려든 기자들 사이를 **헤치고** 범죄자를 경찰서 안으로 데리고 들어갔다.

말썽

*트집, *문제를 / 일으키는 / 말 또는 행동

예 개구쟁이는 친구를 괴롭히는 **말썽**을 *부리다가 선생님께 꾸지람을 들었다.

* 트집　공연히(아무 까닭 없이) 남의 조그만 흠집을 들추어내어 불평을 하거나 말썽을 부림. 또는 그 불평이나 말썽

* 문제(問 묻다 문, 題 제목 제)　귀찮은 일이나 말썽. 트집이나 시비가 생길 만한 일

* 부리다　행동·성질 따위를 계속 겉으로 드러내 보이다

비 사고(事 일 사, 故 까닭·옛날 고), 문제, 일

혼란스럽다

일이 / 마구 뒤섞여서 / *어지러운 데가 있다

예 앞자리에 앉으면 안 되는 법을 어긴 죄로 경찰서에 다녀온 아이는 왜 버스 앞자리에 앉으면 안 되는지 몹시 **혼란스러웠다**.

* 어지럽다　뒤섞이거나 뒤얽혀 정신이 없다

애

몸과 마음의 / *수고로움

예 온종일 교과서를 읽고 문제집을 풀면서 ***애**를 썼지만, 시험을 망치고 말았다.

* 수고롭다(고되다) (어떤 일이) 하기에 괴롭고 힘들다

* 애(를)쓰다　무엇을 이루려고 힘쓰다(힘들여 일하다)

수군거리다
(수군대다,
소곤거리다)

낮은 목소리로 / 자꾸 *가만가만 이야기하다

예 수업 시간에 친구와 계속 **수군거리다가** 선생님한테 꾸지람을 들었다.

* 가만가만　아주 조용하게. 남이 모르게 살그머니

1 문장을 읽고, 알맞은 낱말을 써 넣어 봅시다.

1) 법을 어기고 죄를 저지른 사람

2) 앞에 걸리는 것을 좌우로 치워서 없애다

3) 트집, 문제를 일으키는 말 또는 행동

4) 일이 마구 뒤섞여서 어지러운 데가 있다

5) 몸과 마음의 수고로움

6) 낮은 목소리로 자꾸 가만가만 이야기하다

7주
3일

2 밑줄 친 곳에 알맞은 낱말을 써 넣어 문장을 완성해 봅시다.

1) 학생들은 '중대한 죄를 저지른 _____ 의 신상을 공개해야 하는가'를
   주제로 토론을 벌였다.

2) 형사들은 경찰서 앞으로 몰려든 기자들 사이를 _____ 범죄자를 경찰서
   안으로 데리고 들어갔다.

3) 개구쟁이는 친구를 괴롭히는 _____을 부리다가 선생님께 꾸지람을 들었다.

4) 앞자리에 앉으면 안 되는 법을 어긴 죄로 경찰서에 다녀온 아이는 왜 버스 앞자리에
   앉으면 안 되는지 몹시 _____ .

5) 온종일 교과서를 읽고 문제집을 풀면서 _____를 썼지만, 시험을 망치고 말았다.

6) 수업 시간에 친구와 계속 _____ 선생님한테 꾸지람을 들었다.

사건, 버스를 타다 | 교과서 116~127쪽 |

또래
나이, 수준이 / 서로 비슷비슷한 / 사람들

㉠ 한국어에는 윗사람에게 높임말을 쓰고, 나이가 어린 사람이나 **또래**에게 [•]예사말을 쓰는 대화의 규칙이 있다.

[•] 예사말(例 법식 예, 事 일 사)   (상대를 높이거나 낮추는 말이 아닌) 보통 말

간직하다
물건 따위를 / 잘 가지고 있다

㉠ 평소에 좋아하는 연예인을 길거리에서 우연히 만난 아이는 연필을 들고 뛰어가서 "[•]사인 좀 해 주세요. 오랫동안 소중히 **간직할게요**"라고 말했다.

[•] 사인(sign, 서명) 자신의 이름을 적는 것 또는 그렇게 적은 글자

싱긋
눈과 입을 [•]슬며시 움직이며 / 소리 없이 가볍게 / 웃는 모양

㉠ 잠든 아기가 **싱긋** 웃는 [•]배냇짓을 한다.

[•] 슬며시(살며시)   남의 눈에 띄지 않게 넌지시(가만히)

[•] 배냇짓   갓난아이가 자면서 웃거나 얼굴을 찡긋거리는 짓

재촉하다
행동이나 일 따위를 / 빨리하도록 [•]다그치다

㉠ 준비물을 깜빡해서 사지 못한 아이는 문구점이 곧 문을 닫는다며 엄마에게 빨리 가자고 **재촉하였다.**

[•] 다그치다   (일이나 행동을 어찌하라고) 요구하며 마구 몰아붙이다

청하다
한자 청할 청 請

다른 사람에게 / 어떤 일을 해 달라고 / 부탁하다

㉠ 연예인은 아이에게만 사인을 해 주고 자리를 벗어나려고 했지만, 이미 많은 사람이 몰려들어 그에게 사인을 **청했다.**

비 부탁하다, 원하다(願 원하다 원), 요청하다(要 원하다 요), 청탁하다

평등하다
한자 평평할 평 平
무리 등 等

권리, 의무, 자격 등이 / 모든 사람에게 / [•]차별 없이 / <u>[•]고르고</u> · [•]한결같다

㉠ 흑인들은 백인들과 **평등한** [•]대우를 요구하며 버스 앞자리에 앉을 수 있게 해달라고 [•]시위를 했다.

[•] 차별   (둘 이상의 대상을 등급이나 수준 따위의) 차이를 두어서 갈라놓음

[•] 고르다   (차이가 없이) 똑같다   [•] 한결같다   처음부터 끝까지 똑같다

[•] 대우(待 대우하다 대, 遇 만나다 우) 사회적 관계에 따라 적절히 남을 대함

[•] 시위(시위운동)   사람들이 자신들의 요구 사항을 이뤄내기 위해 무리 지어 공개적인 장소에서 자신들의 주장을 펴거나 길거리를 행진을 하는 일

비 균등하다(均 고르다 · 평평하다 균, 等)

1 문장을 읽고, 알맞은 낱말을 써 넣어 봅시다.

1) 나이, 수준이 서로 비슷비슷한 사람들 ☐☐

2) 물건 따위를 잘 가지고 있다 ☐☐☐☐

3) 눈과 입을 슬며시 움직이며 소리 없이 가볍게 웃는 모양 ☐☐

4) 행동이나 일 따위를 빨리하도록 다그치다 ☐☐☐

5) 다른 사람에게 어떤 일을 해 달라고 부탁하다 ☐☐

6) 권리, 의무, 자격 등이 모든 사람에게 차별 없이 고르고 · 한결같다 ☐☐☐

7주
4일

2 밑줄 친 곳에 알맞은 낱말을 써 넣어 문장을 완성해 봅시다.

1) 한국어에는 윗사람에게 높임말을 쓰고, 나이가 어린 사람이나 _____ 에게 예사말을 쓰는 대화의 규칙이 있다.

2) 평소에 좋아하는 연예인을 길거리에서 우연히 만난 아이는 연필을 들고 뛰어가서 "사인 좀 해 주세요. 오랫동안 소중히 _____ "라고 말했다.

3) 잠든 아기가 _____ 웃는 배냇짓을 한다.

4) 준비물을 깜빡해서 사지 못한 아이는 문구점이 곧 문을 닫는다며 엄마에게 빨리 가자고 _____ .

5) 연예인은 아이에게만 사인을 해 주고 자리를 벗어나려고 했지만, 이미 많은 사람이 몰려들어 그에게 사인을 _____ .

6) 흑인들은 백인들과 _____ 대우를 요구하며 버스 앞자리에 앉을 수 있게 해달라고 시위를 했다.

뿌듯하다

기쁨, °감격 따위의 감정이 / 마음에 넘칠 듯이 / 가득하다

예 20점을 맞았던 아이가 열심히 공부해서 90점을 맞자, 엄마는 가슴이 **뿌듯했다.**

° 감격(感 느끼다 감, 激 격하다 격)   마음속 깊이 느껴 뭉클한 감정이 일어남

마찬가지

일의 형편 또는 사물의 모양 따위가 / 서로 같음

예 이전에 20점을 맞았던 아이가 90점을 맞자, 엄마는 100점을 맞은 것이나
마찬가지"라며 뿌듯해했다.

비 매한가지, 매일반(— 한 일, 般 일반전체에 두루 해당되는 것 반)

외투

한자 바깥 외 外
씌울 투 套

추위를 막기 위해 / 겉옷 위에 입는 / 옷

예 겨울에는 집 밖에 나갈 때 °윗옷 위에 두꺼운 **외투**를 °껴입는다.

° 윗옷(상의, 윗도리, 웃통)   윗몸에 입는 옷

° 껴입다   옷을 입은 위에 겹쳐서 또 입다

비 오버코트(overcoat), 오버(over), 코트(coat)

머뭇거리다
(머무적거리다)

말, 행동 따위를 / 딱 잘라서 하지 못하고 / 자꾸 °망설이다

예 아이는 발표를 할까 말까 망설이며 손을 들듯 말듯 **머뭇거렸다.**

° 망설이다   마음속으로 이리저리 생각만 하고 태도를 정하지 못하다

비 망설이다, 머뭇대다, 머뭇머뭇하다, 주저하다, 뭉그적거리다

자격

한자 재물 자 資
격식 격 格

일정한 신분, 지위를 갖기 위해 또는 **일정한 일을 하는 데** / 필요한 °조건

예 초등학교를 졸업해야 중학교에 입학할 수 있는 **자격**이 주어진다.

° 조건(條 가지 조, 件 물건 건)   어떤 일이 이루어지게 하기 위하여 갖추어야
할 것

해당하다

한자 갖출 해 該
마땅 당 當

어떤 범위, 조건 따위에 / 정확히 맞다

예 이야기의 구성 요소 중에서 '언제'에 **해당하는** 것을 시간적 배경이라고 하고,
'어디에서'에 **해당하는** 것을 공간적 배경이라고 한다.

사람, 버스를 타다 | 교과서 116~127쪽 |

→ 바른 답 07쪽

1 문장을 읽고, 알맞은 낱말을 써 넣어 봅시다.

1) 기쁨, 감격 따위의 감정이 마음에 넘칠 듯이 가득하다 ☐☐☐☐

2) 일의 형편 또는 사물의 모양 따위가 서로 같음 ☐☐☐☐

3) 추위를 막기 위해 겉옷 위에 입는 옷 ☐☐

4) 말, 행동 따위를 딱 잘라서 하지 못하고
자꾸 망설이다 ☐☐☐☐

5) 일정한 신분, 지위를 갖기 위해 또는 일정한 일을 하는 데
필요한 조건 ☐☐

6) 어떤 범위, 조건 따위에 정확히 맞다 ☐☐☐☐

7주
5일

2 밑줄 친 곳에 알맞은 낱말을 써 넣어 문장을 완성해 봅시다.

1) 20점을 맞았던 아이가 열심히 공부해서 90점을 맞자, 엄마는 가슴이 _____ .

2) 이전에 20점을 맞았던 아이가 90점을 맞자, 엄마는 100점을 맞은 것이나
_____ "라며 뿌듯해했다.

3) 겨울에는 집 밖에 나갈 때 윗옷 위에 두꺼운 _____ 를 껴입는다.

4) 아이는 발표를 할까 말까 망설이며 손을 들듯 말듯 _____ .

5) 초등학교를 졸업해야 중학교에 입학할 수 있는 _____ 이 주어진다.

6) 이야기의 구성 요소 중에서 '언제'에 _____ 것을 시간적 배경이라고 하고,
'어디에서'에 _____ 것을 공간적 배경이라고 한다.

1 문장을 읽고, 알맞은 낱말을 써 넣어 봅시다.

1) 행동이나 일 따위를 빨리하도록 다그치다 _____

2) 사실, 현상이 틀림없이 그렇게 _____

3) 트집, 문제를 일으키는 말 또는 행동 _____

4) 추위를 막기 위해 겉옷 위에 입는 옷 _____

5) 나이, 수준이 서로 비슷비슷한 사람들 _____

6) 죄인을 가두어 두는 곳 _____

7) 다른 사람에게 어떤 일을 해 달라고 부탁하다 _____

8) 몸과 마음의 수고로움 _____

9) 말, 행동 따위를 딱 잘라서 하지 못하고
자꾸 망설이다 _____

10) 물체를 잇따라 가볍게 두드리다 _____

11) 앞에 걸리는 것을 좌우로 치워서 없애다 _____

12) 일정한 신분, 지위를 갖기 위해 또는 일정한 일을 하는 데
필요한 조건 _____

13) 물건 따위를 잘 가지고 있다 _____

14) 법을 어기고 죄를 저지른 사람 _____

15) 약속, 규칙, 시간, 명령 따위를 지키지 않다 _____

→ 바른 답 07쪽

16) 국가에 의해 강제력을 갖는 사회 규범   _____

17) 격한 감정을 드러내다 또는 날카로운
     신경 상태를 보이다   _____

18) 다른 사람이 힘든 일을 당한 것이 불쌍하고·
     마음이 아프다   _____

19) 남의 행동, 말에 맞서서 대들다   _____

20) 기쁨, 감격 따위의 감정이 마음에 넘칠 듯이 가득하다   _____

21) 머리를 좌우로 자꾸 흔드는 모양   _____

22) 어떤 범위, 조건 따위에 정확히 맞다   _____

23) 낮은 목소리로 자꾸 가만가만 이야기하다   _____

24) 눈과 입을 슬며시 움직이며 소리 없이 가볍게 웃는 모양   _____

25) 여러 가지가 마구 뒤섞이어 옳고 그름, 좋고 나쁨,
     참 거짓, 같고 다름 따위를 가릴 수 없다   _____

26) 일의 형편 또는 사물의 모양 따위가 서로 같음   _____

27) 일이 마구 뒤섞여서 어지러운 데가 있다   _____

28) 권리, 의무, 자격 등이 모든 사람에게 차별 없이
     고르고·한결같다   _____

29) 둘 이상의 사람, 사물, 현상 따위가 서로 연결되어 얽혀 있음
     또는 그러한 일   _____

30) 남의 말을 듣고 그 말에 대한 자신의 생각을 밝히다   _____

7주
평가

2 밑줄 친 곳에 알맞은 낱말을 써 넣어 문장을 완성해 봅시다.

1) 20점을 맞았던 아이가 열심히 공부해서 90점을 맞자, 엄마는 가슴이 _____ .

2) 연예인은 아이에게만 사인을 해 주고 자리를 벗어나려고 했지만, 이미 많은 사람이 몰려들어 그에게 사인을 _____ .

3) 한국어에는 윗사람에게 높임말을 쓰고, 나이가 어린 사람이나 _____ 에게 예사말을 쓰는 대화의 규칙이 있다.

4) 앞자리에 앉으면 안 되는 법을 어긴 죄로 경찰서에 다녀온 아이는 왜 버스 앞자리에 앉으면 안 되는지 몹시 _____ .

5) "시험 점수가 왜 이렇게 형편없냐?"는 엄마의 물음에 아이는 "이번 시험이 너무 어려웠어요!"라고 _____ .

6) 교사가 욕을 한 학생을 꾸짖자, 아이는 "저는 욕을 한 적이 없어요"라며 _____ .

7) 평소에 좋아하는 연예인을 길거리에서 우연히 만난 아이는 연필을 들고 뛰어가서 "사인 좀 해 주세요. 오랫동안 소중히 _____ "라고 말했다.

8) 학급 규칙을 어기면 가벼운 벌을 받고 끝나지만, 법을 어기고 죄를 지으면 _____ 에 갈 수도 있다.

9) 잠든 아기가 _____ 웃는 배냇짓을 한다.

10) 준비물을 깜빡해서 사지 못한 아이는 문구점이 곧 문을 닫는다며 엄마에게 빨리 가자고 _____ .

11) 교실 안에 8시 30분까지 들어오는 규칙을 _____ 지각으로 처리되었다.

12) 엄마는 아기를 품에 안고 등을 _____ 잠을 재웠다.

13) 우리나라에서는 '어린이는 초등학교에 다녀야 한다'는 것을 _____ 으로 정해 놓고 있다.

14) 학생들은 '중대한 죄를 저지른 _____ 의 신상을 공개해야 하는가'를 주제로 토론을 벌였다.

→ 바른 답 07쪽

15) 수업 시간에 친구와 계속 _____ 선생님한테 꾸지람을 들었다.

16) 아이는 발표를 할까 말까 망설이며 손을 들듯 말듯 _____ .

17) 엄마는 아이가 20점을 맞은 일에 격한 감정을 드러내며 흥분했지만, 한편으로는 _____ 마음도 들었다.

18) 이야기의 구성 요소 중에서 '언제'에 _____ 것을 시간적 배경이라고 하고, '어디에서'에 _____ 것을 공간적 배경이라고 한다.

19) 낮 기온이 올라가면서 선풍기 판매량이 늘었다는 신문 기사를 읽고, 둘 사이에 밀접한 _____ 이 있다는 사실을 알게 되었다.

20) 형사들은 경찰서 앞으로 몰려든 기자들 사이를 _____ 범죄자를 경찰서 안으로 데리고 들어갔다.

21) 수영 강사는 위험한 행동을 하는 아이들을 보며 고개를 _____ 흔들더니, 허우적대는 한 아이를 물 밖으로 번쩍 안아 올렸다.

22) 온종일 교과서를 읽고 문제집을 풀면서 _____ 를 썼지만, 시험을 망치고 말았다.

23) 이전에 20점을 맞았던 아이가 90점을 맞자, 엄마는 100점을 맞은 것이나 _____ "라며 뿌듯해했다.

24) 흑인들은 백인들과 _____ 대우를 요구하며 버스 앞자리에 앉을 수 있게 해달라고 시위를 했다.

25) 겨울에는 집 밖에 나갈 때 윗옷 위에 두꺼운 _____ 를 껴입는다.

26) 두 아이가 "네가 먼저 시비를 걸었다"고 서로 되받아치자, 교사는 누구의 말이 옳은지 무척 _____ .

27) 개구쟁이는 친구를 괴롭히는 _____ 을 부리다가 선생님께 꾸지람을 들었다.

28) 아이가 시험에서 20점을 받자, 엄마는 _____ 목소리로 아이를 호되게 야단쳤다.

29) 교사는 "네가 욕하는 소리를 _____ 들었다"라고 응수했지만, 아이는 "저는 _____ 욕을 하지 않았어요"라고 계속 되받아쳤다.

30) 초등학교를 졸업해야 중학교에 입학할 수 있는 _____ 이 주어진다.

1일 4. 이야기 속 세상

그중
한자 가운데 중 中

범위가 정해진 / 여럿 가운데

예 교실에 *들어서니 세 명의 친구가 앉아 있었는데, **그중**에는 윤지도 있었다.

* 들어서다   (밖의 사람이 어떤 곳으로) 안쪽을 향해
옮겨 서거나 가다

생글생글
(싱글싱글,
쌩글쌩글)

눈과 입을 살며시 움직이며 / 소리 없이 부드럽고 정답게 자꾸 웃는 / 모양

예 동생은 무슨 좋은 일이 있는지 말도 하지 않고 계속 **생글생글** 웃기만 했다.

참견하다
한자 참여할 참 參
볼 견 見

자기와 상관없는 일에 / 끼어들어 / 아는 *체하다 또는 *이래라저래라 하다

예 교실 뒷문을 *드르륵 열고 들어온 개구쟁이는 생글생글 웃으며 친구들끼리
노는 데 쓸데없이 **참견했다.**

* 체하다(척하다)   (앞말이 뜻하는 행동이나 상태를) 그럴듯하게 꾸미다
* 이래라저래라(요래라조래라)   '이리하여라 저리하여라' 가 줄어든 말
* <u>드르륵</u>   방문 따위를 거침없이 여는 소리

구경하다

무엇을 / 흥미를 갖고 / 관심 있게 보다

예 공원은 벚꽃을 **구경하려고** 몰려든 사람들로 *장사진을 이루었다.

* 장사진(장사)(長 길다 장, 蛇 긴 뱀 사, 陣 진을 치다오랫동안 자리를 잡고 머무르다 진)
많은 사람이 줄을 지어 길게 늘어선 모양을 이르는 말

이상하다
한자 다를 이 異
항상 상 常

정상적인 상태와 다르다

예 평소 20점을 맞던 아이가 90점을 맞자, 친구들은
신기하면서도 **이상한** 일이 일어났다고 생각했다.

비 기이하다(奇 기특하다 · 기이하다 기, 異), 별나다(別 나누다 · 헤어지다 별)

실수하다
한자 잃을 실 失
손 수 手

*조심하지 않아서 / *잘못하다

예 집에서 문제집을 풀면 전혀 **실수하지** 않고 백 점을 맞는데, 이상하게도 학교
에서 시험을 보면 계산을 **실수해서** 한두 문제씩 꼭 틀린다.

* 조심하다   잘못이나 실수가 없도록 말이나 행동에 마음을 쓰다
* 잘못하다   (사람이 일을) 틀리게 하다, 맞지 않게 하다

문장을 읽고, 알맞은 낱말을 써 넣어 봅시다.

1) 범위가 정해진 여럿 가운데

2) 눈과 입을 살며시 움직이며 소리 없이 부드럽고
    정답게 자꾸 웃는 모양

3) 자기와 상관없는 일에 끼어들어 아는 체하다 또는
    이래라저래라 하다

4) 무엇을 흥미를 갖고 관심 있게 보다

5) 정상적인 상태와 다르다

6) 조심하지 않아서 잘못하다

8주
1일

 밑줄 친 곳에 알맞은 낱말을 써 넣어 문장을 완성해 봅시다.

1) 교실에 들어서니 세 명의 친구가 앉아 있었는데, _____ 에는 윤지도 있었다.

2) 동생은 무슨 좋은 일이 있는지 말도 하지 않고 계속 _____ 웃기만 했다.

3) 교실 뒷문을 드르륵 열고 들어온 개구쟁이는 생글생글 웃으며 친구들끼리 노는 데
    쓸데없이 _____ .

4) 공원은 벚꽃을 _____ 몰려든 사람들로 장사진을 이루었다.

5) 평소 20점을 맞던 아이가 90점을 맞자, 친구들은 신기하면서도 _____
    일이 일어났다고 생각했다.

6) 집에서 문제집을 풀면 전혀 _____ 않고 백 점을 맞는데, 이상하게도
    학교에서 시험을 보면 계산을 _____ 한두 문제씩 꼭 틀린다.

헤벌쭉
(헤벌쭉이)

입, 구멍 따위가 / 속이 *훤히 *들여다보일 정도로 / 넓게 벌어진 **모양**

예 선생님이 *익살스러운 표정을 짓자, 학생들은 입을 **헤벌쭉** 벌리며 웃었다.

* 훤히　　　　앞이 탁 트여 넓고 시원스럽게

* 들여다보이다　　(안에 있는 것이) 밖에서 보이다

* 익살스럽다　남을 웃기느라고 일부러 우스운 말과 행동을 하는 데가 있다

주섬주섬

여기저기 널려 있는 물건을 / 하나하나 주워 *거두는 **모양**

예 아이는 거실에 *어질러 놓은 장난감을 하나씩 **주섬주섬** 주웠다.

* 거두다　　　널린 것이나 흩어진 것을 한데(한곳, 한군데) 모아들이다

* 어지르다　　정돈된 물건을 마구 늘어놓다(여기저기 어수선하게 두다)

말리다

다른 사람이 하려고 하는 / 일, 행동을 / 못하게 막다

예 '*홍정은 붙이고 싸움은 **말리랬다**'는 속담은 '좋은 일은 하도록 *권하고 나쁜 일은 **말려야** 한다'는 뜻이다.

* 홍정　　　　물건을 사거나 팔기 위해 서로 값을 불러 정함

* 권하다　　　어떤 일을 하도록 말하다

끔뻑이다
(끔벅이다)

눈을 / 자꾸 감았다 떴다 하다

예 *외양간에 있는 소들이 눈을 **끔뻑이며** *여물을 *지근거리고 있었다.

* 외양간(間 사이 간)　　마소(말, 소)를 기르는 곳

* 여물　　　　마소에게 먹이기 위해 말려서 썬 짚이나 풀

* 지근거리다(지근지근하다)　가볍게 자꾸 씹다

비 끔뻑끔뻑하다, 끔뻑거리다, 끔뻑대다

침착하다

한자 잠길 침 沈
붙을 착 着

행동이 *들뜨지 않고 / *차분하다

예 시험을 볼 때 실수하지 않으려면 **침착한** 태도로 문제를 풀어야 한다.

* 들뜨다　　(마음이나 분위기가 가라앉지 않고) 어수선하게 들썽거리다

* 차분하다　　(말, 행동, 성격 따위가 수선스럽지 않고) 매우 얌전하다

앙다물다

입 따위를 / 힘을 주어 / *꽉 *다물다

예 아이는 다리가 너무 아팠지만, 입을 **앙다물고** 침착하게 계속했다.

* 꽉　　　　　힘을 들여 누르거나 잡거나 묶는 모양

* 다물다　　　(위아래 입술이나, 두 쪽으로 마주 보는 물건을) 마주 붙여서 닫다

→ 바른 답 07쪽

1 문장을 읽고, 알맞은 낱말을 써 넣어 봅시다.

1) 입, 구멍 따위가 속이 훤히 들여다보일 정도로
   넓게 벌어진 모양

2) 여기저기 널려 있는 물건을 하나하나 주워 거두는 모양

3) 다른 사람이 하려고 하는 일, 행동을 못하게 막다

4) 눈을 자꾸 감았다 떴다 하다

5) 행동이 들뜨지 않고 차분하다

6) 입 따위를 힘을 주어 꽉 다물다

8주
2일

2 밑줄 친 곳에 알맞은 낱말을 써 넣어 문장을 완성해 봅시다.

1) 선생님이 익살스러운 표정을 짓자, 학생들은 입을 _____ 벌리며 웃었다.

2) 아이는 거실에 어질러 놓은 장난감을 하나씩 _____ 주웠다.

3) '흥정은 붙이고 싸움은 _____ '는 속담은 '좋은 일은 하도록 권하고 나쁜
   일은 _____ 한다'는 뜻이다.

4) 외양간에 있는 소들이 눈을 _____ 여물을 지근거리고 있었다.

5) 시험을 볼 때 실수하지 않으려면 _____ 태도로 문제를 풀어야 한다.

6) 아이는 다리가 너무 아팠지만, 입을 _____ 침착하게 계속했다.

웬일

의외의 뜻을 나타내는 말로 쓰여 / 어찌 된 일 또는 어떻게 된 일

㉠ 평소에 축구를 °그럭저럭했던 친구가 오늘은 °**웬일**로 다른 날보다 훨씬 잘해서 °왠지 멋있어 보였다.

° 그럭저럭하다(그렁저렁하다)　　특별할 것 없이 그렇게 저렇게 하다

° 웬　　　어찌 된

° 왠지(왜인지)　　왜 그런지 모르게

꼼지락거리다

몸이나 그 일부를 / 천천히 작게 계속 움직이다

㉠ 아이는 손등에 공기 알들을 올려 두고 가느다란 손가락을 **꼼지락거리며** 공기 알을 잡으려고 했다.

🔳 꼼지락대다, 꼼지락꼼지락하다, 꿈지럭거리다, 곰지락거리다

고꾸라지다
(꼬꾸라지다)

앞으로 °고부라져 / °쓰러지다

㉠ 운동장을 달리다가 다리에 힘이 풀려서 앞으로 °푹 **고꾸라졌다.**

° 고부라지다(구부러지다, 꾸부러지다)　한쪽으로 휘어지다

° 쓰러지다　(서 있는 것이) 한쪽으로 넘어지거나 무너져 바닥에 닿게 되다

° 푹　　　힘없이 단번에 쓰러지는 모양

움찔하다
(옴찔하다)

깜짝 놀라서 / 갑자기 몸을 / °움츠리다

㉠ 동생이 갑자기 소리를 크게 지르는 바람에 깜짝 놀라서 온몸이 **움찔했다.**

° 움츠리다　몸이나 몸의 일부를 몹시 오그리어 작아지게 하다

사물함
한자 사사로울 사 私
　　물건 물 物
　　상자 함 函

학교에서 학생들의 / 개인 물건을 넣어 두는 / °함

㉠ 아침에 교실 뒤에 있는 **사물함** 안에 돈을 넣어두었는데, 웬일인지 **사물함** 안을 아무리 찾아봐도 돈이 보이지 않았다.

° 함(궤, 상자)(函 함 함)　　옷 · 물건 따위를 넣을 수 있도록 네모지게 만든 상자

울상
한자 서로 상 相

울려고 하는 / 얼굴 표정

㉠ 사물함 안에 넣어둔 돈을 잃어버린 아이는 °미간을 찌푸리며 **울상**을 지었다.

° 미간을 찌푸리다(眉 눈썹 미, 間 사이 간)　　(사람이) 짜증이 나거나 싫은 티를 내다

⟶ 바른 답 07쪽

1 **문장을 읽고, 알맞은 낱말을 써 넣어 봅시다.**

1) 의외의 뜻을 나타내는 말로 쓰여 어찌 된 일 또는 어떻게 된 일

2) 몸이나 그 일부를 천천히 작게 계속 움직이다

3) 앞으로 고부라져 쓰러지다

4) 깜짝 놀라서 갑자기 몸을 움츠리다

5) 학교에서 학생들의 개인 물건을 넣어 두는 함

6) 울려고 하는 얼굴 표정

8주
3일

2 **밑줄 친 곳에 알맞은 낱말을 써 넣어 문장을 완성해 봅시다.**

1) 평소에 축구를 그럭저럭했던 친구가 오늘은 _____ 로 다른 날보다 훨씬 잘해서 왠지 멋있어 보였다.

2) 아이는 손등에 공기 알들을 올려 두고 가느다란 손가락을 _____ 공기 알을 잡으려고 했다.

3) 운동장을 달리다가 다리에 힘이 풀려서 앞으로 푹 _____.

4) 동생이 갑자기 소리를 크게 지르는 바람에 깜짝 놀라서 온몸이 _____.

5) 아침에 교실 뒤에 있는 _____ 안에 돈을 넣어두었는데, 웬일인지 _____ 안을 아무리 찾아봐도 돈이 보이지 않았다.

6) 사물함 안에 넣어둔 돈을 잃어버린 아이는 미간을 찌푸리며 _____ 을 지었다.

더듬거리다

무엇을 찾으려고 / 물체, 장소를 / 손으로 이리저리 자꾸 만져 보다

㉠ 아이는 책상 밑으로 굴러 들어간 오백 원짜리 동전을 찾으려고 방바닥에
*납작 엎드려 자로 책상 밑을 **더듬거렸다.**

* **납작(넙죽)** 몸을 바닥에 바짝 대고 냉큼 엎드리는 모양

비 더듬대다, 더듬더듬하다

뭉치

한곳으로 모여 *뭉친 / *덩이

㉠ 책상 밑을 더듬거렸던 자가 빠져나올 때마다 먼지 **뭉치**가 *잔뜩 붙은 갖가지
물건들이 따라 나왔다.

* **뭉치다** 한 덩어리가 되다　　　　　* **덩이** 작게 뭉쳐서 이루어진 것
* **잔뜩** 꽉 차도록. 대단히 많이

내밀다

1) 돈, 물건을 / 받으라고 내어 주다
2) 신체, 물체의 *일부분을 / 밖으로 나가게 하다

㉠ 남자는 여자에게 선물과 꽃다발을 쑥 1) **내밀었지만**, 여자는 선뜻 손을
2) **내밀지** 못했다.

* **일부분(일부)** 물체의 한 부분. 또는 전체를 여럿으로 나눈 것 중 얼마의 부분

**쥐어박다
(쥐박다)**

다른 사람의 몸을 / 주먹으로 *내지르듯 / 때리다

㉠ 자꾸 대드는 동생이 얄미워서 알밤을 한 대 *콩 **쥐어박았다.**

* **내지르다** (사람, 물체를 주먹이나 발 따위로) 힘껏 치다
* **콩(쿵)** 물건이 바닥이나 물체 위에 떨어지거나 부딪쳐 나는 소리

돌려세우다

방향을 / 바꾸게 하다

㉠ 아이는 자신을 밀치고 지나가는 친구의 팔을 갑자기 *팍 *잡아채더니 자기
앞으로 친구를 **돌려세웠다.**

* **팍** 갑자기 힘있게 치거나 내지르거나 쑤시는 소리. 또는 그 모양
* **잡아채다** (무엇을 잡아서 낚듯이) 힘껏 당기다, 힘껏 들어 올리다

밀치다

힘주어 세게 밀다

㉠ 복도에서 친구가 **밀치고** 지나가는 바람에 아이는 *하마터면 넘어질 *뻔했다.

* **하마터면** '자칫 잘못하였더라면' 의 뜻
* **뻔하다** '까딱하면 그렇게 될 형편이었겠으나 결국 그렇게 되지 않았다' 는 뜻을
나타내는 말

우진이는 정말 멋져! | 교과서 128~135쪽 |

⟶ 바른 답 07쪽

 문장을 읽고, 알맞은 낱말을 써 넣어 봅시다.

1) 무엇을 찾으려고 물체, 장소를 손으로
   이리저리 자꾸 만져 보다

2) 한곳으로 모여 뭉친 덩이

3) 돈, 물건을 받으라고 내어 주다

4) 다른 사람의 몸을 주먹으로 내지르듯 때리다

5) 방향을 바꾸게 하다

6) 힘주어 세게 밀다

8주
4일

 밑줄 친 곳에 알맞은 낱말을 써 넣어 문장을 완성해 봅시다.

1) 아이는 책상 밑으로 굴러 들어간 오백 원짜리 동전을 찾으려고 방바닥에 납작 엎드려
   자로 책상 밑을 _____ .

2) 책상 밑을 더듬거렸던 자가 빠져나올 때마다 먼지 _____ 가 잔뜩 붙은
   갖가지 물건들이 따라 나왔다.

3) 남자는 여자에게 선물과 꽃다발을 쑥 _____ , 여자는 선뜻 손을
   _____ 못했다.

4) 자꾸 대드는 동생이 얄미워서 알밤을 한 대 콩 _____ .

5) 아이는 자신을 밀치고 지나가는 친구의 팔을 갑자기 팍 잡아채더니 자기 앞으로
   친구를 _____ .

6) 복도에서 친구가 _____ 지나가는 바람에 아이는 하마터면 넘어질 뻔했다.

5일

우진이는 정말 멋져! | 교과서 128~135쪽 |

작정하다

한자 지을 작 作
정할 정 定

일을 어떻게 하기로 / 마음속으로 *분명하게 정하다

㉠ 학원에 그만 다니기로 **작정한** 아이는 부모님께 "다음 달부터 학원에 안 가겠다" 고 강하게 주장했다.

*분명하게　틀림없이(어긋남 없이) 그렇게

비 결심하다(決 결단하다 결, 心 마음 심), 결단하다(斷 끊다 단), 결의하다(意 뜻 의)

다그치다

일, 행동을 / 어찌하라고 요구하며 / 마구 *몰아붙이다

㉠ 아이가 학원에 다니지 않겠다고 계속 *버티자, 엄마는 "*허튼소리 말고 무조 건 다녀!"라고 아이를 **다그쳤다.**

*몰아붙이다　남을 어떤 상태나 상황으로 몰려가게 하다

*버티다　　　(어려운 일, 외부의 압력 따위를) 참고 견디다

*허튼소리　　쓸데없이 함부로 지껄이는 말

슬슬

남에게 드러나지 않게 / *슬그머니 움직이는 모양

㉠ 선생님이 나타나자 학생들은 **슬슬** 자리를 피해 *하나둘 교실 밖으로 나갔다.

*슬그머니　남이 모르게 넌지시(드러나지 않게 가만히)

*하나둘(한둘)　하나나 둘. 일이(一二)

작전

한자 지을 작 作
싸움 전 戰

어떤 일을 이루기 위한 / 방법을 *궁리하여 찾아냄 또는 *대책을 세움

㉠ 학생들은 피구 경기를 *중지하고 상대편을 이기기 위한 **작전**을 짰다.

*궁리하다(窮 다하다 궁, 理 다스리다 리)　　마음속으로 이리저리 따져 깊이 생각하다

*대책(對 마주하다 대, 策 꾀 책)　　어떤 일에 대처할(알맞은 조치를 취할) 계획, 수단

*중지하다(中 가운데 중, 止 그치다 · 멈추다 지)　　하던 일을 그만두다

새우 눈

아주 작고 가는 / 눈을 / 비유하여 이르는 말

㉠ 아이는 보일 듯 말 듯한 작은 **새우 눈**으로 *눈웃음을 *살살 지었다.

*눈웃음　　소리를 내지 않고 눈으로만 살짝 웃는 웃음

*살살　　　가만히 눈웃음을 치는 모양

벌름거리다
(벌름대다)

콧구멍 따위를 / 자꾸 넓게 벌렸다 오므렸다 하다

㉠ 돼지들이 코를 **벌름거리며** 먹이를 *게걸스럽게 먹고 있다.

*게걸스럽다 몹시 먹고 싶거나 하고 싶은 욕심에 사로잡힌 듯하다

→ 바른 답 07쪽

1 문장을 읽고, 알맞은 낱말을 써 넣어 봅시다.

1) 일을 어떻게 하기로 마음속으로 분명하게 정하다 ▢▢▢▢

2) 일, 행동을 어찌하라고 요구하며 마구 몰아붙이다 ▢▢▢▢

3) 남에게 드러나지 않게 슬그머니 움직이는 모양 ▢▢

4) 어떤 일을 이루기 위한 방법을 궁리하여 찾아냄 또는 대책을 세움 ▢▢

5) 아주 작고 가는 눈을 비유하여 이르는 말 ▢▢

6) 콧구멍 따위를 자꾸 넓게 벌렸다 오므렸다 하다 ▢▢▢▢

8주
5일

2 밑줄 친 곳에 알맞은 낱말을 써 넣어 문장을 완성해 봅시다.

1) 학원에 그만 다니기로 _____ 아이는 부모님께 "다음 달부터 학원에 안 가겠다"고 강하게 주장했다.

2) 아이가 학원에 다니지 않겠다고 계속 버티자, 엄마는 "허튼소리 말고 무조건 다녀!" 라고 아이를 _____ .

3) 선생님이 나타나자 학생들은 _____ 자리를 피해 하나둘 교실 밖으로 나갔다.

4) 학생들은 피구 경기를 중지하고 상대편을 이기기 위한 _____ 을 짰다.

5) 아이는 보일 듯 말 듯한 작은 _____ 으로 눈웃음을 살살 지었다.

6) 돼지들이 코를 _____ 먹이를 게걸스럽게 먹고 있다.

1 문장을 읽고, 알맞은 낱말을 써 넣어 봅시다.

1) 한곳으로 모여 뭉친 덩이

_____

2) 무엇을 흥미를 갖고 관심 있게 보다

_____

3) 자기와 상관없는 일에 끼어들어 아는 체하다 또는
이래라저래라 하다

_____

4) 일, 행동을 어찌하라고 요구하며 마구 몰아붙이다

_____

5) 콧구멍 따위를 자꾸 넓게 벌렸다 오므렸다 하다

_____

6) 남에게 드러나지 않게 슬그머니 움직이는 모양

_____

7) 무엇을 찾으려고 물체, 장소를 손으로
이리저리 자꾸 만져 보다

_____

8) 의외의 뜻을 나타내는 말로 쓰여 어찌 된 일 또는
어떻게 된 일

_____

9) 정상적인 상태와 다르다

_____

10) 앞으로 고부라져 쓰러지다

_____

11) 방향을 바꾸게 하다

_____

12) 행동이 들뜨지 않고 차분하다

_____

13) 입, 구멍 따위가 속이 훤히 들여다보일 정도로
넓게 벌어진 모양

_____

14) 여기저기 널려 있는 물건을 하나하나 주워 거두는 모양

_____

→ 바른 답 08쪽

15)   다른 사람이 하려고 하는 일, 행동을 못하게 막다   _____

16)   범위가 정해진 여럿 가운데   _____

17)   눈과 입을 살며시 움직이며 소리 없이 부드럽고
      정답게 자꾸 웃는 모양   _____

18)   몸이나 그 일부를 천천히 작게 계속 움직이다   _____

19)   깜짝 놀라서 갑자기 몸을 움츠리다   _____

20)   일을 어떻게 하기로 마음속으로 분명하게 정하다   _____

21)   입 따위를 힘을 주어 꽉 다물다   _____

22)   학교에서 학생들의 개인 물건을 넣어 두는 함   _____

23)   아주 작고 가는 눈을 비유하여 이르는 말   _____

24)   눈을 자꾸 감았다 떴다 하다   _____

25)   조심하지 않아서 잘못하다   _____

26)   울려고 하는 얼굴 표정   _____

27)   다른 사람의 몸을 주먹으로 내지르듯 때리다   _____

28)   힘주어 세게 밀다   _____

29)   돈, 물건을 받으라고 내어 주다   _____

30)   어떤 일을 이루기 위한 방법을 궁리하여 찾아냄 또는
      대책을 세움   _____

8주
평가

2   **밑줄 친 곳에 알맞은 낱말을 써 넣어 문장을 완성해 봅시다.**

1) 평소 20점을 맞던 아이가 90점을 맞자, 친구들은 신기하면서도 _____ 일이 일어났다고 생각했다.

2) 학원에 그만 다니기로 _____ 아이는 부모님께 "다음 달부터 학원에 안 가겠다"고 강하게 주장했다.

3) 아이는 책상 밑으로 굴러 들어간 오백 원짜리 동전을 찾으려고 방바닥에 납작 엎드려 자로 책상 밑을 _____ .

4) 공원은 벚꽃을 _____ 몰려든 사람들로 장사진을 이루었다.

5) 책상 밑을 더듬거렸던 자가 빠져나올 때마다 먼지 _____ 가 잔뜩 붙은 갖가지 물건들이 따라 나왔다.

6) 외양간에 있는 소들이 눈을 _____ 여물을 지근거리고 있었다.

7) 남자는 여자에게 선물과 꽃다발을 쑥 _____ , 여자는 선뜻 손을 _____ 못했다.

8) 아이는 다리가 너무 아팠지만, 입을 _____ 침착하게 계속했다.

9) 자꾸 대드는 동생이 얄미워서 알밤을 한 대 콩 _____ .

10) 평소에 축구를 그럭저럭했던 친구가 오늘은 _____ 로 다른 날보다 훨씬 잘해서 왠지 멋있어 보였다.

11) 사물함 안에 넣어둔 돈을 잃어버린 아이는 미간을 찌푸리며 _____ 을 지었다.

12) 선생님이 나타나자 학생들은 _____ 자리를 피해 하나둘 교실 밖으로 나갔다.

13) 운동장을 달리다가 다리에 힘이 풀려서 앞으로 푹 _____ .

14) 교실 뒷문을 드르륵 열고 들어온 개구쟁이는 생글생글 웃으며 친구들끼리 노는 데 쓸데없이 _____ .

15) 돼지들이 코를 _____ 먹이를 게걸스럽게 먹고 있다.

→ 바른 답 08쪽

공부한 날   월   일   학습평가 ☑

16) 학생들은 피구 경기를 중지하고 상대편을 이기기 위한 _____ 을 짰다.

17) 아이는 거실에 어질러 놓은 장난감을 하나씩 _____ 주웠다.

18) 복도에서 친구가 _____ 지나가는 바람에 아이는 하마터면 넘어질 뻔했다.

19) '흥정은 붙이고 싸움은 _____ '는 속담은 '좋은 일은 하도록 권하고 나쁜 일은 _____ 한다'는 뜻이다.

20) 교실에 들어서니 세 명의 친구가 앉아 있었는데, _____ 에는 윤지도 있었다.

21) 아이는 자신을 밀치고 지나가는 친구의 팔을 갑자기 팍 잡아채더니 자기 앞으로 친구를 _____ .

22) 동생은 무슨 좋은 일이 있는지 말도 하지 않고 계속 _____ 웃기만 했다.

23) 동생이 갑자기 소리를 크게 지르는 바람에 깜짝 놀라서 온몸이 _____ .

24) 선생님이 익살스러운 표정을 짓자, 학생들은 입을 _____ 벌리며 웃었다.

25) 집에서 문제집을 풀면 전혀 _____ 않고 백 점을 맞는데, 이상하게도 학교에서 시험을 보면 계산을 _____ 한두 문제씩 꼭 틀린다.

26) 아침에 교실 뒤에 있는 _____ 안에 돈을 넣어두었는데, 웬일인지 _____ 안을 아무리 찾아봐도 돈이 보이지 않았다.

27) 시험을 볼 때 실수하지 않으려면 _____ 태도로 문제를 풀어야 한다.

28) 아이는 손등에 공기 알들을 올려 두고 가느다란 손가락을 _____ 공기 알을 잡으려고 했다.

29) 아이가 학원에 다니지 않겠다고 계속 버티자, 엄마는 "허튼소리 말고 무조건 다녀!"라고 아이를 _____ .

30) 아이는 보일 듯 말 듯한 작은 _____ 으로 눈웃음을 살살 지었다.

8주
평가

월 말 평 가 5~8주

1 문장을 읽고, 알맞은 낱말을 써 넣어 봅시다.

1) 모습, 태도가 거리낌 없고 · 남 앞에 내세울 만큼
   바르고 · 떳떳하다   (   )

2) 눈을 크게 뜨고 이쪽저쪽을 자꾸 둘러보다   (   )

3) 행동이나 일 따위를 빨리하도록 다그치다   (   )

4) 컴퓨터, 휴대폰의 문자, 기호, 숫자 따위를 조합해 만든
   그림 문자   (   )

5) 일정한 신분, 지위를 갖기 위해 또는 일정한 일을 하는 데
   필요한 조건   (   )

6) 다른 사람의 의견에 뜻을 하나로 같이하다(함께하다) (   )

7) 정한 시각보다 늦게 도착하다   (   )

8) 한곳으로 모여 뭉친 덩이   (   )

9) 일정한 기준에 따라 전체가 몇 개로 나누어지다   (   )

10) 나이, 수준이 서로 비슷비슷한 사람들   (   )

11) 잘 모르거나 · 별로 만나고 싶지 않았던 사람과
    마주 대하여 쑥스럽다   (   )

12) 다른 사람에게 어떤 일을 해 달라고 부탁하다   (   )

13) 사물, 사실, 말 따위가 나온 곳 또는 생긴 곳   (   )

14) 입 따위를 힘을 주어 꽉 다물다   (   )

15) 알아듣기 어려울 정도의 작은 목소리로 자꾸 혼잣말하다 (   )

—⟩ 바른 답 08쪽

16) 다른 사람이 하려고 하는 일, 행동을 못하게 막다 (   )

17) 다른 사람의 말을 주의를 기울여 잘 듣다 (   )

18) 일, 행동을 어찌하라고 요구하며 마구 몰아붙이다 (   )

19) 등장인물들이 벌이는 여러 사건들을 시간의 흐름에 따라서
또는 원인과 결과의 관계로 짜임새 있게 얽는 것 (   )

20) 개인적이지 않고 국가나 사회의 구성원에게 널리
관계있는 (것) (   )

21) 울려고 하는 얼굴 표정 (   )

22) 남의 행동, 말에 맞서서 대들다 (   )

23) 남의 말, 의견을 귀기울여 듣다 (   )

24) 권리, 의무, 자격 등이 모든 사람에게 차별 없이 고르고·
한결같다 (   )

25) 무엇을 만드는 데 꼭 있어야 할 요긴한 조건 또는 성분 (   )

26) 아주 작고 가는 눈을 비유하여 이르는 말 (   )

27) 일이 마구 뒤섞여서 어지러운 데가 있다 (   )

28) 상대를 날카로운 눈초리로 뚫어지게 보다 (   )

29) 의외의 뜻을 나타내는 말로 쓰여 어찌 된 일 또는
어떻게 된 일 (   )

30) 앞에 걸리는 것을 좌우로 치워서 없애다 (   )

2 **밑줄 친 곳에 알맞은 낱말을 써 넣어 문장을 완성해 봅시다.**

1)　준비물을 깜빡해서 사지 못한 아이는 문구점이 곧 문을 닫는다며 엄마에게 빨리 가자고 _____ .

2)　4학년 학생이 곱셈과 나눗셈을 못 하는 건 _____ 사소한 문제가 아니다.

3)　흑인들은 백인들과 _____ 대우를 요구하며 버스 앞자리에 앉을 수 있게 해달라고 시위를 했다.

4)　아버지와 아들은 나무로 _____ 를 둘러쳐서 집 둘레를 막았다.

5)　엄마는 아이가 20점을 맞은 일에 격한 감정을 드러내며 흥분했지만, 한편으로는 _____ 마음도 들었다.

6)　큰 개가 자기 쪽으로 달려오자 아이는 너무 놀라서 가슴이 _____ .

7)　점심 시간에 술래잡기를 하기로 친구들과 _____ 로 결정했는데, 한 친구가 피구를 하자고 자꾸 고집을 부렸다.

8)　수영 강사는 위험한 행동을 하는 아이들을 보며 고개를 _____ 흔들더니, 허우적대는 한 아이를 물 밖으로 번쩍 안아 올렸다.

9)　창가로 밀려드는 아침 햇살이 눈부셔서 얼굴을 _____ .

10)　부모님의 말씀을 잘 따르는 것은 자식으로서 _____ 도리이다.

11)　학원에 그만 다니기로 _____ 아이는 부모님께 "다음 달부터 학원에 안 가겠다"고 강하게 주장했다.

12)　체육 시간에 학생들이 두 손을 _____ 낀 채 준비 운동을 하고 있다.

13)　평소 20점을 맞던 아이가 90점을 맞자, 친구들은 신기하면서도 _____ 일이 일어났다고 생각했다.

14)　회의에서 의견을 낼 때에는 그에 대한 _____ 도 함께 말해야 한다.

→ 바른 답 08쪽

15) 낮 기온이 올라가면서 선풍기 판매량이 늘었다는 신문 기사를 읽고, 둘 사이에
    밀접한 _____ 이 있다는 사실을 알게 되었다.

16) 학원을 계속 다닐지 그만둘지 부모님과 의논한 끝에 그만 다니기로 _____ .

17) 아이는 거실에 어질러 놓은 장난감을 하나씩 _____ 주웠다.

18) 큰비가 _____ 내려서 아침부터 저녁까지 꼼짝없이 집에만 있었다.

19) 운동장을 달리다가 다리에 힘이 풀려서 앞으로 폭 _____ .

20) 대화 예절 표어를 만들기 위해 '대화할 때 지켜야 할 예절'을 인터넷으로
    _____ .

21) 아이가 학원에 다니지 않겠다고 계속 버티자, 엄마는 "허튼소리 말고 무조건 다녀!"
    라고 아이를 _____ .

22) 그에겐 _____ 특징이 없기 때문에 그를 한두 번 본 사람들은 그를 잘
    기억하지 못한다.

23) '가족 여행'을 _____ 로 가족회의를 했는데, 동생이 "중국집에 가서
    자장면을 먹자"며 회의 _____ 와 상관없는 딴소리를 해댔다.

24) 동생이 갑자기 소리를 크게 지르는 바람에 깜짝 놀라서 온몸이 _____ .

25) 학생들은 학급 규칙을 잘 _____ , 교실은 이전보다 더 깨끗해졌다.

26) 시험을 볼 때 실수하지 않으려면 _____ 태도로 문제를 풀어야 한다.

27) 다수결의 원칙에 따라 가장 많은 사람이 _____ 안건을 회의 주제로
    결정했다.

28) 선생님이 익살스러운 표정을 짓자, 학생들은 입을 _____ 벌리며 웃었다.

29) 두 아이가 "네가 먼저 시비를 걸었다"고 서로 되받아치자, 교사는 누구의 말이 옳은지
    무척 _____ .

30) 20점을 맞았던 아이가 열심히 공부해서 90점을 맞자, 엄마는 가슴이 _____ .

칭찬 사과 색칠놀이

하루 공부를 잘 마쳤다면 나에게 칭찬 사과를 선물하세요.
사과 나무에 사과가 주렁주렁 열릴 때까지 열심히 공부합시다!

■ 하루 공부가 끝나면 사과 한 개씩 예쁘게 색칠해 보세요.

칭찬 사과를
색칠해 보세요!!

억지로

강제로 또는 무리하게

㉠ 수업 시간에 잡담을 하던 두 아이는 웃지 않으려고 **억지로** 참았지만 °쿡쿡 웃음이 새어 나오고 말았다.

° **쿡쿡**   참던 웃음을 자꾸 터뜨리는 소리

실룩실룩
(씰룩씰룩,
샐룩샐룩)

얼굴, 근육의 한 부분이 / 한쪽으로 비뚤어지게 자꾸 움직이는 모양

㉠ 강아지가 엉덩이를 **실룩실룩** 움직이며 걸어갔다.

휭 (횡)

바람을 일으킬 정도로 빠르게 / 날아가거나 · 떠나가는 / 소리 또는 그 모양

㉠ 학생들은 휴식종이 울리기 무섭게 °자리를 **휭** 떠서 교실 뒤로 몰려갔다.

° **자리를 뜨다**   (사람이) 다른 곳으로 옮기려고 있던 곳을 떠나다

의롭다

한자 옳을 의 義

옳은 일을 위해 나서려는 / °적극적인 마음과 태도가 있다

㉠ 《우진이는 정말 멋져!》를 읽고, 여자애들을 괴롭히는 창훈이를 다그치며 얼른 사과하라고 말하는 우진이가 **의로운** 성격의 인물이라고 생각했다.

° **적극적** (積 쌓다 적, 極 극진하다 극, 的 과녁활이나 총을 쏘는 연습을 할 때에 목표로 세워 놓은 물건 적)   어떤 일에 대한 태도가 긍정적, 자발적, 진취적으로 힘을 다하는 (것)

달인

한자 통달할 달 達
사람 인 人

특정 분야에 °통달하여 / 남달리 뛰어난 °역량을 가진 / 사람

㉠ 아이는 매번 친구들의 딱지를 모두 °따는 딱지치기의 **달인**이다.

° **통달하다**(通 통하다 통, 達)   (이치 · 지식 · 기술 따위를 훤히 알아서) 막힘이 없다, 솜씨 있게 잘하다

° **역량(능력)**(力 힘 역, 量 헤아리다 량, 能 능하다 능)   어떤 일을 해낼 수 있는 힘. 또는 그 힘의 정도

° **따다**   내기 · 경기 등에서 이겨 돈이나 상품을 얻다(손에 넣다)

가무잡잡하다

얼굴이나 그 빛깔이 / 약간 짙게 검다

㉠ 점심시간마다 °땡볕에서 놀아서 그런지 아이들의 얼굴이 **가무잡잡했다.**

° **땡볕**   (구름이나 가리개 따위를 거치지 않고) 바로 내리쬐는 뜨거운 햇볕

1 문장을 읽고, 알맞은 낱말을 써 넣어 봅시다.

1) 강제로 또는 무리하게

2) 얼굴, 근육의 한 부분이 한쪽으로 비뚤어지게 자꾸
움직이는 모양

3) 바람을 일으킬 정도로 빠르게 날아가거나·떠나가는 소리 또는 그 모양

4) 옳은 일을 위해 나서려는 적극적인 마음과 태도가 있다

5) 특정 분야에 통달하여 남달리 뛰어난 역량을 가진 사람

6) 얼굴이나 그 빛깔이 약간 짙게 검다

2 밑줄 친 곳에 알맞은 낱말을 써 넣어 문장을 완성해 봅시다.

1) 수업 시간에 잡담을 하던 두 아이는 웃지 않으려고 _____ 참았지만 쿡쿡
웃음이 새어 나오고 말았다.

2) 강아지가 엉덩이를 _____ 움직이며 걸어갔다.

3) 학생들은 휴식종이 울리기 무섭게 자리를 _____ 떠서 교실 뒤로 몰려갔다.

4) 《우진이는 정말 멋져!》를 읽고, 여자애들을 괴롭히는 창훈이를 다그치며 얼른 사과
하라고 말하는 우진이가 _____ 성격의 인물이라고 생각했다.

5) 아이는 매번 친구들의 딱지를 모두 따는 딱지치기의 _____ 이다.

6) 점심시간마다 땡볕에서 놀아서 그런지 아이들의 얼굴이 _____ .

4. 이야기 속 세상

소개하다
한자 이을 소 紹
끌 개 介

잘 알려지지 않았거나 · 모르는 / 일, 사실 따위를 / 사람들이 잘 알 수 있도록 / 알려 주다
예 전학 온 아이는 친구들 앞에서 당당한 목소리로 자신을 **소개했다.**

또랑또랑

아주 밝고 *뚜렷한 모양
예 새로 전학을 온 친구는 "안녕? 만나서 반가워! 앞으로 잘 부탁해! 친하게 지내자!"라고 **또랑또랑** 울리는 목소리로 *힘주어 말했다.
* 뚜렷하다(또렷하다)　(흐리지 않고) 분명하고 확실하다
* 힘주다　어떤 말을 강조하다(어떤 부분에서 특별히 강하게 의견을 내세우다)

갸웃하다

고개, 몸을 / 한쪽으로 살짝 *갸울이다
예 학생들은 교사의 설명이 이해되지 않는다는 듯 고개를 **갸웃했다.**
* 갸울이다(기울이다)　비스듬하게 한쪽이 조금 낮아지거나 비뚤어지게 하다

초급
한자 처음 초 初
등급 급 級

*등급, *단계 따위를 나눌 때 / 맨 처음 또는 최저 / 등급, 단계
예 아이는 영어 학원에 *난생처음 갔지만, 영어의 달인이라서 **초급**과 *중급 과정을 건너뛰어 바로 고급 과정 수업을 들었다.
* 등급(등, 등위)(等 무리 등, 級)　(높고 낮음, 좋고 나쁨 따위의 정도에 따라) 여러 층으로 나눈 구별
* 단계 (段 층계 단, 階 층계 계)　일 · 현상이 차례를 따라 나아가는 과정 · 순서
* 난생처음　세상에 태어난 후 처음　　* 중급　가운데(中) 등급

합격
한자 합할 합 合
격식 격 格

시험, 검사, *대회 등에 / *붙음 또는 *통과함
예 줄넘기 달인 대회에서 일 분 안에 줄넘기 백 개를 하면 초급은 **합격**이다.
* 대회(大 크다 대, 會 모이다 회)　실력이나 재주 따위를 겨루는 모임
* 붙다(통과하다)(通 통할 통, 過 지나다 과)　검사, 시험 따위에 합격하다

눈짓

눈을 움직여 상대방에게 / 어떤 뜻을 나타내거나 · *넌지시 알리는 / 동작
예 아이가 '선생님께 드릴 말씀이 있어요'라는 뜻이 담긴 **눈짓**을 하며 머뭇거리자, 교사는 학생에게 '편하게 이야기해 봐'라는 뜻이 담긴 **눈짓**을 넌지시 보냈다.
* 넌지시　드러나지 않게 가만히(조용하고 은은하게)

1   **문장을 읽고, 알맞은 낱말을 써 넣어 봅시다.**

1)   잘 알려지지 않았거나 · 모르는 일, 사실 따위를
     사람들이 잘 알 수 있도록 알려 주다   ☐☐☐☐

2)   아주 밝고 뚜렷한 모양   ☐☐☐☐

3)   고개, 몸을 한쪽으로 살짝 갸울이다   ☐☐☐☐

4)   등급, 단계 따위를 나눌 때 맨 처음 또는 최저 등급, 단계   ☐☐☐

5)   시험, 검사, 대회 등에 붙음 또는 통과함   ☐☐☐

6)   눈을 움직여 상대방에게 어떤 뜻을 나타내거나 · 넌지시 알리는 동작   ☐☐

2   **밑줄 친 곳에 알맞은 낱말을 써 넣어 문장을 완성해 봅시다.**

1)   전학 온 아이는 친구들 앞에서 당당한 목소리로 자신을 _____ .

2)   새로 전학을 온 친구는 "안녕? 만나서 반가워! 앞으로 잘 부탁해! 친하게 지내자!"
     라고 _____ 울리는 목소리로 힘주어 말했다.

3)   학생들은 교사의 설명이 이해되지 않는다는 듯 고개를 _____ .

4)   아이는 영어 학원에 난생처음 갔지만, 영어의 달인이라서 _____ 과 중급
     과정을 건너뛰어 바로 고급 과정 수업을 들었다.

5)   줄넘기 달인 대회에서 일 분 안에 줄넘기 백 개를 하면 초급은 _____ 이다.

6)   아이가 '선생님께 드릴 말씀이 있어요'라는 뜻이 담긴 _____ 을 하며
     머뭇거리자, 교사는 학생에게 '편하게 이야기해 봐'라는 뜻이 담긴 _____
     을 넌지시 보냈다.

연습
한자 익힐 연 練
익힐 습 習

학문, *기예 따위를 / 되풀이하여 *익힘

예 줄넘기 달인 대회에 합격을 하고 싶었던 아이는 줄넘기 넘는 **연습**을 계속했다.

* 기예(技 재주 기, 藝 재주 예)   갈고 닦은 기술, 재주
* 익히다   일을 익숙하게(여러 번 하여 잘하게) 하다

비 단련하다(鍛 불리다 단, 鍊 불리다 련), 훈련하다(訓 가르치다 훈, 鍊), 익히다

다독이다

다른 사람의 몸을 / 가볍게 두드리다

예 아빠는 연습하는 아이의 등을 **다독이며** "젓가락을 바르게 *사용할 줄 아니까, 초급 합격은 *거뜬하겠네"라고 말씀하셨다.

* 사용하다(使 쓰다 사, 用 쓰다 용)   (사물을 목적 · 기능에 맞게) 쓰다
* 거뜬하다   (생각보다 가볍고 충분히 해낼 만큼) 쉬운 느낌이 있다

비 다독거리다, 다독다독하다, 다독대다

권법
한자 주먹 권 拳
법 법 法

*맨손과 주먹을 써서 / 상대방을 공격하거나 방어하는 / 싸움 기술

예 **권법**의 달인인 주인공이 *현란한 손기술로 *순식간에 적들을 쓰러뜨렸다.

* 맨손   아무것도 끼거나 감거나 걸치지 않은 손
* 현란하다(絢 무늬 현, 爛 빛나다 란) (표현, 기술 따위가) 매우 화려하거나 아름답다
* 순식간(순식)(瞬 눈 깜짝이다 순, 息 숨 쉬다 식, 間 사이 · 동안 간)   아주 짧은 동안

수법
한자 손 수 手
법 법 法

일할 때의 / *수단과 *방법

예 보이스 피싱(Voice Phishing)은 전화로 개인정보를 알아낸 뒤 이를 범죄에 *악용하는 *사기 **수법**을 말한다.

* 수단(手, 段 층계 단)   어떤 목적을 이루기 위한 방법. 또는 그 도구
* 방법   어떤 일을 해 나가거나 목적을 이루기 위하여 취하는 수단이나 방식
* 악용하다   (사람이 무엇을) 잘못 쓰거나, 나쁜 일에 쓰다
* 사기(詐 속이다 사, 欺 속이다 기)   (이익을 취하기 위하여) 나쁜 꾀로 남을 속임

남다르다

다른 사람과 / *두드러지게 다르다

예 권법을 연습하는 그의 몸놀림은 *한눈에 달인임을 알아볼 수 있을 만큼 **남달랐다**.

* 두드러지다 겉으로 뚜렷이 드러나다   * 한눈   한 번 봄. 또는 잠깐 봄

눈을 굴리다

눈동자를 / *이리 돌렸다, *저리 돌렸다 / 하다

예 시장에 간 그는 필요한 물건을 찾기 위해 이리저리 **눈을 굴렸다**.

* 이리(요리) 이곳으로. 이쪽으로   * 저리(조리)   저곳으로. 저쪽으로

젓가락 달인 | 교과서 135~145쪽

1 **문장을 읽고, 알맞은 낱말을 써 넣어 봅시다.**

1) 학문, 기예 따위를 되풀이하여 익힘

2) 다른 사람의 몸을 가볍게 두드리다

3) 맨손과 주먹을 써서 상대방을 공격하거나 방어하는 싸움 기술

4) 일할 때의 수단과 방법

5) 다른 사람과 두드러지게 다르다

6) 눈동자를 이리 돌렸다, 저리 돌렸다 하다

2 **밑줄 친 곳에 알맞은 낱말을 써 넣어 문장을 완성해 봅시다.**

1) 줄넘기 달인 대회에 합격을 하고 싶었던 아이는 줄넘기 넘는 _____ 을 계속했다.

2) 아빠는 연습하는 아이의 등을 _____ "젓가락을 바르게 사용할 줄 아니까, 초급 합격은 거뜬하겠네"라고 말씀하셨다.

3) _____ 의 달인인 주인공이 현란한 손기술로 순식간에 적들을 쓰러뜨렸다.

4) 보이스 피싱(Voice Phishing)은 전화로 개인정보를 알아낸 뒤 이를 범죄에 악용하는 사기 _____ 을 말한다.

5) 권법을 연습하는 그의 몸놀림은 한눈에 달인임을 알아볼 수 있을 만큼 _____.

6) 시장에 간 그는 필요한 물건을 찾기 위해 이리저리 _____.

채소 (남새)

한자 나물 채 菜
나물 소 蔬

무, 배추, 상추, 오이, 당근 따위의 / 모든 종류의 *나물

예 할머니는 상추, 고추, 오이 따위의 **채소**를 도시에 사는 자식들에게 보냈다.

* **나물** 사람이 먹을 수 있는 풀, 나뭇잎 따위

비 야채, 채마, 소채

가게

작은 규모로 / 물건을 파는 / 집

예 *길모퉁이에 있는 작은 **가게**에서는 고기, 채소, 생선, 과일 등 갖가지 *물건을 판다.

* **길모퉁이** 길이 구부러지거나 꺾어져 돌아간 자리

* **물건** 사고파는 물품(값어치가 있는 물건)

비 점방(店 가게 점, 房 방 방), 점포 (鋪 가게 포), 가겟방, 상점 (商 장사 상)

사투리 (방언)

한 지방에서만 쓰는 / *표준어가 아닌 / 말

예 경상도에 사는 할머니와 전라도에 사는 할머니는 자기 지방의 *억센 **사투리**로 대화를 해서 제대로 소통하지 못했다.

* **표준어(대중말, 표준말)** 한 나라에서 하나의 기준으로 정해 사용하는 말

* **억세다** 그 정도가 아주 심하다

어색하다

한자 말씀 어 語
막힐 색 塞

자연스럽지 않다 또는 어울리지 않다

예 평소에 억센 사투리로 말하는 친구가 표준어로 말하려고 노력하는 모습이 *우스꽝스러우면서도 **어색했다.**

* **우스꽝스럽다** (말, 행동, 모습 따위가) 보통과 다르게 특이하여 우습다

**메스껍다
(매스껍다)**

속이 *울렁거려서 / 헛구역질이 나고 · 토할 듯하다

예 아이는 차만 타면 속이 **메스꺼워서** 여행을 갈 때면 멀미약을 먹는다.

* **울렁거리다(울렁대다)** 속이 토할 것같이 메슥메슥하여지다

비 메슥대다, 메슥메슥하다, 메슥거리다, 구역질나다, 울렁거리다, 느글거리다

뜻밖

생각, *예상을 / 전혀 못함

예 *먹보에 욕심쟁이인 동생이 자기 간식을 선뜻 내주다니, 정말 **뜻밖**이었다.

* **예상** (일이 벌어지기 전에 앞으로 어찌될지) 미리 생각해 봄

* **먹보** 음식을 많이 먹거나, 음식 욕심이 많은 사람

비 생각 밖, 예상외(豫 미리 예, 想 생각 상, 外 바깥 · 밖 외), 의외(意 뜻 · 생각 의)

1 문장을 읽고, 알맞은 낱말을 써 넣어 봅시다.

1) 무, 배추, 상추, 오이, 당근 따위의 모든 종류의 나물 ☐☐

2) 작은 규모로 물건을 파는 집 ☐☐

3) 한 지방에서만 쓰는 표준어가 아닌 말 ☐☐☐

4) 자연스럽지 않다 또는 어울리지 않다 ☐☐☐☐

5) 속이 울렁거려서 헛구역질이 나고 · 토할 듯하다 ☐☐☐☐

6) 생각, 예상을 전혀 못함 ☐☐

2 밑줄 친 곳에 알맞은 낱말을 써 넣어 문장을 완성해 봅시다.

1) 할머니는 상추, 고추, 오이 따위의 _____ 를 도시에 사는 자식들에게 보냈다.

2) 길모퉁이에 있는 작은 _____ 에서는 고기, 채소, 생선, 과일 등 갖가지 물건을 판다.

3) 경상도에 사는 할머니와 전라도에 사는 할머니는 자기 지방의 억센 _____ 로 대화를 해서 제대로 소통하지 못했다.

4) 평소에 억센 사투리로 말하는 친구가 표준어로 말하려고 노력하는 모습이 우스꽝스러우면서도 _____ .

5) 아이는 차만 타면 속이 _____ 여행을 갈 때면 멀미약을 먹는다.

6) 먹보에 욕심쟁이인 동생이 자기 간식을 선뜻 내주다니, 정말 _____ 이었다.

4. 이야기 속 세상

원시인

한자 언덕 원 原
비로소 시 始
사람 인 人

˙미개 사회의 / ˙야만적인 / 사람

예 조용한 산속의 어두컴컴한 텐트 안에 앉아 있으니 동굴 안에서 생활하는 **원시인**이 된 기분이 들었다.

˙**미개 사회** 문화가 발달하지 못하고, 생활과 문화 수준이 낮은 사회

˙**야만적** 문화 수준이 뒤떨어지고 미개한

야만인

한자 들 야 野
오랑캐 만 蠻
사람 인 人

˙미개하여 / ˙문화 수준이 뒤떨어진 / 사람

예 손으로 밥을 먹는 사람들을 **야만인**이라고 ˙여기는 것은 ˙편협한 태도이다.

˙**미개하다** 사회가 발전되지 않고 문화 수준이 낮은 상태이다

˙**문화** 어떤 집단에 속한 구성원(사람들)이 가지는 특유한 행동 양식과 사고방식 및 정신적 · 물질적 결과물

˙**여기다** 마음속으로 그러하다고 생각하다

˙**편협하다(偏 치우치다 편, 狹 좁다 협)** (사물 · 일 · 현상을 바라보는 눈이) 좁고 한쪽에 치우쳐 있다

조몰락조몰락하다

물건을 / 작은 동작으로 / 자꾸 ˙주무르다

예 아이는 밥을 손으로 **조몰락조몰락해서** 먹는 사람들을 야만인이라고 생각했다.

˙**주무르다** 손으로 물건이나 몸의 한 부분을 쥐었다 놓았다 하면서 자꾸 만지다

비 조몰락거리다, 조몰락대다

**갸우뚱하다
(기우뚱하다)**

물체가 / 한쪽으로 약간 / ˙갸울어지다

예 학생들은 "맨손으로 밥을 먹는 사람들이 있다"는 선생님의 말씀을 듣고 뜻밖이어서 고개를 **갸우뚱했다.**

˙**갸울어지다(기울어지다)** 사물이 한쪽으로 비스듬히 낮아지거나 비뚤어지게 되다

금세

얼마 되지 않는 / 짧은 시간 안에

예 수업 시간은 ˙무지 천천히 지나가는데, 쉬는 시간은 **금세** 지나간다.

˙**무지** 아주 대단히. 보통보다 훨씬 정도에 지나치게

비 곧, 이내

맞받아치다

상대의 말을 받아 / 그에 ˙대응하여 바로 뒤따라 말하다

예 백팀 응원단이 "백팀 파이팅!" 하고 소리치자, 이에 질세라 청팀 응원단이 "청팀 이겨라!"하고 **맞받아쳤다.**

˙**대응하다** 일의 상황에 맞추어 나름대로의 태도나 행동을 취하다

첫가락 단어 | 교과서 136~145쪽 |

1 문장을 읽고, 알맞은 낱말을 써 넣어 봅시다.

1) 미개 사회의 야만적인 사람

2) 미개하여 문화 수준이 뒤떨어진 사람

3) 물건을 작은 동작으로 자꾸 주무르다

4) 물체가 한쪽으로 약간 갸울어지다

5) 얼마 되지 않는 짧은 시간 안에

6) 상대의 말을 받아 그에 대응하여 바로 뒤따라 말하다

2 밑줄 친 곳에 알맞은 낱말을 써 넣어 문장을 완성해 봅시다.

1) 조용한 산속의 어두컴컴한 텐트 안에 앉아 있으니 동굴 안에서 생활하는 _____ 이 된 기분이 들었다.

2) 손으로 밥을 먹는 사람들을 _____ 이라고 여기는 것은 편협한 태도이다.

3) 아이는 밥을 손으로 _____ 먹는 사람들을 야만인이라고 생각했다.

4) 학생들은 "맨손으로 밥을 먹는 사람들이 있다"는 선생님의 말씀을 듣고 뜻밖이어서 고개를 _____ .

5) 수업 시간은 무지 천천히 지나가는데, 쉬는 시간은 _____ 지나간다.

6) 백팀 응원단이 "백팀 파이팅!" 하고 소리치자, 이에 질세라 청팀 응원단이 "청팀 이겨라!"하고 _____ .

1 문장을 읽고, 알맞은 낱말을 써 넣어 봅시다.

1) 물체가 한쪽으로 약간 갸울어지다 _____

2) 자연스럽지 않다 또는 어울리지 않다 _____

3) 미개 사회의 야만적인 사람 _____

4) 시험, 검사, 대회 등에 붙음 또는 통과함 _____

5) 강제로 또는 무리하게 _____

6) 물건을 작은 동작으로 자꾸 주무르다 _____

7) 작은 규모로 물건을 파는 집 _____

8) 잘 알려지지 않았거나·모르는 일, 사실 따위를
사람들이 잘 알 수 있도록 알려 주다 _____

9) 한 지방에서만 쓰는 표준어가 아닌 말 _____

10) 얼마 되지 않는 짧은 시간 안에 _____

11) 학문, 기예 따위를 되풀이하여 익힘 _____

12) 눈을 움직여 상대방에게 어떤 뜻을 나타내거나·넌지시
알리는 동작 _____

13) 다른 사람의 몸을 가볍게 두드리다 _____

14) 생각, 예상을 전혀 못함 _____

15) 옳은 일을 위해 나서려는 적극적인 마음과 태도가 있다 _____

⟶ 바른 답 09쪽

16)   일할 때의 수단과 방법   _____

17)   상대의 말을 받아 그에 대응하여 바로 뒤따라 말하다   _____

18)   다른 사람과 두드러지게 다르다   _____

19)   얼굴, 근육의 한 부분이 한쪽으로 비뚤어지게 자꾸
      움직이는 모양   _____

20)   속이 울렁거려서 헛구역질이 나고 · 토할 듯하다   _____

21)   바람을 일으킬 정도로 빠르게 날아가거나 · 떠나가는
      소리 또는 그 모양   _____

22)   눈동자를 이리 돌렸다, 저리 돌렸다 하다   _____

23)   얼굴이나 그 빛깔이 약간 짙게 검다   _____

24)   아주 밝고 뚜렷한 모양   _____

25)   고개, 몸을 한쪽으로 살짝 갸울이다   _____

26)   등급, 단계 따위를 나눌 때 맨 처음 또는 최저 등급, 단계   _____

27)   미개하여 문화 수준이 뒤떨어진 사람   _____

28)   특정 분야에 통달하여 남달리 뛰어난 역량을 가진 사람   _____

29)   무, 배추, 상추, 오이, 당근 따위의 모든 종류의 나물   _____

30)   맨손과 주먹을 써서 상대방을 공격하거나 방어하는
      싸움 기술   _____

2 밑줄 친 곳에 알맞은 낱말을 써 넣어 문장을 완성해 봅시다.

1) 평소에 억센 사투리로 말하는 친구가 표준어로 말하려고 노력하는 모습이 우스꽝스러우면서도 _____ .

2) 학생들은 교사의 설명이 이해되지 않는다는 듯 고개를 _____ .

3) 조용한 산속의 어두컴컴한 텐트 안에 앉아 있으니 동굴 안에서 생활하는 _____ 이 된 기분이 들었다.

4) 권법을 연습하는 그의 몸놀림은 한눈에 달인임을 알아볼 수 있을 만큼 _____ .

5) 손으로 밥을 먹는 사람들을 _____ 이라고 여기는 것은 편협한 태도이다.

6) 줄넘기 달인 대회에서 일 분 안에 줄넘기 백 개를 하면 초급은 _____ 이다.

7) 아이는 밥을 손으로 _____ 먹는 사람들을 야만인이라고 생각했다.

8) 새로 전학을 온 친구는 "안녕? 만나서 반가워! 앞으로 잘 부탁해! 친하게 지내자!" 라고 _____ 울리는 목소리로 힘주어 말했다.

9) 강아지가 엉덩이를 _____ 움직이며 걸어갔다.

10) 길모퉁이에 있는 작은 _____ 에서는 고기, 채소, 생선, 과일 등 갖가지 물건을 판다.

11) 시장에 간 그는 필요한 물건을 찾기 위해 이리저리 _____ .

12) 경상도에 사는 할머니와 전라도에 사는 할머니는 자기 지방의 억센 _____ 로 대화를 해서 제대로 소통하지 못했다.

13) 줄넘기 달인 대회에 합격을 하고 싶었던 아이는 줄넘기 넘는 _____ 을 계속했다.

14) 수업 시간은 무지 천천히 지나가는데, 쉬는 시간은 _____ 지나간다.

15) 점심시간마다 땡볕에서 놀아서 그런지 아이들의 얼굴이 _____ .

→ 바른 답 09쪽

16) 아빠는 연습하는 아이의 등을 _____ "젓가락을 바르게 사용할 줄
아니까, 초급 합격은 거뜬하겠네"라고 말씀하셨다.

17) _____ 의 달인인 주인공이 현란한 손기술로 순식간에 적들을 쓰러뜨렸다.

18) 수업 시간에 잡담을 하던 두 아이는 웃지 않으려고 _____ 참았지만 쿡쿡
웃음이 새어 나오고 말았다.

19) 아이는 영어 학원에 난생처음 갔지만, 영어의 달인이라서 _____ 과 중급
과정을 건너뛰어 바로 고급 과정 수업을 들었다.

20) 학생들은 "맨손으로 밥을 먹는 사람들이 있다"는 선생님의 말씀을 듣고 뜻밖이어서
고개를 _____ .

21) 아이는 차만 타면 속이 _____ 여행을 갈 때면 멀미약을 먹는다.

22) 학생들은 휴식종이 울리기 무섭게 자리를 _____ 떠서 교실 뒤로
몰려갔다.

23) 먹보에 욕심쟁이인 동생이 자기 간식을 선뜻 내주다니, 정말 _____ 이었다.

24) 백팀 응원단이 "백팀 파이팅!" 하고 소리치자, 이에 질세라 청팀 응원단이 "청팀
이겨라!"하고 _____ .

25) 《우진이는 정말 멋져!》를 읽고, 여자애들을 괴롭히는 창훈이를 다그치며 얼른
사과하라고 말하는 우진이가 _____ 성격의 인물이라고 생각했다.

26) 아이가 '선생님께 드릴 말씀이 있어요'라는 뜻이 담긴 _____ 을 하며
머뭇거리자, 교사는 학생에게 '편하게 이야기해 봐'라는 뜻이 담긴 _____
을 넌지시 보냈다.

27) 아이는 매번 친구들의 딱지를 모두 따는 딱지치기의 _____ 이다.

28) 보이스 피싱(Voice Phishing)은 전화로 개인정보를 알아낸 뒤 이를 범죄에
악용하는 사기 _____ 을 말한다.

29) 할머니는 상추, 고추, 오이 따위의 _____ 를 도시에 사는 자식들에게
보냈다.

30) 전학 온 아이는 친구들 앞에서 당당한 목소리로 자신을 _____ .

1일 4. 이야기 속 세상

풍습
한자 바람 풍 風
익힐 습 習

예로부터 그 사회에 전해 오는 / °의식주 및 그 밖의 모든 °생활에 관한 / 습관

예 손으로 밥을 먹는 것은 예로부터 전해 오는 그 나라의 **풍습**이고 문화이기
때문에 나쁘다거나 야만인이라고 해서는 안 된다.

° 의식주(衣 옷 의, 食 밥 식, 住 살다 주)   옷과 음식과 집을 통틀어 이르는 말

° 생활(生 살다 생, 活 살다 활)   사람이나 동물이 일정한 환경에서 활동하며 살아감

비 관습(慣 익숙하다 관, 習 익히다 · 익숙하다 습)

달아오르다

°분위기가 / 활기를 띠며 / °고조되다

예 두 패로 갈린 사람들은 각각 목이 터져라 자신의 팀을 응원했고, 운동장은
금세 °후끈 **달아올랐다.**

° 분위기   어떤 대상(또는 그 주변)에서 풍겨 나오는 느낌

° 고조되다(高 높다 고, 調 고르다 조) (감정 · 분위기 따위가) 한창 무르익거나 높아지다

° 후끈   (흥분 · 긴장 따위가) 아주 높게 일어나는 모양

잠잠하다
(잠연하다)
한자 잠길 잠 潛
잠길 잠 潛

장소 또는 그곳의 분위기가 / 아무런 소리 없이 / 조용하다

예 상대 팀 선수가 골을 넣자 달아올랐던 경기장 분위기가
°일순간에 **잠잠해졌다.**

° 일순간(순식간, 삽시간, 한순간, 일찰나)   아주 짧은 시간

칭칭 (친친)

끈, 실 따위로 / 자꾸 감거나 묶는 모양

예 태권도 연습을 한다며 벽에 발차기를 하던 친구가 다음날 다리에 붕대를 **칭칭**
감고 나타났다.

아른거리다

전에 보았던 / °광경이 / 눈앞이나 · 머릿속에 / 자꾸 떠오르다

예 휴대폰 가게에서 본 °최신형 스마트폰이 눈앞에 계속 **아른거렸다.**

° 광경   벌어진 일의 상태와 모양   ° 최신형   가장 새로운 모양

비 아른대다, 아른아른하다

소심하다
한자 작을 소 小
마음 심 心

°겁, °조심성이 / 지나치게 많다

예 《사라, 버스를 타다》에 등장하는 주인공이 만일 **소심한** 성격이었다면 버스 앞
자리에 앉는 사건은 벌어지지 않았을 것이다.

° 겁   무서워하거나 두려워하는 마음

° 조심성   (잘못이나 실수가 없도록) 말, 행동에 마음을 쓰는 성질 · 태도

→ 바른 답 09쪽

1 문장을 읽고, 알맞은 낱말을 써 넣어 봅시다.

10주
1일

1) 예로부터 그 사회에 전해 오는 의식주 및 그 밖의
모든 생활에 관한 습관

2) 분위기가 활기를 띠며 고조되다

3) 장소 또는 그곳의 분위기가 아무런 소리 없이 조용하다

4) 끈, 실 따위로 자꾸 감거나 묶는 모양

5) 전에 보았던 광경이 눈앞이나 ·
머릿속에 자꾸 떠오르다

6) 겁, 조심성이 지나치게 많다

2 밑줄 친 곳에 알맞은 낱말을 써 넣어 문장을 완성해 봅시다.

1) 손으로 밥을 먹는 것은 예로부터 전해 오는 그 나라의 _____ 이고
문화이기 때문에 나쁘다거나 야만인이라고 해서는 안 된다.

2) 두 패로 갈린 사람들은 각각 목이 터져라 자신의 팀을 응원했고, 운동장은 금세
후끈 _____ .

3) 상대 팀 선수가 골을 넣자 달아올랐던 경기장 분위기가 일순간에 _____ .

4) 태권도 연습을 한다며 벽에 발차기를 하던 친구가 다음날 다리에 붕대를
_____ 감고 나타났다.

5) 휴대폰 가게에서 본 최신형 스마트폰이 눈앞에 계속 _____ .

6) 《사라, 버스를 타다》에 등장하는 주인공이 만일 _____ 성격이었다면
버스 앞자리에 앉는 사건은 벌어지지 않았을 것이다.

이야기를 간추려 책 만들기 | 교과서 146~151쪽 |

원래 (본디)

한자 으뜸 원 元
올 래 來

처음부터

예 아이는 **원래** *활발한 성격인데, 어제 전학을 와서 소심하게 생활하고 있다.

* **활발하다**　사람의 성격, 태도가 생기 있고 힘차다

비 본래(本 근본 본, 來), 본시(本, 是 옳다 시), 워낙

표지 (책표지)

한자 겉 표 表
종이 지 紙

책의 맨 앞뒤의 / *겉장

예 아이는 책을 빌릴 때면 표지에 있는 제목, 글귀, 그림을 *유심히 살핀다.

* **겉장(張 베풀다 장)**　여러 장 가운데 맨 겉에 있는 종이

* **유심히(有 있다 유, 心 마음 심)**　(어떤 것을 살피는 데) 주의깊게

문장의 짜임에 맞게 문장 쓰기 | 교과서 160~165쪽 |

의견

한자 뜻 의 意
볼 견 見

어떤 사물, 대상, 현상, 일에 대하여 / 자기 마음에서 *판단하여 가지는 / 생각

예 친구와 함께 영화관에 갔는데, 어떤 영화를 볼지 서로 **의견**이 달라서 결국
각자 보고 싶은 영화를 봤다.

* **판단하다**　시비(옳고 그름), 우열(나음과 못함) 따위를 따져서 분명하게 정하다

드러나다

겉으로 나타나다 또는 다른 것보다 *두드러지다

예 그는 말수가 적고 소심한 성격이어서 말투에서는 속마음이
잘 **드러나지** 않고, 얼굴 표정에서 속마음이 **드러난다**.

* **두드러지다(도드라지다)**　겉으로 드러나서 뚜렷하다

습관

한자 익힐 습 習
익숙할 관 慣

어떤 행위를 / 오랫동안 되풀이하여 / 몸에 *저절로 굳어진 / 행동

예 《국단어 완전 정복》을 매일 10분씩 꾸준히 풀었더니 낱말을 철저히 공부하는
습관이 생겼다.

* **저절로**　다른 힘을 빌리지 않고 저 스스로, 자연적으로

비 버릇, 습성(習, 性 성품 성)

짜임

*부분들을 모아서 / 일정한 전체를 / *짜 이룸

예 '늙은 농부의 세 아들은 *게으렀다'는 문장의 **짜임**은 '누가'와 '어떠하다'로
이루어졌다.

* **부분(部 떼 · 구분 부, 分 나누다 분)** 전체를 몇 개로 나눈 것 중에서 하나

* **짜다**　부분을 맞추어 전체를 꾸며 만들다

* **게으르다**　행동이 느리고 움직이기 싫어하는 성미(성질 · 마음씨 ·
버릇 따위의 총칭)가 있다

비 구성(構 얽다 구, 成 이루다 성), 구조(造 짓다 조), 조직 (組 짜다 조, 織 만들다 직)

1 문장을 읽고, 알맞은 낱말을 써 넣어 봅시다.

1) 처음부터 ☐☐

2) 책의 맨 앞뒤의 겉장 ☐☐

3) 어떤 사물, 대상, 현상, 일에 대하여 자기 마음에서
   판단하여 가지는 생각 ☐☐

4) 겉으로 나타나다 또는 다른 것보다 두드러지다 ☐☐☐☐

5) 어떤 행위를 오랫동안 되풀이하여 몸에 저절로 굳어진 행동 ☐☐☐

6) 부분들을 모아서 일정한 전체를 짜 이룸 ☐☐

2 밑줄 친 곳에 알맞은 낱말을 써 넣어 문장을 완성해 봅시다.

1) 아이는 _____ 활발한 성격인데, 어제 전학을 와서 소심하게 생활하고 있다.

2) 아이는 책을 빌릴 때면 _____ 에 있는 제목, 글귀, 그림을 유심히 살핀다.

3) 친구와 함께 영화관에 갔는데, 어떤 영화를 볼지 서로 _____ 이 달라서
   결국 각자 보고 싶은 영화를 봤다.

4) 그는 말수가 적고 소심한 성격이어서 말투에서는 속마음이 잘 _____
   않고, 얼굴 표정에서 속마음이 _____ .

5) 《국단어 완전 정복》을 매일 10분씩 꾸준히 풀었더니 낱말을 철저히 공부하는
   _____ 이 생겼다.

6) '늙은 농부의 세 아들은 게을렀다'는 문장의 _____ 은 '누가'와 '어떠하다'로
   이루어졌다.

문장의 짜임에 맞게 말하기 | 교과서 160~165쪽 |

제시하다
한자 끌 제 提
보일 시 示

1) 말, 글로 / 생각을 나타내어 보이다 2) 어떤 목적을 위해 / 무엇을 내어 보이다
예 *매표소 직원에게 할인해 달라는 의견을 1)**제시하면서**
학생증을 2)**제시했다.**
* 매표소(賣 팔다 매, 票 표 표, 所 곳 소)   차표나 입장권 따위의 표를 파는 곳

보물 (보화)
한자 보배 보 寶
물건 물 物

매우 *드물고 *귀한 / *보배로운 물건
예 늙은 농부가 밭에 묻어 둔 **보물**은 주렁주렁 열린 포도송이였다.
* 드물다   쉽게 접할 수 없다
* 귀하다(貴 귀하다 귀)   (구하거나 얻기가 아주 힘들 만큼) 드물다
* 보배롭다   보배(아주 귀하고 소중한 물건)로 삼을 만한 가치가 있다

검토하다
한자 검사할 검 檢
칠 토 討

의견, 내용, 사실 따위를 / *찬찬히 살피다 또는 잘 따져보다
예 문제를 다 푼 다음에 한 번 더 **검토해야** 실수로 틀리는 것을
줄일 수 있다.
* 찬찬히(천천히)   성질 · 솜씨 · 행동 따위가 꼼꼼하고 침착하다(차분하다)

이해하다
한자 다스릴 이 理
풀 해 解

말, 글의 뜻을 / 듣거나 · 보고 / 깨달아 알다
예 '누가/무엇이+어찌하다'와 '누가/무엇이+어떠하다'의 짜임을 생각하며 문장을
읽으면 그 뜻을 더 쉽게 **이해할** 수 있다.

목적값을 누가 물어야 아나? | 교과서 166~170쪽 |

장수 (상인)

*이익을 얻으려고 / 물건을 사서 · 파는 일을 하는 / 사람
예 동물원으로 들어가는 길가에는 풍선을 파는 **장수**, 솜사탕을 파는 **장수**, 아이
스크림을 파는 **장수**가 *나란히 있었다.
* 이익   정신적 · 물질적으로 이롭고 보탬(보태고 더하거나 돕는 것)이 되는 일
* 나란히   여러 사물이 일정한 거리를 두고 가지런하게 늘어서 있는 상태로

비교하다
한자 견줄 비 比
견줄 교 較

둘 이상의 것을 견주어 / 비슷한 점, 다른 점, 나음과 못함 따위를 / *살피다
예 사또는 *목화 장수들의 *엇갈린 의견을 **비교한** 후에 판결을 내렸다.
* 살피다   주의하여 빠짐없이 골고루 자세히 보다
* 목화   아욱과의 한해살이풀. 씨에 붙은 면화는 옷감이나 실의 원료가 됨
* 엇갈리다   의견 · 주장 따위가 일치하지 않다
비 견주다, 비하다, 비기다, 대조하다(對 대하다 대, 照 비치다 조)

1 문장을 읽고, 알맞은 낱말을 써 넣어 봅시다.

1) 말, 글로 생각을 나타내어 보이다

2) 매우 드물고 귀한 보배로운 물건

3) 의견, 내용, 사실 따위를 찬찬히 살피다 또는 잘 따져보다

4) 말, 글의 뜻을 듣거나·보고 깨달아 알다

5) 이익을 얻으려고 물건을 사서·파는 일을 하는 사람

6) 둘 이상의 것을 견주어 비슷한 점, 다른 점, 나음과 못함 따위를 살피다

10주 3일

2 밑줄 친 곳에 알맞은 낱말을 써 넣어 문장을 완성해 봅시다.

1) 매표소 직원에게 할인해 달라는 의견을 _____ 학생증을 _____.

2) 늙은 농부가 밭에 묻어 둔 _____ 은 주렁주렁 열린 포도송이였다.

3) 문제를 다 푼 다음에 한 번 더 _____ 실수로 틀리는 것을 줄일 수 있다.

4) '누가/무엇이+어찌하다'와 '누가/무엇이+어떠하다'의 짜임을 생각하며 문장을 읽으면 그 뜻을 더 쉽게 _____ 수 있다.

5) 동물원으로 들어가는 길가에는 풍선을 파는 _____ , 솜사탕을 파는 _____ , 아이스크림을 파는 _____ 가 나란히 있었다.

6) 사또는 목화 장수들의 엇갈린 의견을 _____ 후에 판결을 내렸다.

광

*살림살이 또는 그 밖에 여러 가지 *물품을 / 넣어 두기 위해 / 집 바깥에 따로 만들어 두는 / *집채

예 그 부잣집의 **광** 안에는 곡식, 비단, 보물 등이 산더미처럼 쌓여 있었다.

* **살림살이**   살림(한집안을 이루어 살아가는 일)에 필요한 온갖 물건
* **물품(物 물건 물, 品 물건 품)**   쓸 만한 값어치가 있는 물건
* **집채**   여러 채(집을 세는 단위)로 된 집에서, 낱낱(여럿 중 하나하나)의 집

보관하다

한자 지킬 보 保
대롱 관 管

물건을 *맡아 / 지키고 · *관리하다

예 목화 장수들은 싼 목화가 있으면 함께 사서 큰 광 속에 **보관해** 두었다가 값이 오르면 팔았다.

* **맡다**   어떤 물건을 받아 보관하다(잘 가지고 있다)
* **관리하다**   시설이나 물건을 유지하고 개량하다(나쁜 점을 고쳐 좋게 하다)

궁리

한자 다할 궁 窮
다스릴 리 理

마음속으로 이리저리 따져 / 깊이 생각함 또는 그 생각

예 광에 쥐가 많아 목화를 어지럽히기도 하고 오줌을 싸기도 해서 목화 장수들은 **궁리** 끝에 광에 고양이를 기르기로 결정했다.

책임 (책)

한자 꾸짖을 ·
빚 책 責
맡길 임 任

맡아서 해야 할 / 일

예 우리 반에는 자기 자리 주변은 자신이 **책임**을 지고 청소하는 규칙이 있다.

비 사명(使 하여금 사, 命 목숨 명), 몫, 임무(任 맡기다 임, 務 힘쓰다 무), 의무(義 옳다 의, 務)

맡다

일을 넘겨받아 / 자신이 *책임지고 하다

예 고양이가 다리 하나를 다쳤고, 그 다리를 **맡은** 목화 장수는 고양이 다리에 *산초기름을 발라 주었다.

* **책임지다**   어떤 일에 대한 책임을 모두 안다
* **산초기름**   산초나무 열매의 씨로 짠 기름

비 담당하다(擔 짊어지다 담, 當 책임 맡다 당), 감당하다(堪 견디다 감, 當)

몫

각각이 / 책임지고 해야 할 / 일 또는 부분

예 아이는 집 안 대청소에서 분리수거를 맡았는데, 자신의 **몫**을 *톡톡히 해냈다.

* **톡톡히**   구실이나 역할 따위가 제대로 되어 충분히

비 책임, 역할(役 일을 시키다 역, 割 자르다 · 끊다 할)

→ 바른 답 09쪽

1 문장을 읽고, 알맞은 낱말을 써 넣어 봅시다.

10주
4일

1) 살림살이 또는 그 밖에 여러 가지 물품을 넣어 두기 위해
   집 바깥에 따로 만들어 두는 집채

2) 물건을 맡아 지키고·관리하다

3) 마음속으로 이리저리 따져 깊이 생각함 또는 그 생각

4) 맡아서 해야 할 일

5) 일을 넘겨받아 자신이 책임지고 하다

6) 각각이 책임지고 해야 할 일 또는 부분

2 밑줄 친 곳에 알맞은 낱말을 써 넣어 문장을 완성해 봅시다.

1) 그 부잣집의 _____ 안에는 곡식, 비단, 보물 등이 산더미처럼 쌓여 있었다.

2) 목화 장수들은 싼 목화가 있으면 함께 사서 큰 광 속에 _____ 두었다가
   값이 오르면 팔았다.

3) 광에 쥐가 많아 목화를 어지럽히기도 하고 오줌을 싸기도 해서 목화 장수들은
   _____ 끝에 광에 고양이를 기르기로 결정했다.

4) 우리 반에는 자기 자리 주변은 자신이 _____ 을 지고 청소하는 규칙이 있다.

5) 고양이가 다리 하나를 다쳤고, 그 다리를 _____ 목화 장수는 고양이
   다리에 산초기름을 발라 주었다.

6) 아이는 집 안 대청소에서 분리수거를 맡았는데, 자신의 _____ 을 톡톡히
   해냈다.

목화장수 누가 물어야 하나요? | 교과서 166~170쪽 |

마침

우연히 *공교롭게

㈜ 수업 시간에 한 학생이 친구에게 쪽지를 건네는데, 칠판을 보며 설명하던
교사가 **마침** 고개를 돌려 그 광경을 *목격했다.

*공교롭다(工 장인 공, 巧 교묘하다 교)　　　(뜻하지 않은 일이) 우연히 일어나
묘하고 이상하다

*목격하다(목도하다)(目 눈 목, 撃 치다 격)　눈으로 직접 보다

공동

한자 한가지 공 共
　　한가지 동 同

둘 이상의 사람, 단체가 / 힘을 합하여 일을 같이함 또는 같은 자격으로 관계를 가짐

㈜ 목화 장수들은 **공동** 책임을 지려고 고양이의 다리 하나씩을 각자 몫으로 정하
고 고양이를 *보살피기로 했다.

*보살피다　마음을 기울여 여러모로 돌보아 주다

아궁이
(아궁, 분구)

방, 솥 따위에 / 불을 *때기 위하여 만든 / 구멍

㈜ 마침 추운 겨울철이라, **아궁이** *곁에서 불을 쬐던 고양이의
다리에 불이 붙고 말았다.

*때다　　　아궁이 따위에 땔감이나 불을 붙여 타게 하다

*곁　　　　어떤 사람 · 물체 따위의 옆. 또는 공간적 · 심리적으로 가까운 데

도망 (도주)

한자 도망할 도 逃
　　망할 망 亡

피하여 달아남 또는 쫓겨 달아남

㈜ 다리에 불이 붙은 고양이는 얼른 시원한 광 속으로 **도망**을 쳐서 목화 *더미
위에서 굴렀다.

*더미　　　많은 물건이 한데 모여 쌓인 큰 덩어리

몽땅

하나도 빠짐없이 / 있는 대로 모두

㈜ 순식간에 목화 더미에 불이 *번져 광 속의 목화가 **몽땅** 타 버리고 말았다.

*번지다　　다른 곳으로 넓게 옮아가다(퍼져 가다)

비 다, 모두, 모조리, 죄, 남김없이, 빠짐없이, 싸악, 싹, 온통, 전부(全 온전하다 전, 部 떼
부)

손해 (손)

한자 덜 손 損
　　해할 해 害

물질적, 정신적으로 / 처음보다 줄어들거나 · 나빠져서 / *해롭게 됨

㈜ 광 속에 있던 목화가 불에 몽땅 타서 목화 장수들이 큰 **손해**를 봤다.

*해롭다　　해(이롭지 않게 하거나 손상을 입히는 것)가 되는 점이 있다

비 손실(損, 失 잃을 실), 해(害)

1 문장을 읽고, 알맞은 낱말을 써 넣어 봅시다.

1) 우연히 공교롭게

2) 둘 이상의 사람, 단체가 힘을 합하여 일을 같이함 또는
   같은 자격으로 관계를 가짐

3) 방, 솥 따위에 불을 때기 위하여 만든 구멍

4) 피하여 달아남 또는 쫓겨 달아남

5) 하나도 빠짐없이 있는 대로 모두

6) 물질적, 정신적으로 처음보다 줄어들거나 · 나빠져서 해롭게 됨

2 밑줄 친 곳에 알맞은 낱말을 써 넣어 문장을 완성해 봅시다.

1) 수업 시간에 한 학생이 친구에게 쪽지를 건네는데, 칠판을 보며 설명하던 교사가
   _____ 고개를 돌려 그 광경을 목격했다.

2) 목화 장수들은 _____ 책임을 지려고 고양이의 다리 하나씩을 각자
   몫으로 정하고 고양이를 보살피기로 했다.

3) 마침 추운 겨울철이라, _____ 곁에서 불을 쬐던 고양이의 다리에 불이
   붙고 말았다.

4) 다리에 불이 붙은 고양이는 얼른 시원한 광 속으로 _____ 을 쳐서 목화
   더미 위에서 굴렀다.

5) 순식간에 목화 더미에 불이 번져 광 속의 목화가 _____ 타 버리고 말았다.

6) 광 속에 있던 목화가 불에 몽땅 타서 목화 장수들이 큰 _____ 를 봤다.

1 문장을 읽고, 알맞은 낱말을 써 넣어 봅시다.

1) 하나도 빠짐없이 있는 대로 모두 _____

2) 말, 글의 뜻을 듣거나·보고 깨달아 알다 _____

3) 분위기가 활기를 띠며 고조되다 _____

4) 매우 드물고 귀한 보배로운 물건 _____

5) 우연히 공교롭게 _____

6) 살림살이 또는 그 밖에 여러 가지 물품을 넣어 두기 위해
집 바깥에 따로 만들어 두는 집채 _____

7) 끈, 실 따위로 자꾸 감거나 묶는 모양 _____

8) 마음속으로 이리저리 따져 깊이 생각함 또는 그 생각 _____

9) 어떤 행위를 오랫동안 되풀이하여 몸에 저절로
굳어진 행동 _____

10) 전에 보았던 광경이 눈앞이나·머릿속에 자꾸 떠오르다 _____

11) 둘 이상의 사람, 단체가 힘을 합하여 일을 같이함 또는
같은 자격으로 관계를 가짐 _____

12) 말, 글로 생각을 나타내어 보이다 _____

13) 의견, 내용, 사실 따위를 찬찬히 살피다 또는 잘 따져보다 _____

14) 처음부터 _____

15) 맡아서 해야 할 일 _____

16) 어떤 사물, 대상, 현상, 일에 대하여 자기 마음에서
     판단하여 가지는 생각   _____

17) 예로부터 그 사회에 전해 오는 의식주 및 그 밖의
     모든 생활에 관한 습관   _____

18) 각각이 책임지고 해야 할 일 또는 부분   _____

19) 장소 또는 그곳의 분위기가 아무런 소리 없이 조용하다   _____

20) 겁, 조심성이 지나치게 많다   _____

21) 겉으로 나타나다 또는 다른 것보다 두드러지다   _____

22) 부분들을 모아서 일정한 전체를 짜 이룸   _____

23) 책의 맨 앞뒤의 겉장   _____

24) 일을 넘겨받아 자신이 책임지고 하다   _____

25) 물질적, 정신적으로 처음보다 줄어들거나 · 나빠져서
     해롭게 됨   _____

26) 이익을 얻으려고 물건을 사서 · 파는 일을 하는 사람   _____

27) 둘 이상의 것을 견주어 비슷한 점, 다른 점,
     나음과 못함 따위를 살피다   _____

28) 방, 솥 따위에 불을 때기 위하여 만든 구멍   _____

29) 피하여 달아남 또는 쫓겨 달아남   _____

30) 물건을 맡아 지키고 · 관리하다   _____

2 밑줄 친 곳에 알맞은 낱말을 써 넣어 문장을 완성해 봅시다.

1) 아이는 집 안 대청소에서 분리수거를 맡았는데, 자신의 _____ 을 톡톡히 해냈다.

2) 수업 시간에 한 학생이 친구에게 쪽지를 건네는데, 칠판을 보며 설명하던 교사가 _____ 고개를 돌려 그 광경을 목격했다.

3) 휴대폰 가게에서 본 최신형 스마트폰이 눈앞에 계속 _____ .

4) 목화 장수들은 _____ 책임을 지려고 고양이의 다리 하나씩을 각자 몫으로 정하고 고양이를 보살피기로 했다.

5) 그 부잣집의 _____ 안에는 곡식, 비단, 보물 등이 산더미처럼 쌓여 있었다.

6) '늙은 농부의 세 아들은 게을렀다'는 문장의 _____ 은 '누가'와 '어떠하다'로 이루어졌다.

7) '누가/무엇이+어찌하다'와 '누가/무엇이+어떠하다'의 짜임을 생각하며 문장을 읽으면 그 뜻을 더 쉽게 _____ 수 있다.

8) 광 속에 있던 목화가 불에 몽땅 타서 목화 장수들이 큰 _____ 를 봤다.

9) 광에 쥐가 많아 목화를 어지럽히기도 하고 오줌을 싸기도 해서 목화 장수들은 _____ 끝에 광에 고양이를 기르기로 결정했다.

10) 아이는 책을 빌릴 때면 _____ 에 있는 제목, 글귀, 그림을 유심히 살핀다.

11) 우리 반에는 자기 자리 주변은 자신이 _____ 을 지고 청소하는 규칙이 있다.

12) 매표소 직원에게 할인해 달라는 의견을 _____ 학생증을 _____ .

13) 상대 팀 선수가 골을 넣자 달아올랐던 경기장 분위기가 일순간에 _____ .

14) 늙은 농부가 밭에 묻어 둔 _____ 은 주렁주렁 열린 포도송이였다.

15) 목화 장수들은 싼 목화가 있으면 함께 사서 큰 광 속에 _____ 두었다가 값이 오르면 팔았다.

⟶ 바른 답 09쪽

10주
평가

16) 문제를 다 푼 다음에 한 번 더 _____ 실수로 틀리는 것을 줄일 수 있다.

17) 동물원으로 들어가는 길가에는 풍선을 파는 _____, 솜사탕을 파는 _____ , 아이스크림을 파는 _____ 가 나란히 있었다.

18) 사또는 목화 장수들의 엇갈린 의견을 _____ 후에 판결을 내렸다.

19) 고양이가 다리 하나를 다쳤고, 그 다리를 _____ 목화 장수는 고양이 다리에 산초기름을 발라 주었다.

20) 태권도 연습을 한다며 벽에 발차기를 하던 친구가 다음날 다리에 붕대를 _____ 감고 나타났다.

21) 두 패로 갈린 사람들은 각각 목이 터져라 자신의 팀을 응원했고, 운동장은 금세 후끈 _____ .

22) 다리에 불이 붙은 고양이는 얼른 시원한 광 속으로 _____ 을 쳐서 목화 더미 위에서 굴렀다.

23) 마침 추운 겨울철이라, _____ 곁에서 불을 쬐던 고양이의 다리에 불이 붙고 말았다.

24) 아이는 _____ 활발한 성격인데, 어제 전학을 와서 소심하게 생활하고 있다.

25) 순식간에 목화 더미에 불이 번져 광 속의 목화가 _____ 타 버리고 말았다.

26) 친구와 함께 영화관에 갔는데, 어떤 영화를 볼지 서로 _____ 이 달라서 결국 각자 보고 싶은 영화를 봤다.

27) 손으로 밥을 먹는 것은 예로부터 전해 오는 그 나라의 _____ 이고 문화이기 때문에 나쁘다거나 야만인이라고 해서는 안 된다.

28) 《사라, 버스를 타다》에 등장하는 주인공이 만일 _____ 성격이었다면 버스 앞자리에 앉는 사건은 벌어지지 않았을 것이다.

29) 그는 말수가 적고 소심한 성격이어서 말투에서는 속마음이 잘 _____ 않고, 얼굴 표정에서 속마음이 _____ .

30) 《국단어 완전 정복》을 매일 10분씩 꾸준히 풀었더니 낱말을 철저히 공부하는 _____ 이 생겼다.

목홧값을 누가 물어야 하나? | 교과서 166~170쪽 |

순전히

한자 순수할 순 純
온전할 전 全

● 순수하고 · ● 완전하게

예 학년 초에는 그 친구와 단짝이 될 거라고 생각했는데, 시간이 지나고 보니 그건 **순전히** ●착각이었다.

● 순수하다(純, 粹 순수하다 수) 전혀 다른 것의 섞임이 없다

● 완전하다(完 완전하다 완, 全) (부족함이나 흠이 없이) 필요한 것이 모두 갖추어져 있다

● 착각(錯 어긋나다 착, 覺 깨닫다 각) 사물이나 사실을 실제와 다르게 느끼거나 생각함 또는 그런 느낌이나 생각

성하다

몸에 / 병, 상처가 없다

예 불이 붙은 고양이가 광으로 도망칠 때는 **성한** 세 다리로 도망쳤으니까 광에 불이 난 것은 순전히 너희가 맡은 세 다리 때문이다.

불평

한자 아닐 불 不
평평할 평 平

마음에 들지 않아 ●못마땅하게 생각함 또는 그 생각을 말로 드러냄

예 아이는 항상 언니의 옷을 물려받는다고 ●투덜투덜 **불평**을 늘어놓았다.

● 못마땅하다 마음에 들지 않아 기분이 좋지 않다

● 투덜투덜(두덜두덜, 뚜덜뚜덜) 못마땅하여 혼잣말로 자꾸 중얼거리는 모양

하필 (해필)

되어 가는 일이 / 못마땅하여 돌이켜 묻거나 · 꼭 그래야 하는 이유를 캐물을 때 / 어찌하여 꼭 그렇게 또는 다른 ●방도도 있는데 왜 / 뜻으로 쓰는 말

예 고양이의 아픈 다리에 **하필** 불이 잘 붙는 산초기름을 발라 줄 게 뭐야?

● 방도(길)(方 네모 방, 道 길 도) (일을 처리하거나, 문제를 풀어 가기 위한) 방법

물다

남에게 입힌 손해를 / 물건, 돈으로 / 갚다

예 세 사람은 고양이의 아픈 다리를 맡았던 사람에게 목홧값을 **물어내라**고 했다.

비 변상하다(辨 구분하다 변, 償 갚다 상), 배상하다(賠 물어주다 배, 償)

판결

한자 판단할 판 判
결단할 결 決

옳고 그름 · 좋고 나쁨을 / 판단하여 결정함

예 두 학생이 ●정색하며 싸움이 벌어진 이유가 순전히 상대 탓이라고 계속 맞받아치자, 교사는 누구의 잘못으로 싸움이 났는지 **판결**을 내릴 수 없었다.

● 정색하다(正 바르다 정, 色 색채 · 얼굴빛 색) 얼굴에 엄정한(엄격하고 바른) 빛을 나타내다

1 문장을 읽고, 알맞은 낱말을 써 넣어 봅시다.

1) 순수하고 · 완전하게

2) 몸에 병, 상처가 없다

3) 마음에 들지 않아 못마땅하게 생각함 또는 그 생각을 말로 드러냄

11주
1일

4) 되어 가는 일이 못마땅하여 돌이켜 묻거나 · 꼭 그래야 하는
이유를 캐물을 때 어찌하여 꼭 그렇게 또는 다른 방도도 있는데
왜 뜻으로 쓰는 말

5) 남에게 입힌 손해를 물건, 돈으로 갚다

6) 옳고 그름 · 좋고 나쁨을 판단하여 결정함

2 밑줄 친 곳에 알맞은 낱말을 써 넣어 문장을 완성해 봅시다.

1) 학년 초에는 그 친구와 단짝이 될 거라고 생각했는데, 시간이 지나고 보니 그건
_____ 착각이었다.

2) 불이 붙은 고양이가 광으로 도망칠 때는 _____ 세 다리로 도망쳤으니까
광에 불이 난 것은 순전히 너희가 맡은 세 다리 때문이다.

3) 아이는 항상 언니의 옷을 물려받는다고 투덜투덜 _____ 을 늘어놓았다.

4) 고양이의 아픈 다리에 _____ 불이 잘 붙는 산초기름을 발라 줄 게 뭐야?

5) 세 사람은 고양이의 아픈 다리를 맡았던 사람에게 목홧값을 _____ 했다.

6) 두 학생이 정색하며 싸움이 벌어진 이유가 순전히 상대 탓이라고 계속 맞받아치자,
교사는 누구의 잘못으로 싸움이 났는지 _____ 을 내릴 수 없었다.

자신의 의견을 제시하는 글 쓰기 | 교과서 171~178쪽 |

하류

한자 아래 하 下
흐를 류 流

*하천의 / 아래쪽

㉔ 강의 **하류**는 *상류보다 하천의 폭이 넓고 *경사가 *완만하여 *퇴적 작용이
활발히 일어난다.

* 하천(내) 일정한 물길을 따라 흐르는 (시내보다 크고 강보다는 작은) 물줄기
* 상류   강이나 내가 시작되는 부분. 또는 그 부분에 가까운 곳
* 경사   비스듬히 기울어짐. 또는 그 정도나 상태. 기울기
* 완만하다 언덕(땅이 비탈지고 조금 높은 곳)이 작은 각도로 약간 기울어지다
* 퇴적 작용 물 · 바람 · 파도 따위에 깎여서 운반된 알갱이들이 쌓이는 것

물난리 (수란)

한자 어지러울 난 亂
떠날 리 離

장마, *홍수 따위의 *큰물로 / 많은 물이 넘쳐서 일어난 / *혼란

㉔ 일주일 동안 큰비가 내려서 강 하류에 있는 도시에 **물난리**가 났다.

* 홍수(큰물) 비가 많이 와서 하천에 갑자기 크게 불어난 물
* 혼란   이것저것이 함께 뒤섞여 어지러움

건설하다

건물, 시설을 / 새로 만들어 *세우다

㉔ 도시에 물난리가 나자 *시민들은 강 상류에 댐을 **건설해야** 한다고 주장했다.

* 세우다   건물 · 시설을 짓거나 만들다
* 시민   시(市: 저재(상품을 팔고 사는 시장) 시)에 살고 있는 사람

비 건축하다, 세우다, 이룩하다

댐

영어 dam

하천, 강, 바닷물을 / 가로질러 막아 쌓은 / *둑

㉔ 강 하류에 있는 도시에 해마다 물난리가 나서 상류에 **댐**을 건설했다.

* 둑   하천 · 호수 · 바다의 둘레를 돌이나 흙 따위로 높이 막아 쌓은 언덕

기관

한자 틀 기 機
관계할 관 關

*특정한 역할과 목적을 위해 만든 / *조직

㉔ 학교와 학원은 학생을 교육할 목적으로 만든 **기관**이다.

* 특정하다 특별히 정해져 있다
* 조직   특정한 목적을 달성하기 위해 여러 개체(독립하여 존재하는 낱낱의 물체)
를 모아서 집합체를 이룸. 또는 그 집합체(여럿이 모여서 이룬 덩어리)

담당자 (담당)

한자 멜 담 擔
마땅 당 當
놈 자 者

어떤 일을 맡은 / 사람

㉔ 댐 건설 기관에 궁금한 점을 *문의했지만, **담당자**가 자리에 없어서 답변을
듣지 못했다.

* 문의하다 (모르거나 궁금한 것을 어디에) 물어서 의논하다

→ 바른 답 10쪽

1 문장을 읽고, 알맞은 낱말을 써 넣어 봅시다.

1) 하천의 아래쪽 ⬜⬜

2) 장마, 홍수 따위의 큰물로 많은 물이 넘쳐서 일어난 혼란 ⬜⬜⬜

3) 건물, 시설을 새로 만들어 세우다 ⬜⬜⬜⬜

4) 하천, 강, 바닷물을 가로질러 막아 쌓은 둑 ⬜

5) 특정한 역할과 목적을 위해 만든 조직 ⬜⬜

6) 어떤 일을 맡은 사람 ⬜⬜⬜

11주 2일

2 밑줄 친 곳에 알맞은 낱말을 써 넣어 문장을 완성해 봅시다.

1) 강의 _____ 는 상류보다 하천의 폭이 넓고 경사가 완만하여 퇴적 작용이 활발히 일어난다.

2) 일주일 동안 큰비가 내려서 강 하류에 있는 도시에 _____ 가 났다.

3) 도시에 물난리가 나자 시민들은 강 상류에 댐을 _____ 한다고 주장했다.

4) 강 하류에 있는 도시에 해마다 물난리가 나서 상류에 _____ 을 건설했다.

5) 학교와 학원은 학생을 교육할 목적으로 만든 _____ 이다.

6) 댐 건설 기관에 궁금한 점을 문의했지만, _____ 가 자리에 없어서 답변을 듣지 못했다.

5. 의견이 드러나게 글을 써요

자신의 의견을 제시하는 글 쓰기 | 교과서 171~178쪽 |

솟다

산, 건물 따위가 / *우뚝 서다

㈜ 우뚝 **솟은** *산봉우리들에 *병풍처럼 둘러싸인
마을 풍경이 한 *폭의 그림처럼 아름답다.

* **우뚝**　　두드러지게 높이 솟아 있는 모양
* **산봉우리(봉, 봉우리)**　산에서 뾰족하게 높이 솟은 부분
* **병풍**　　(바람을 막거나, 무엇을 가리거나, 장식용으로) 방 안에 둘러치는 물건
* **폭**　　그림을 세는 단위

토종 (본토종)

한자 흙 토 土
씨 종 種

*본디부터 그 지역에서 / 나고 자라는 / 동식물의 *종자

㈜ 그 강에는 쉬리, 배가사리, 금강모치 같은 우리나라의 **토종** 물고기가 산다.

* **본디(원래, 본래, 본시)**　사물이 전해 내려온 그 처음
* **종자(種 씨 종, 子 자녀 자)** 식물에서 나온 씨앗. 또는 동물의 혈통 · 품종

방문하다

한자 찾을 방 訪
물을 문 問

찾아가서 / 사람을 만나다 또는 **장소를 보다**

㈜ 강 상류에 댐을 건설할 수 있는지 알아보려고 담당자가 마을을 **방문했다.**

반대하다

한자 돌이킬 반 反
대할 대 對

다른 사람의 의견에 / 따르지 않고 / *거스르다 또는 맞서다

㈜ *환경 단체는 숲에 사는 동물들이 살 곳을 잃기 때문에 댐 건설을 **반대했다.**

* **거스르다**　(남의 말, 가르침, 명령 따위와) 어긋나는 태도를 취하다
* **환경 단체**　자연환경을 지키고, 환경 문제를 해결을 목적으로
　　　　　　　조직된 단체

평생

한자 평평할 평 平
날 생 生

사람이 / 태어나서 죽을 때까지의 / 살아 있는 동안

㈜ '자식들은 **평생** 부모 앞에 죄짓고 산다'는 속담은 '자식에 대한 부모의 사랑은
끝이 없고 *지극하여 자식들이 그 은혜를 다 갚을 수 없음'을 뜻한다.

* **지극하다**　더할 수 없이 극진하다(정성이 더할 나위 없다)
비 한평생, 일평생, 일생, 생애, 한살이

취소하다

한자 가질 취 取
사라질 소 消

자신이 한 말 또는 하기로 미리 *정한 일을 / 없었던 것으로 하다

㈜ 가족들과 방문하기로 계획했던 지역에 물난리가 나서 여행을 **취소했다.**

* **정하다(定 정하다 정)**　여럿 가운데 (선택하거나 판단하여) 하나를 고르다

1 문장을 읽고, 알맞은 낱말을 써 넣어 봅시다.

1) 산, 건물 따위가 우뚝 서다

2) 본디부터 그 지역에서 나고 자라는 동식물의 종자

3) 찾아가서 사람을 만나다 또는 장소를 보다

4) 다른 사람의 의견에 따르지 않고 거스르다 또는 맞서다

5) 사람이 태어나서 죽을 때까지의 살아 있는 동안

6) 자신이 한 말 또는 하기로 미리 정한 일을
   없었던 것으로 하다

11주
3일

2 밑줄 친 곳에 알맞은 낱말을 써 넣어 문장을 완성해 봅시다.

1) 우뚝 _____ 산봉우리들에 병풍처럼 둘러싸인 마을 풍경이 한 폭의
   그림처럼 아름답다.

2) 그 강에는 쉬리, 배가사리, 금강모치 같은 우리나라의 _____ 물고기가 산다.

3) 강 상류에 댐을 건설할 수 있는지 알아보려고 담당자가 마을을 _____.

4) 환경 단체는 숲에 사는 동물들이 살 곳을 잃기 때문에 댐 건설을 _____.

5) '자식들은 _____ 부모 앞에 죄짓고 산다'는 속담은 '자식에 대한 부모의
   사랑은 끝이 없고 지극하여 자식들이 그 은혜를 다 갚을 수 없음'을 뜻한다.

6) 가족들과 방문하기로 계획했던 지역에 물난리가 나서 여행을 _____.

6. 본받고 싶은 인물을 찾아봐요

피해
한자 입을 피 被
해할 해 害

생명, 신체, 재산, 명예 따위에 / 손해를 °입음 또는 그 손해
예 °태풍으로 농산물이 심한 **피해**를 입어 농민들의 손해가 °상당하다.
° **입다**　　　(상처나 손해를) 당하다, 겪다
° **태풍**　　　북태평양 남서부에서 발생하여 많은 비를 뿌리는 세찬 바람
° **상당하다(相 서로 상, 當 마땅 당)**　　어지간히 많다

폭우
한자 사나울 폭 暴
비 우 雨

갑자기 한꺼번에 / 많이 쏟아지는 / 비
예 보통 비는 시간당 2.5~7.6㎜ 정도 내리는데,
　　시간당 7.6㎜ 이상 내리는 비를 **폭우**라고 말한다.

지원
한자 지탱할 지 支
도울 원 援

°지지하여 도움
예 장영실은 세종 대왕의 **지원**을 받아 여러 가지 과학 기구를 만들었다.
° **지지하다**　다른 사람이나 단체의 의견에 뜻을 같이하여 돕고 힘쓰다

협조
한자 화합할 협 協
도울 조 助

힘을 모아 / 서로 도움
예 담임 교사는 행복한 교실을 만들기 위해서는 학생들의
　　°자발적인 노력과 **협조**가 필요하고 °훈화했다.
° **자발적**　　(남이 시키거나 요청하지 않아도) 자기 스스로 나서서 하는
° **훈화하다**　(다른 사람에게 교훈이 되는 말 따위를) 가르쳐 타이르다
비 공조(共 한가지 공, 助), 협력(協, 力 힘 력)

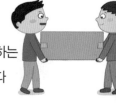

예의
한자 예도 예 禮
거동 의 儀

사람 사이의 관계에서 / 존경, 감사, 사과 따위의 뜻을 나타내기 위해서 / °예로써
나타내는 / 말투나 °몸가짐
예 의견을 제시하는 글을 쓸 때는 읽는 사람의 기분이 상하지 않도록 **예의**를
　　지켜야 한다.
° **예(禮 예절 예)**　　사람이 마땅히 지켜야 할 도리
° **몸가짐**　　　　몸을 움직일 때 나타나는 태도나 모양

전기문
한자 전할 전 傳
기록할 기 記
글월 문 文

한 사람의 생애, 업적 등을 / 사실대로 °기록한 / 글
예 **전기문**은 인물이 살아온 과정을 °역사적 사실에 근거하여 쓴 글이므로 인물
　　이 언제 어떤 일을 했는지 °파악하며 읽는 것이 좋다.
° **기록하다(記, 錄 기록할 록)**　　　　(남길 필요가 있는 사실을) 글로 쓰다
° **역사적**　　사물이나 사실의 오늘에 이르기까지 변화의 자취(자국, 흔적)에 관한
° **파악하다**　(대상의 내용이나 성질을 충분히 이해하여) 확실하게 알다

170 | 국단어 완전 정복

1 문장을 읽고, 알맞은 낱말을 써 넣어 봅시다.

11주
4일

1) 생명, 신체, 재산, 명예 따위에 손해를 입음 또는 그 손해

2) 갑자기 한꺼번에 많이 쏟아지는 비

3) 지지하여 도움

4) 힘을 모아 서로 도움

5) 사람 사이의 관계에서 존경, 감사, 사과 따위의 뜻을
나타내기 위해서 예로써 나타내는 말투나 몸가짐

6) 한 사람의 생애, 업적 등을 사실대로 기록한 글

2 밑줄 친 곳에 알맞은 낱말을 써 넣어 문장을 완성해 봅시다.

1) 태풍으로 농산물이 심한 _____ 를 입어 농민들의 손해가 상당하다.

2) 보통 비는 시간당 2.5~7.6㎜ 정도 내리는데, 시간당 7.6㎜ 이상 내리는 비를
_____ 라고 말한다.

3) 장영실은 세종 대왕의 _____ 을 받아 여러 가지 과학 기구를 만들었다.

4) 담임 교사는 행복한 교실을 만들기 위해서는 학생들의 자발적인 노력과
_____ 가 필요하고 훈화했다.

5) 의견을 제시하는 글을 쓸 때는 읽는 사람의 기분이 상하지 않도록 _____
를 지켜야 한다.

6) _____ 은 인물이 살아온 과정을 역사적 사실에 근거하여 쓴 글이므로 인물이
언제 어떤 일을 했는지 파악하며 읽는 것이 좋다.

본받고 싶은 인물을 소개하기 | 교과서 184~189쪽 |

근거하다
한자 뿌리 근 根
근거 거 據

어떤 일, 의견이 / 무엇에 / •뿌리를 두다

예 전기문에는 인물이 살았던 시대 상황, 인물이 한 일 따위가 사실에 **근거해** 기록
되어 있다.

• **뿌리**　　　(사물·현상을 이루는) 근본

본받다
한자 근본 본 本

남의 것을 •본보기로 하여 / 그대로 따라 하다

예 전기문을 읽고 **본받고** 싶은 인물을 소개할 때에는 **본받고** 싶은 까닭, 인물이
살았던 시대 상황, 인물이 한 일을 중심으로 말한다.

• **본보기(本)** 본받을(그대로 따라 할) 만한 대상

언어
한자 말씀 언 言
말씀 어 語

인간의 / 생각, 감정을 표현하고 · •의사를 소통하기 위한 / 소리 또는 문자

예 그는 외국인과 **언어**가 통하지 않아서 몸짓과 표정으로
의사를 소통했다.

• **의사(意: 뜻 의, 思: 생각 사)**　　　무엇을 하고자 하는 생각. 뜻

문법
한자 글월 문 文
법 법 法

언어를 / 구성하고 · 사용하는 / 규칙

예 "내일 친구들과 영화관에 갔다"는 **문법**에 맞지 않는 어색한 문장이다.

극복하다
한자 이길 극 克
옷 복 服

어려운, 힘든, 나쁜 / 상황을 / 이겨 내다 또는 노력하여 없애다

예 실수로 문제를 틀리는 일을 **극복하는** 방법은 오직 끊임없는 연습뿐이다.

장애
한자 막을 장 障
거리낄 애 礙

•신체 •기관이 본래 •기능을 못 하는 **상태** 또는 정신 능력에 •결함이 있는 **상태**

예 스티븐 호킹은 루게릭병에 걸려 말도 못하고 움직이지도 못했지만, 그런 **장애**
를 극복하고 50여 년 동안 우주를 연구했다.

• **신체(육체, 몸)(身 몸 신, 體 몸 체, 肉 고기 육)**　　　사람의 몸

• **기관**　　　생물의 몸에서 일정한 형태를 갖추고 특정한 기능을 수행하는 부분

• **기능**　　　(생물체의 기관, 조직, 세포의) 활동이나 작용. 또는 그 능력

• **결함(缺 없어지다 결, 陷 빠지다 함)** 부족하거나 불완전하여 흠(잘못된
점, 흉이 되는 점)이 되는 부분

—» 바른 답 10쪽

공부한 날　　월　　일　학습평가 ☑　

1 문장을 읽고, 알맞은 낱말을 써 넣어 봅시다.

1) 어떤 일, 의견이 무엇에 뿌리를 두다

2) 남의 것을 본보기로 하여 그대로 따라 하다

3) 인간의 생각, 감정을 표현하고 · 의사를 소통하기 위한 소리 또는 문자

4) 언어를 구성하고 · 사용하는 규칙

5) 어려운, 힘든, 나쁜 상황을 이겨 내다 또는 노력하여 없애다

6) 신체 기관이 본래 기능을 못 하는 상태 또는 정신 능력에 결함이 있는 상태

11주
5일

2 밑줄 친 곳에 알맞은 낱말을 써 넣어 문장을 완성해 봅시다.

1) 전기문에는 인물이 살았던 시대 상황, 인물이 한 일 따위가 사실에 _____ 기록되어 있다.

2) 전기문을 읽고 _____ 싶은 인물을 소개할 때에는 _____ 싶은 까닭, 인물이 살았던 시대 상황, 인물이 한 일을 중심으로 말한다.

3) 그는 외국인과 _____ 가 통하지 않아서 몸짓과 표정으로 의사를 소통했다.

4) "내일 친구들과 영화관에 갔다"는 _____ 에 맞지 않는 어색한 문장이다.

5) 실수로 문제를 틀리는 일을 _____ 방법은 오직 끊임없는 연습뿐이다.

6) 스티븐 호킹은 루게릭병에 걸려 말도 못하고 움직이지도 못했지만, 그런 _____ 를 극복하고 50여 년 동안 우주를 연구했다.

1 문장을 읽고, 알맞은 낱말을 써 넣어 봅시다.

1) 한 사람의 생애, 업적 등을 사실대로 기록한 글 _____

2) 찾아가서 사람을 만나다 또는 장소를 보다 _____

3) 마음에 들지 않아 못마땅하게 생각함 또는 그 생각을
말로 드러냄 _____

4) 신체 기관이 본래 기능을 못 하는 상태 또는
정신 능력에 결함이 있는 상태 _____

5) 본디부터 그 지역에서 나고 자라는 동식물의 종자 _____

6) 언어를 구성하고 · 사용하는 규칙 _____

7) 몸에 병, 상처가 없다 _____

8) 남에게 입힌 손해를 물건, 돈으로 갚다 _____

9) 다른 사람의 의견에 따르지 않고 거스르다 또는 맞서다 _____

10) 자신이 한 말 또는 하기로 미리 정한 일을
없었던 것으로 하다 _____

11) 남의 것을 본보기로 하여 그대로 따라 하다 _____

12) 인간의 생각, 감정을 표현하고 · 의사를 소통하기 위한
소리 또는 문자 _____

13) 생명, 신체, 재산, 명예 따위에 손해를 입음 또는 그 손해 _____

14) 하천의 아래쪽 _____

15) 건물, 시설을 새로 만들어 세우다 _____

⟶ 바른 답 10쪽

11주
───
평가

16) 장마, 홍수 따위의 큰물로 많은 물이 넘쳐서 일어난 혼란　_____

17) 산, 건물 따위가 우뚝 서다　_____

18) 어려운, 힘든, 나쁜 상황을 이겨 내다 또는
　　노력하여 없애다　_____

19) 지지하여 도움　_____

20) 사람이 태어나서 죽을 때까지의 살아 있는 동안　_____

21) 옳고 그름 · 좋고 나쁨을 판단하여 결정함　_____

22) 하천, 강, 바닷물을 가로질러 막아 쌓은 둑　_____

23) 어떤 일을 맡은 사람　_____

24) 갑자기 한꺼번에 많이 쏟아지는 비　_____

25) 특정한 역할과 목적을 위해 만든 조직　_____

26) 힘을 모아 서로 도움　_____

27) 사람 사이의 관계에서 존경, 감사, 사과 따위의 뜻을
　　나타내기 위해서 예로써 나타내는 말투나 몸가짐　_____

28) 어떤 일, 의견이 무엇에 뿌리를 두다　_____

29) 되어 가는 일이 못마땅하여 돌이켜 묻거나 · 꼭 그래야 하는
　　이유를 캐물을 때 어찌하여 꼭 그렇게 또는 다른 방도도 있는데
　　왜 뜻으로 쓰는 말　_____

30) 순수하고 · 완전하게　_____

2 밑줄 친 곳에 알맞은 낱말을 써 넣어 문장을 완성해 봅시다.

1) 고양이의 아픈 다리에 _____ 불이 잘 붙는 산초기름을 발라 줄 게 뭐야?

2) 그는 외국인과 _____ 가 통하지 않아서 몸짓과 표정으로 의사를 소통했다.

3) 실수로 문제를 틀리는 일을 _____ 방법은 오직 끊임없는 연습뿐이다.

4) 댐 건설 기관에 궁금한 점을 문의했지만, _____ 가 자리에 없어서 답변을 듣지 못했다.

5) 전기문에는 인물이 살았던 시대 상황, 인물이 한 일 따위가 사실에 _____ 기록되어 있다.

6) 학년 초에는 그 친구와 단짝이 될 거라고 생각했는데, 시간이 지나고 보니 그건 _____ 착각이었다.

7) 아이는 항상 언니의 옷을 물려받는다고 투덜투덜 _____ 을 늘어놓았다.

8) 전기문을 읽고 _____ 싶은 인물을 소개할 때에는 _____ 싶은 까닭, 인물이 살았던 시대 상황, 인물이 한 일을 중심으로 말한다.

9) 태풍으로 농산물이 심한 _____ 를 입어 농민들의 손해가 상당하다.

10) 도시에 물난리가 나자 시민들은 강 상류에 댐을 _____ 한다고 주장했다.

11) 보통 비는 시간당 2.5~7.6㎜ 정도 내리는데, 시간당 7.6㎜ 이상 내리는 비를 _____ 라고 말한다.

12) 일주일 동안 큰비가 내려서 강 하류에 있는 도시에 _____ 가 났다.

13) 세 사람은 고양이의 아픈 다리를 맡았던 사람에게 목홧값을 _____ 했다.

14) 담임 교사는 행복한 교실을 만들기 위해서는 학생들의 자발적인 노력과 _____ 가 필요하고 훈화했다.

→ 바른 답 10쪽

15) 우뚝 _____ 산봉우리들에 병풍처럼 둘러싸인 마을 풍경이 한 폭의 그림처럼 아름답다.

16) 강의 _____ 는 상류보다 하천의 폭이 넓고 경사가 완만하여 퇴적 작용이 활발히 일어난다.

17) 그 강에는 쉬리, 배가사리, 금강모치 같은 우리나라의 _____ 물고기가 산다.

18) 스티븐 호킹은 루게릭병에 걸려 말도 못하고 움직이지도 못했지만, 그런 _____ 를 극복하고 50여 년 동안 우주를 연구했다.

19) 강 하류에 있는 도시에 해마다 물난리가 나서 상류에 _____ 을 건설했다.

20) 장영실은 세종 대왕의 _____ 을 받아 여러 가지 과학 기구를 만들었다.

21) 환경 단체는 숲에 사는 동물들이 살 곳을 잃기 때문에 댐 건설을 _____ .

22) 불이 붙은 고양이가 광으로 도망칠 때는 _____ 세 다리로 도망쳤으니까 광에 불이 난 것은 순전히 너희가 맡은 세 다리 때문이다.

23) 가족들과 방문하기로 계획했던 지역에 물난리가 나서 여행을 _____ .

24) 강 상류에 댐을 건설할 수 있는지 알아보려고 담당자가 마을을 _____ .

25) 두 학생이 정색하며 싸움이 벌어진 이유가 순전히 상대 탓이라고 계속 맞받아치자, 교사는 누구의 잘못으로 싸움이 났는지 _____ 을 내릴 수 없었다.

26) 학교와 학원은 학생을 교육할 목적으로 만든 _____ 이다.

27) '자식들은 _____ 부모 앞에 죄짓고 산다'는 속담은 '자식에 대한 부모의 사랑은 끝이 없고 지극하여 자식들이 그 은혜를 다 갚을 수 없음'을 뜻한다.

28) 의견을 제시하는 글을 쓸 때는 읽는 사람의 기분이 상하지 않도록 _____ 를 지켜야 한다.

29) _____ 은 인물이 살아온 과정을 역사적 사실에 근거하여 쓴 글이므로 인물이 언제 어떤 일을 했는지 파악하며 읽는 것이 좋다.

30) "내일 친구들과 영화관에 갔다"는 _____ 에 맞지 않는 어색한 문장이다.

6. 본받고 싶은 인물을 찾아봐요

편견 (일편지견)

한자 치우칠 편 偏
볼 견 見

*공정하지 못하고 / 한쪽으로 치우친 / 생각

㉠ "장애는 불편하다. 하지만 불행하지는 않다"는 말을 남긴 헬렌 켈러는 장애
에 대한 **편견**을 없애는 데 큰 *역할을 했다.

* 공정하다 　(말, 생각, 행동 따위가 한쪽에 치우치지 않고) 고르고, 옳고, 바르다
* 역할(구실, 소임)　(자신이 마땅히 하여야 할) 맡은 일

침략

한자 침노할 침 侵
간략할 ·
다스릴 략 略

남의 나라에 쳐들어가 / 땅과 *재물을 빼앗음

㉠ 유관순은 일본의 **침략**과 *지배에서 벗어나고자 독립 만세 운동을 했다.

* 재물　　　돈. 또는 그 밖의 온갖 값나가는 물건
* 지배　　　어떤 사람 · 집단 · 조직 · 사물 등을 자기의
　　　　　　뜻대로 복종하게 하여 다스림

외세

한자 바깥 외 外
형세 세 勢

*외국의 *세력 또는 *외부의 세력

㉠ 조선 말기에 흥선 대원군은 **외세**의 침략을 막기 위해 나라의 문을
　　걸어 잠그고 다른 나라와 교류하지 않는 쇄국 정책을 펼쳤다.

* 외국　　　　다른 나라　　　* 세력　어떤 특징 · 성질 · 힘을 가진 집단
* 외부(外, 部 떼 · 구분 부)　조직 · 단체의 밖

훈민정음 (정음)

한자 가르칠 훈 訓
백성 민 民
바를 정 正
소리 음 音

세종 25년에 *창제하고, 세종 28년에 *반포한 / 조선 시대 *당시의 / 한글 *명칭

㉠ 세종 대왕은 백성들이 한자가 너무 어려워서 자신의 생각을 글로 표현하지
　　못하는 것을 안타깝게 여겨 훈민정음을 만들었다.

* 창제하다(創 비롯하다 창, 製 짓다 · 만들다 제)　　　처음으로 만들다
* 반포하다(선포하다)(頒 나누다 반, 布 베풀다 포)　　　세상에 널리 퍼뜨려 알리다
* 당시　　　일이 있었던 그때　　　* 명칭　(사람, 사물 따위를) 부르는 이름

여의다

*사별하다

㉠ 김만덕은 열두 살에 부모를 **여의는** 바람에 할 수 없이 *기생이 되었다.

* 사별하다(死: 죽을 사, 別: 나눌 별) 죽어서 이별하다(헤어지다)
* 기생(기녀)　예전에, 노래, 춤, 풍류로 흥을 돋우는 것을 업(직업)으로 삼은 여자

신분

한자 몸 신 身
나눌 분 分

몇 개의 등급으로 구분한 / 개인의 사회적 지위

㉠ 조선 시대에는 사람들의 **신분**이 양반, 중인, 상민, 천민으로 구분되었는데,
　　이 **신분**에 따라 입는 옷과 사는 집이 달랐다.

1 문장을 읽고, 알맞은 낱말을 써 넣어 봅시다.

1) 공정하지 못하고 한쪽으로 치우친 생각 ☐☐

2) 남의 나라에 쳐들어가 땅과 재물을 빼앗음 ☐☐

3) 외국의 세력 또는 외부의 세력 ☐☐

4) 세종 25년에 창제하고, 세종 28년에 반포한 조선 시대 당시의 한글 명칭 ☐☐☐☐

5) 사별하다 ☐☐☐☐

6) 몇 개의 등급으로 구분한 개인의 사회적 지위 ☐☐

12주
1일

2 밑줄 친 곳에 알맞은 낱말을 써 넣어 문장을 완성해 봅시다.

1) "장애는 불편하다. 하지만 불행하지는 않다"는 말을 남긴 헬렌 켈러는 장애에 대한 _____ 을 없애는 데 큰 역할을 했다.

2) 유관순은 일본의 _____ 과 지배에서 벗어나고자 독립 만세 운동을 했다.

3) 조선 말기에 흥선 대원군은 _____ 의 침략을 막기 위해 나라의 문을 걸어 잠그고 다른 나라와 교류하지 않는 쇄국 정책을 펼쳤다.

4) 세종 대왕은 백성들이 한자가 너무 어려워서 자신의 생각을 글로 표현하지 못하는 것을 안타깝게 여겨 _____ 을 만들었다.

5) 김만덕은 열두 살에 부모를 _____ 바람에 할 수 없이 기생이 되었다.

6) 조선 시대에는 사람들의 _____ 이 양반, 중인, 상민, 천민으로 구분되었는데, 이 _____ 에 따라 입는 옷과 사는 집이 달랐다.

2일

6. 본받고 싶은 인물을 찾아봐요

기안
한자 기생 기 妓
책상 안 案

기생의 이름을 기록한 / 책

㉰ 열두 살에 부모를 여읜 김만덕은 기생의 *몸종으로 살다가 결국 자신도 기생이
되어 이름이 **기안**에 올랐다.

*몸종　　　예전에, 잔심부름하던 여자 종(남의 집에서 천한 일을 하던 사람)

간절히
한자 간절할 간 懇
끊을 절 切

마음속에서 *우러나와 / 바라는 정도가 / 매우 *절실하게

㉰ 그는 시험지를 받아들기 전까지 합격을 두 손을 모아 **간절히** 빌었다.

*우러나오다 (어떤 감정이나 생각 따위가) 마음속에서 저절로 생겨나다

*절실하게(切, 實 열매 실)　무엇을 바라는 마음이 강하고 세차게

양민 (양인)
한자 어질 양 良
백성 민 民

조선 시대에 / 양반과 천민 사이의 중간 신분으로 살았던 / 백성

㉰ *억울한 *누명을 쓰고 천민으로 신분이 낮아진 사내는 **양민**의 신분으로
되돌려 달라고 사또를 찾아가서 간청했다.

*억울하다　아무 잘못 없이 꾸중을 듣거나 벌을 받아서 화나고 답답하다

*누명　　　사실이 아닌 일로 이름을 더럽히는 억울한 평판(세상 사람들의 평가)

비 평민(平 평평하다 평), 서민(庶 여러 · 많다 서), 상민(常 항상 상)

양반　＞　양민　＞　천민

사정
한자 일 사 事
뜻 정 情

일의 형편 또는 일이 그렇게 된 까닭

㉰ 친구를 따돌려서 교사에게 꾸지람을 들은 아이는 친구가
먼저 자기를 따돌려서 그렇게 한 것이라며 자신의 억울한 **사정**을 *하소연했다.

*하소연하다 억울한 일, 잘못된 일, 딱한 사정 따위를 말하다

목사
한자 칠 ·
다스릴 목 牧
하여금 사 使

고려 · 조선 시대에 / 지방의 행정 단위인 목에 *파견되었던 / 정3품 *관리

㉰ 목사는 정3품 관리로 지방의 큰 고을이었던 목(牧)을 맡아서 다스렸으며,
조선 시대에는 목이 모두 20곳이 있었다.

*파견되다(派 갈래 파, 遣 보내다 견) 일정한 임무를 맡겨 사람이 보내어지다

*관리　　　(국가나 지방 자치 단체에 속하여) 봉급을 받고 나랏일을 하는 사람

명 (영, 명령)
한자 목숨 명 命

아랫사람에게 / 무엇을 하게 함 또는 그 내용

㉰ 사내의 억울한 사정을 들은 목사는 관리에게 "사건을
다시 조사하라"고 **명**을 내렸다.

→ 바른 답 10쪽

1 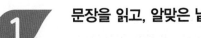 문장을 읽고, 알맞은 낱말을 써 넣어 봅시다.

1)　기생의 이름을 기록한 책

2)　마음속에서 우러나와 바라는 정도가 매우 절실하게

3)　조선 시대에 양반과 천민 사이의 중간 신분으로 살았던 백성

4)　일의 형편 또는 일이 그렇게 된 까닭

5)　고려 · 조선 시대에 지방의 행정 단위인 목에 파견되었던 정3품 관리

6)　아랫사람에게 무엇을 하게 함 또는 그 내용

12주
2일

2 밑줄 친 곳에 알맞은 낱말을 써 넣어 문장을 완성해 봅시다.

1)　열두 살에 부모를 여읜 김만덕은 기생의 몸종으로 살다가 결국 자신도 기생이 되어 이름이 _____ 에 올랐다.

2)　그는 시험지를 받아들기 전까지 합격을 두 손을 모아 _____ 빌었다.

3)　억울한 누명을 쓰고 천민으로 신분이 낮아진 사내는 _____ 의 신분으로 되돌려 달라고 사또를 찾아가서 간청했다.

4)　친구를 따돌려서 교사에게 꾸지람을 들은 아이는 친구가 먼저 자기를 따돌려서 그렇게 한 것이라며 자신의 억울한 _____ 을 하소연했다.

5)　_____ 는 정3품 관리로 지방의 큰 고을이었던 목(牧)을 맡아서 다스렸으며, 조선 시대에는 목이 모두 20곳이 있었다.

6)　사내의 억울한 사정을 들은 목사는 관리에게 "사건을 다시 조사하라"고 _____ 을 내렸다.

선비

°학문을 닦은 사람을/ °예스럽게 이르는 말

㉠ 서원은 조선 시대에 **선비**들이 모여서 °유학을 공부하던 교육 기관으로, 인재를 키우기 위해 전국 곳곳에 세워졌다.

° **학문**　어떤 분야를 체계적으로 배워서 익힘. 또는 그런 지식

° **예스럽다**　옛날의 것 같은 느낌이 있다

° **유학**　공자의 가르침을 근본으로 삼는 학문

가난하다

°살림이 / °쪼들리고 · °어렵다

㉠ '**가난한** 집 제삿날 돌아오듯'은 살아가기도 어려운 **가난한** 집에 제삿날이 자꾸 돌아와서 그것을 치르느라 매우 어려움을 겪는다는 뜻으로, 힘든 일이 자주 닥쳐옴을 비유적으로 이르는 말이다.

° **살림**　한집안(같은 집에서 사는 가족)을 이루어 살아 나가는 상태, 형편

° **쪼들리다**　돈, 빚 따위에 시달리다　　° **어렵다**　가난하여 살아가기가 고생스럽다

비 빈곤하다(貧 가난하다 빈, 困 지치다 곤), 궁하다(窮 가난하다 궁), 궁핍하다(窮, 乏 모자라다 핍)

양식 (식량)

한자 양식 양 糧
밥 · 먹을 식 食

사람이 / 살아가는 데 필요한 / 먹을거리

㉠ 제주도에 1790년부터 4년 동안 °흉년이 계속되었고, 그 때문에 **양식**이 턱없이 모자라서 °굶주리는 사람들이 많았다.

° **흉년**　농작물의 수확량이 매우 적은 해　　° **굶주리다**　먹을 것이 없어서 굶다

전염병 (염병)

한자 전할 전 傳
물들 염 染
병 병 病

°전염성을 가진 병을 / 통틀어 이르는 말

㉠ **전염병**이란 세균, 바이러스, 리케차, 스피로헤타, 진균, 원충 따위의 병원체가 다른 생물체에 옮아 집단적으로 유행하는 병을 말한다.

° **전염성**　병원체(생물체에 기생하여 병을 일으키는 세균 · 바이러스 · 기생충 따위의 생물)가 다른 생물체에게 옮아가는 성질

수양딸

한자 거둘 수 收
기를 양 養

남의 자식을 데려다가 / 제 자식처럼 기른 / 딸

㉠ 그녀는 어린 나이에 전염병으로 부모를 여의고 기녀의 **수양딸**이 되었다.

포구

한자 개 포 浦
입구 구 口

강, 바닷가에서 / 배가 들어오고 나가는 / 곳

㉠ 아침이 되면 포구는 °출항하는 배들과 °귀항하는 배들이 뒤엉켜 분주했다.

° **출항하다(출선하다)**　배가 항구를 떠나가다

° **귀항하다**　배나 비행기가 출발했던 곳으로 다시 돌아가거나 돌아오다

→ 바른 답 10쪽

1 문장을 읽고, 알맞은 낱말을 써 넣어 봅시다.

1) 학문을 닦은 사람을 예스럽게 이르는 말

2) 살림이 쪼들리고 · 어렵다

3) 사람이 살아가는 데 필요한 먹을거리

4) 전염성을 가진 병을 통틀어 이르는 말

5) 남의 자식을 데려다가 제 자식처럼 기른 딸

6) 강, 바닷가에서 배가 들어오고 나가는 곳

12주
3일

2 밑줄 친 곳에 알맞은 낱말을 써 넣어 문장을 완성해 봅시다.

1) 서원은 조선 시대에 _____ 들이 모여서 유학을 공부하던 교육 기관으로, 인재를 키우기 위해 전국 곳곳에 세워졌다.

2) '_____ 집 제삿날 돌아오듯'은 살아가기도 어려운 _____ 집에 제삿날이 자꾸 돌아와서 그것을 치르느라 매우 어려움을 겪는다는 뜻으로, 힘든 일이 자주 닥쳐옴을 비유적으로 이르는 말이다.

3) 제주도에 1790년부터 4년 동안 흉년이 계속되었고, 그 때문에 _____ 이 턱없이 모자라서 굶주리는 사람들이 많았다.

4) _____ 이란 세균, 바이러스, 리케차, 스피로헤타, 진균, 원충 따위의 병원체가 다른 생물체에 옮아 집단적으로 유행하는 병을 말한다.

5) 그녀는 어린 나이에 전염병으로 부모를 여의고 기녀의 _____ 이 되었다.

6) 아침이 되면 _____ 는 출항하는 배들과 귀항하는 배들이 뒤엉켜 분주했다.

6. 본받고 싶은 인물을 찾아봐요

이익
[한자] 이로울 이 利
더할 익 益

일정 기간의 *총수입에서 / *총지출을 빼고 / 남은 돈

㉫ 김만덕은 **이익**을 적게 남기고 많이 파는 *박리다매를 장사의 첫 번째 원칙으로 삼았다.

* **총수입(총소득)** 어떤 일의 결과로 얻은 모든 이익
* **총지출** 어떤 목적을 위하여 지급한(내어 준) 모든 돈
* **박리다매** 이익을 적게 보고 많이 파는 일

육지 (뭍)
[한자] 뭍 육 陸
땅 지 地

*대륙과 연결되어 있는 땅을 / *섬에 상대하여 / 이르는 말

㉫ 김만덕은 제주도 특산물을 적당한 값으로 사 두었다가 **육지**에서 온 상인들에게 다른 곳보다 싸게 팔아서 많은 이익을 남겼다.

* **대륙** 바다로 둘러싸인 지구상의 커다란 육지(물에 잠기지 않은 지구 표면)
* **섬** 사면(동 · 서 · 남 · 북의 네 면)이 물로 둘러싸인 육지

상인
[한자] 장사 상 商
사람 인 人

*장사를 직업으로 하는 / 사람

㉫ 포구 *근처의 가게에서 **상인**들이 물고기, 오징어, *어물 등을 팔고 있다.

* **장사** 돈을 벌기 위해 물건을 사서 파는 일
* **근처(근방)** (어떤 지역 · 지점 · 사물 · 사람을 중심으로) 가까운 곳
* **어물(魚 물고기 어, 物 물건 물)** 생선을 말린 것. 또는 생선을 가공하여 말린 것

객줏집 (객주)
[한자] 손 객 客
주인 주 主

예전에, *나그네들에게 / 술, 음식을 팔고 · 묵을 방을 내주던 / 집

㉫ 육지에서 온 상인들은 제주도의 포구에 있는 김만덕의 **객줏집**에서 묵어갈 뿐만 아니라 육지의 가져온 자신들의 물건을 김만덕에게 맡기기도 했다.

* **나그네** (자신이 사는 고장을 떠나) 다른 지역에 잠시 머무르고 있거나, 여행 중에 있는 사람

묵다

어떤 곳에서 / 나그네로 머무르다

㉫ 날이 *저물면 하룻밤 **묵으려는** 상인들이 객줏집으로 모여들었다.

* **저물다** 해가 져서 어두워지다

흥정

물건을 / 사거나 팔기 위해 / 서로 값을 불러 정함

㉫ 옛날에 객줏집에서는 사람들이 물건을 사고파는 데 *흥정을 붙이기도 하고, 상인들을 먹여 주고 재워 주기도 했다.

* **흥정(을) 붙이다** 사람이 여러 사람의 중간에서 물건의 매매(물건을 팔고 사는 일)를 소개하다

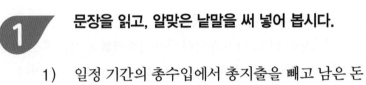

1 문장을 읽고, 알맞은 낱말을 써 넣어 봅시다.

1) 일정 기간의 총수입에서 총지출을 빼고 남은 돈

2) 대륙과 연결되어 있는 땅을 섬에 상대하여 이르는 말

3) 장사를 직업으로 하는 사람

4) 예전에, 나그네들에게 술, 음식을 팔고 · 묵을 방을 내주던 집

5) 어떤 곳에서 나그네로 머무르다

6) 물건을 사거나 팔기 위해 서로 값을 불러 정함

12주

4일

2 밑줄 친 곳에 알맞은 낱말을 써 넣어 문장을 완성해 봅시다.

1) 김만덕은 _____ 을 적게 남기고 많이 파는 박리다매를 장사의 첫 번째 원칙으로 삼았다.

2) 김만덕은 제주도 특산물을 적당한 값으로 사 두었다가 _____에서 온 상인들에게 다른 곳보다 싸게 팔아서 많은 이익을 남겼다.

3) 포구 근처의 가게에서 _____ 들이 물고기, 오징어, 어물 등을 팔고 있다.

4) 육지에서 온 상인들은 제주도의 포구에 있는 김만덕의 _____ 에서 묵어갈 뿐만 아니라 육지의 가져온 자신들의 물건을 김만덕에게 맡기기도 했다.

5) 날이 저물면 하룻밤 _____ 상인들이 객줏집으로 모여들었다.

6) 옛날에 객줏집에서는 사람들이 물건을 사고파는 데 _____ 을 붙이기도 하고, 상인들을 먹여 주고 재워 주기도 했다.

6. 본받고 싶은 인물을 찾아봐요

무명 (명)

목화의 솜에서 뽑아낸 무명실로 짠 / 옷감

예 문익점의 전기문을 읽고, 그가 원나라에서 목화씨를 가져온 후로 백성들이 **무명**으로 *지은 따뜻한 옷을 입을 수 있게 되었다는 사실을 알았다.

* 짓다   (밥, 옷, 집 따위를) 재료를 들여 만들다

비 면포(綿 솜 면, 布 베 포), 목면(木 나무 목), 목면포, 백목, 면

녹용 (용)

한자 사슴 녹 鹿
풀 날 용 茸

새로 돋은 *연한 / 사슴뿔

예 사슴의 뿔은 늦봄에 저절로 떨어지는데, 그 떨어진 자리에 새로 자라기 시작한 뿔을 **녹용**이라 한다.

* 연하다   (사물이 단단하거나 질기지 않고) 약하고 부드럽다

약초 (약풀)

한자 약 약 藥
풀 초 草

약으로 쓰는 / 식물

예 《향약집성방》은 우리나라의 산과 들에서 나는 **약초**를 이용하여 병을 치료하기 위해 1433년에 *편찬한 책이다.

* 편찬하다(編 엮다 편, 纂 모으다 찬)   여러 가지 자료를 모아 체계적으로 정리하여 책을 만들다

특산물

한자 특별할 특 特
낳을 산 産
물건 물 物

한 지역에서 / 특별히 *생산되는 / 물품

예 김만덕은 녹용, 약초, 귤, 미역, *전복 같은 제주도의 **특산물**에 *눈길을 돌렸다.

* 생산되다   (물품, 농산물, 작품 따위가) 만들어지거나, 재배되다
* 전복   전복과의 조개
* 눈길   주의, 관심을 비유적으로 이르는 말

제주도 특산물

사들이다

물건 등을 / 사서 *들여오다

예 제주도 특산물을 적당한 값으로 **사들여** 육지 상인들에게 싸게 팔았다.

* 들여오다   물건을 장만하여 집이나 나라 안에 가져오다

비 구매하다(購 사다 구, 買 사다 매), 매수하다(收 거두다 수), 매입하다(入 들다 입)

적당하다

한자 맞을 적 適
마땅 당 當

성질, 상태, 요구, 기준 따위에 / 꼭 *알맞다

예 육지 상인들은 제주도의 특산물을 **적당한** 가격에 사들일 수 있다는 소문을 듣고 앞다투어 객줏집으로 모여들었다.

* 알맞다   (일정한 기준 · 조건 · 정도 따위에 넘치거나 모자라지 않고) 딱 들어맞다

비 알맞다, 적절하다(切 끊을 절), 적합하다(合 합하다 합), 합당하다, 마땅하다

교과서 184~189쪽 | 국단어 완전 정복 4학년 2학기

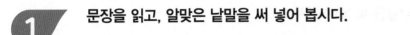

공부한 날   월   일   학습평가 ☑ ☺ ☺ ☻

1 문장을 읽고, 알맞은 낱말을 써 넣어 봅시다.

1) 목화의 솜에서 뽑아낸 무명실로 짠 옷감

2) 새로 돋은 연한 사슴뿔

3) 약으로 쓰는 식물

4) 한 지역에서 특별히 생산되는 물품

5) 물건 등을 사서 들여오다

6) 성질, 상태, 요구, 기준 따위에 꼭 알맞다

12주 5일

2 밑줄 친 곳에 알맞은 낱말을 써 넣어 문장을 완성해 봅시다.

1) 문익점의 전기문을 읽고, 그가 원나라에서 목화씨를 가져온 후로 백성들이
_____ 으로 지은 따뜻한 옷을 입을 수 있게 되었다는 사실을 알았다.

2) 사슴의 뿔은 늦봄에 저절로 떨어지는데, 그 떨어진 자리에 새로 자라기 시작한 뿔을
_____ 이라 한다.

3) 《향약집성방》은 우리나라의 산과 들에서 나는 _____ 를 이용하여 병을
치료하기 위해 1433년에 편찬한 책이다.

4) 김만덕은 녹용, 약초, 귤, 미역, 전복 같은 제주도의 _____ 에 눈길을 돌렸다.

5) 제주도 특산물을 적당한 값으로 _____ 육지 상인들에게 싸게 팔았다.

6) 육지 상인들은 제주도의 특산물을 _____ 가격에 사들일 수 있다는
소문을 듣고 앞다투어 객줏집으로 모여들었다.

1 문장을 읽고, 알맞은 낱말을 써 넣어 봅시다.

1) 한 지역에서 특별히 생산되는 물품 _____

2) 강, 바닷가에서 배가 들어오고 나가는 곳 _____

3) 전염성을 가진 병을 통틀어 이르는 말 _____

4) 새로 돋은 연한 사슴뿔 _____

5) 남의 자식을 데려다가 제 자식처럼 기른 딸 _____

6) 일정 기간의 총수입에서 총지출을 빼고 남은 돈 _____

7) 조선 시대에 양반과 천민 사이의 중간 신분으로 살았던 백성 _____

8) 공정하지 못하고 한쪽으로 치우친 생각 _____

9) 아랫사람에게 무엇을 하게 함 또는 그 내용 _____

10) 외국의 세력 또는 외부의 세력 _____

11) 남의 나라에 쳐들어가 땅과 재물을 빼앗음 _____

12) 사별하다 _____

13) 마음속에서 우러나와 바라는 정도가 매우 절실하게 _____

14) 몇 개의 등급으로 구분한 개인의 사회적 지위 _____

15) 대륙과 연결되어 있는 땅을 섬에 상대하여 이르는 말 _____

——→ 바른 답 11쪽

16) 성질, 상태, 요구, 기준 따위에 꼭 알맞다 _____

17) 세종 25년에 창제하고, 세종 28년에 반포한
조선 시대 당시의 한글 명칭 _____

18) 예전에, 나그네들에게 술, 음식을 팔고·묵을 방을
내주던 집 _____

19) 약으로 쓰는 식물 _____

20) 사람이 살아가는 데 필요한 먹을거리 _____

21) 기생의 이름을 기록한 책 _____

22) 장사를 직업으로 하는 사람 _____

23) 고려·조선 시대에 지방의 행정 단위인 목에 파견되었던
정3품 관리 _____

24) 어떤 곳에서 나그네로 머무르다 _____

25) 살림이 쪼들리고·어렵다 _____

26) 일의 형편 또는 일이 그렇게 된 까닭 _____

27) 물건을 사거나 팔기 위해 서로 값을 불러 정함 _____

28) 목화의 솜에서 뽑아낸 무명실로 짠 옷감 _____

29) 물건 등을 사서 들여오다 _____

30) 학문을 닦은 사람을 예스럽게 이르는 말 _____

12주
평가

2

밑줄 친 곳에 알맞은 낱말을 써 넣어 문장을 완성해 봅시다.

1) 그는 시험지를 받아들기 전까지 합격을 두 손을 모아 _____ 빌었다.

2) 문익점의 전기문을 읽고, 그가 원나라에서 목화씨를 가져온 후로 백성들이
_____ 으로 지은 따뜻한 옷을 입을 수 있게 되었다는 사실을 알았다.

3) 억울한 누명을 쓰고 천민으로 신분이 낮아진 사내는 _____ 의 신분으로
되돌려 달라고 사또를 찾아가서 간청했다.

4) 옛날에 객줏집에서는 사람들이 물건을 사고파는 데 _____ 을 붙이기도
하고, 상인들을 먹여 주고 재워 주기도 했다.

5) 사슴의 뿔은 늦봄에 저절로 떨어지는데, 그 떨어진 자리에 새로 자라기 시작한
뿔을 _____ 이라 한다.

6) "장애는 불편하다. 하지만 불행하지는 않다"는 말을 남긴 헬렌 켈러는 장애에
대한 _____ 을 없애는 데 큰 역할을 했다.

7) 아침이 되면 _____는 출항하는 배들과 귀항하는 배들이 뒤엉켜 분주했다.

8) 유관순은 일본의 _____과 지배에서 벗어나고자 독립 만세 운동을 했다.

9) 서원은 조선 시대에 _____ 들이 모여서 유학을 공부하던 교육
기관으로, 인재를 키우기 위해 전국 곳곳에 세워졌다.

10) 제주도에 1790년부터 4년 동안 흉년이 계속되었고, 그 때문에 _____ 이
턱없이 모자라서 굶주리는 사람들이 많았다.

11) _____ 는 정3품 관리로 지방의 큰 고을이었던 목(牧)을 맡아서
다스렸으며, 조선 시대에는 목이 모두 20곳이 있었다.

12) 세종 대왕은 백성들이 한자가 너무 어려워서 자신의 생각을 글로 표현하지
못하는 것을 안타깝게 여겨 _____을 만들었다.

13) 김만덕은 열두 살에 부모를 _____ 바람에 할 수 없이 기생이 되었다.

14) _____ 이란 세균, 바이러스, 리케차, 스피로헤타, 진균, 원충 따위의
병원체가 다른 생물체에 옮아 집단적으로 유행하는 병을 말한다.

15) 조선 시대에는 사람들의 _____ 이 양반, 중인, 상민, 천민으로
구분되었는데, 이 _____ 에 따라 입는 옷과 사는 집이 달랐다.

→ 바른 답 11쪽

16) 《향약집성방》은 우리나라의 산과 들에서 나는 _____ 를 이용하여 병을 치료하기 위해 1433년에 편찬한 책이다.

17) 김만덕은 녹용, 약초, 귤, 미역, 전복 같은 제주도의 _____ 에 눈길을 돌렸다.

18) 조선 말기에 흥선 대원군은 _____ 의 침략을 막기 위해 나라의 문을 걸어 잠그고 다른 나라와 교류하지 않는 쇄국 정책을 펼쳤다.

19) 김만덕은 _____ 을 적게 남기고 많이 파는 박리다매를 장사의 첫 번째 원칙으로 삼았다.

20) 육지 상인들은 제주도의 특산물을 _____ 가격에 사들일 수 있다는 소문을 듣고 앞다투어 객줏집으로 모여들었다.

21) 포구 근처의 가게에서 _____ 들이 물고기, 오징어, 어물 등을 팔고 있다.

22) 그녀는 어린 나이에 전염병으로 부모를 여의고 기녀의 _____ 이 되었다.

23) 김만덕은 제주도 특산물을 적당한 값으로 사 두었다가 _____ 에서 온 상인들에게 다른 곳보다 싸게 팔아서 많은 이익을 남겼다.

24) 사내의 억울한 사정을 들은 목사는 관리에게 "사건을 다시 조사하라"고 _____ 을 내렸다.

25) '_____ 집 제삿날 돌아오듯'은 살아가기도 어려운 _____ 집에 제삿날이 자꾸 돌아와서 그것을 치르느라 매우 어려움을 겪는다는 뜻으로, 힘든 일이 자주 닥쳐옴을 비유적으로 이르는 말이다.

26) 열두 살에 부모를 여읜 김만덕은 기생의 몸종으로 살다가 결국 자신도 기생이 되어 이름이 _____ 에 올랐다.

27) 친구를 따돌려서 교사에게 꾸지람을 들은 아이는 친구가 먼저 자기를 따돌려서 그렇게 한 것이라며 자신의 억울한 _____ 을 하소연했다.

28) 육지에서 온 상인들은 제주도의 포구에 있는 김만덕의 _____ 에서 묵어갈 뿐만 아니라 육지의 가져온 자신들의 물건을 김만덕에게 맡기기도 했다.

29) 날이 저물면 하룻밤 _____ 상인들이 객줏집으로 모여들었다.

30) 제주도 특산물을 적당한 값으로 _____ 육지 상인들에게 싸게 팔았다.

1 **문장을 읽고, 알맞은 낱말을 써 넣어 봅시다.**

1) 부분들을 모아서 일정한 전체를 짜 이룸 ( )

2) 겉으로 나타나다 또는 다른 것보다 두드러지다 ( )

3) 물체가 한쪽으로 약간 갸울어지다 ( )

4) 힘을 모아 서로 도움 ( )

5) 한 사람의 생애, 업적 등을 사실대로 기록한 글 ( )

6) 분위기가 활기를 띠며 고조되다 ( )

7) 산, 건물 따위가 우뚝 서다 ( )

8) 다른 사람과 두드러지게 다르다 ( )

9) 어떤 일, 의견이 무엇에 뿌리를 두다 ( )

10) 미개하여 문화 수준이 뒤떨어진 사람 ( )

11) 본디부터 그 지역에서 나고 자라는 동식물의 종자 ( )

12) 둘 이상의 것을 견주어 비슷한 점, 다른 점, 나음과
못함 따위를 살피다 ( )

13) 한 지역에서 특별히 생산되는 물품 ( )

14) 의견, 내용, 사실 따위를 찬찬히 살피다 또는 잘 따져보다 ( )

15) 강제로 또는 무리하게 ( )

⟶ 바른 답 11쪽

16) 예전에, 나그네들에게 술, 음식을 팔고 · 묵을 방을
    내주던 집 　　　　　　　　　　　　　　　　　　(　　　　)

17) 어려운, 힘든, 나쁜 상황을 이겨 내다 또는 노력하여 없애다 (　　　　)

18) 속이 울렁거려서 헛구역질이 나고 · 토할 듯하다 　(　　　　)

19) 남의 자식을 데려다가 제 자식처럼 기른 딸 　　　(　　　　)

20) 마음속으로 이리저리 따져 깊이 생각함 또는 그 생각 　(　　　　)

21) 옳고 그름 · 좋고 나쁨을 판단하여 결정함 　　　　(　　　　)

22) 한 지방에서만 쓰는 표준어가 아닌 말 　　　　　(　　　　)

23) 고려 · 조선 시대에 지방의 행정 단위인 목에 파견되었던
    정3품 관리 　　　　　　　　　　　　　　　　　(　　　　)

24) 전에 보았던 광경이 눈앞이나 · 머릿속에 자꾸 떠오르다 (　　　　)

25) 다른 사람의 몸을 가볍게 두드리다 　　　　　　(　　　　)

26) 하천의 아래쪽 　　　　　　　　　　　　　　　(　　　　)

27) 사별하다 　　　　　　　　　　　　　　　　　(　　　　)

28) 각각이 책임지고 해야 할 일 또는 부분 　　　　　(　　　　)

29) 성질, 상태, 요구, 기준 따위에 꼭 알맞다 　　　　(　　　　)

30) 강, 바닷가에서 배가 들어오고 나가는 곳 　　　　(　　　　)

2 밑줄 친 곳에 알맞은 낱말을 써 넣어 문장을 완성해 봅시다.

1) 실수로 문제를 틀리는 일을 _____ 방법은 오직 끊임없는 연습뿐이다.

2) 학생들은 "맨손으로 밥을 먹는 사람들이 있다"는 선생님의 말씀을 듣고 뜻밖이어서 고개를 _____ .

3) 고양이의 아픈 다리에 _____ 불이 잘 붙는 산초기름을 발라 줄 게 뭐야?

4) 마침 추운 겨울철이라, _____ 곁에서 불을 쬐던 고양이의 다리에 불이 붙고 말았다.

5) 전학 온 아이는 친구들 앞에서 당당한 목소리로 자신을 _____ .

6) 조선 말기에 흥선 대원군은 _____ 의 침략을 막기 위해 나라의 문을 걸어 잠그고 다른 나라와 교류하지 않는 쇄국 정책을 펼쳤다.

7) 그는 시험지를 받아들기 전까지 합격을 두 손을 모아 _____ 빌었다.

8) 스티븐 호킹은 루게릭병에 걸려 말도 못하고 움직이지도 못했지만, 그런 _____ 를 극복하고 50여 년 동안 우주를 연구했다.

9) 새로 전학을 온 친구는 "안녕? 만나서 반가워! 앞으로 잘 부탁해! 친하게 지내자!" 라고 _____ 울리는 목소리로 힘주어 말했다.

10) 옛날에 객줏집에서는 사람들이 물건을 사고파는 데 _____ 을 붙이기도 하고, 상인들을 먹여 주고 재워 주기도 했다.

11) 광 속에 있던 목화가 불에 몽땅 타서 목화 장수들이 큰 _____ 를 봤다.

12) 도시에 물난리가 나자 시민들은 강 상류에 댐을 _____ 한다고 주장했다.

13) 백팀 응원단이 "백팀 파이팅!" 하고 소리치자, 이에 질세라 청팀 응원단이 "청팀 이겨라!"하고 _____ .

14) 댐 건설 기관에 궁금한 점을 문의했지만, _____ 가 자리에 없어서 답변을 듣지 못했다.

15) 휴대폰 가게에서 본 최신형 스마트폰이 눈앞에 계속 _____ .

→ 바른 답 11쪽

16) 수업 시간은 무지 천천히 지나가는데, 쉬는 시간은 _____ 지나간다.

17) "장애는 불편하다. 하지만 불행하지는 않다"는 말을 남긴 헬렌 켈러는 장애에 대한 _____ 을 없애는 데 큰 역할을 했다.

18) 불이 붙은 고양이가 광으로 도망칠 때는 _____ 세 다리로 도망쳤으니까 광에 불이 난 것은 순전히 너희가 맡은 세 다리 때문이다.

19) 점심시간마다 땡볕에서 놀아서 그런지 아이들의 얼굴이 _____ .

20) 세종 대왕은 백성들이 한자가 너무 어려워서 자신의 생각을 글로 표현하지 못하는 것을 안타깝게 여겨 _____ 을 만들었다.

21) 손으로 밥을 먹는 것은 예로부터 전해 오는 그 나라의 _____ 이고 문화이기 때문에 나쁘다거나 야만인이라고 해서는 안 된다.

22) 태권도 연습을 한다며 벽에 발차기를 하던 친구가 다음날 다리에 붕대를 _____ 감고 나타났다.

23) _____ 이란 세균, 바이러스, 리케차, 스피로헤타, 진균, 원충 따위의 병원체가 다른 생물체에 옮아 집단적으로 유행하는 병을 말한다.

24) 상대 팀 선수가 골을 넣자 달아올랐던 경기장 분위기가 일순간에 _____ .

25) 전기문을 읽고 _____ 싶은 인물을 소개할 때에는 _____ 싶은 까닭, 인물이 살았던 시대 상황, 인물이 한 일을 중심으로 말한다.

26) 아이는 집 안 대청소에서 분리수거를 맡았는데, 자신의 _____ 을 톡톡히 해냈다.

27) 조선 시대에는 사람들의 _____ 이 양반, 중인, 상민, 천민으로 구분되었는데, 이 _____ 에 따라 입는 옷과 사는 집이 달랐다.

28) 아이는 매번 친구들의 딱지를 모두 따는 딱지치기의 _____ 이다.

29) 날이 저물면 하룻밤 _____ 상인들이 객줏집으로 모여들었다.

30) 학교와 학원은 학생을 교육할 목적으로 만든 _____ 이다.

13~16주

칭찬 사과 색칠놀이

하루 공부를 잘 마쳤다면 나에게 칭찬 사과를 선물하세요.

사과 나무에 사과가 주렁주렁 열릴 때까지 열심히 공부합시다!

■ 하루 공부가 끝나면 사과 한 개씩 예쁘게 색칠해 보세요.

칭찬 사과를
색칠해 보세요!!

신용
한자 믿을 신 信
쓸 용 用

사람, 사물이 / 틀림없다고 *믿음 또는 그런 *믿음성의 정도

㉇ 아이는 친구들에게 계속 거짓말을 해서 결국 **신용**을 완전히 잃어버렸다.

* 믿음　　　(사실이나 말을) 꼭 그렇게 될 거라고 생각함, 그렇다고 여김

* 믿음성(신뢰성)　굳게 믿고 의지할 수 있는 성질

정직
한자 바를 정 正
곧을 직 直

마음이 / 바르고 곧음

㉇ *타인에게 신용을 얻으려면 **정직**을 *가슴에 새기고 진실한 말만 해야 한다.

* 타인(타자, 남)(他 다를 타, 人 사람 인, 者 사람 자)　자기를 제외한 모든 사람

* 가슴에 새기다　오래도록 잊지 않게 단단히 기억하다

거래
한자 갈 거 去
올 래 來

돈, 물품 따위를 / 주고받는 일 또는 사고파는 일

㉇ 시장은 여러 가지 물건을 사려는 사람과 팔려는 사람들이 만나서 **거래**를 하는 곳을 말한다.

나날이 (날로)

날이 갈수록

㉇ 《국단어 완전 정복》을 꾸준히 공부하면 *어휘력이 **나날이** *향상되는 *성과를 얻을 수 있다.

* 어휘력(語 말씀 어, 彙 무리 휘, 力 힘 력)　어휘(일정한 범위 안에서 쓰는 낱말의 수)를 마음대로 부리어 쓸 수 있는 능력

* 향상되다　(수준, 실력, 기술 따위를) 이전보다 더 나아지게 되다

* 성과(보람)(成 이루다 성, 果 열매·결과 과)　이루어 낸 결실(일의 결과가 잘 맺어짐)

사업
한자 일 사 事
업 업 業

*영리를 목적으로 / 오랫동안 계속하는 / *경제 활동

㉇ 컴퓨터를 만들어 팔던 애플(Apple)은 휴대폰 분야로 **사업**을 *확장하여 세계 1위 기업이 되었다.

* 영리(營 경영하다 영, 利 이롭다 리) 재산상의 이익을 꾀함. 또는 그 이익

* 경제 활동　재화와 서비스를 만들고, 나누고, 쓰는 모든 활동

* 확장하다(擴 넓히다 확, 張 넓히다 장)　(범위, 규모, 세력 따위를) 늘려서 넓히다

번창하다
한자 번성할 번 繁
창성할 창 昌

일, 집안, 나라 따위가 / 한창 잘되어 / 기운, *세력이 / 강하고 크게 일어나다

㉇ 장사의 원칙을 *철저히 지킨 김만덕은 나날이 **번창하여** 제주도에서 소문난 부자가 되었다.

* 세력　일정한 속성(특성이나 성질)이나 힘을 가진 집단

* 철저히　(속속들이 꿰뚫어) 깊은 구석구석까지 빈틈없이

초등 국어 어휘력이 독해력을 완성한다 | 교과서 4단계 181~184일차

1 **문장을 읽고, 알맞은 낱말을 써 넣어 봅시다.**

1) 사람, 사물이 틀림없다고 믿음 또는 그런 믿음성의 정도

2) 마음이 바르고 곧음

3) 돈, 물품 따위를 주고받는 일 또는 사고파는 일

4) 날이 갈수록

5) 영리를 목적으로 오랫동안 계속하는 경제 활동

6) 일, 집안, 나라 따위가 한창 잘되어 기운,
세력이 강하고 크게 일어나다

2 **밑줄 친 곳에 알맞은 낱말을 써 넣어 문장을 완성해 봅시다.**

1) 아이는 친구들에게 계속 거짓말을 해서 결국 _____ 을 완전히 잃어버렸다.

2) 타인에게 신용을 얻으려면 _____ 을 가슴에 새기고 진실한 말만 해야 한다.

3) 시장은 여러 가지 물건을 사려는 사람과 팔려는 사람들이 만나서 _____
를 하는 곳을 말한다.

4) 《국단어 완전 정복》을 꾸준히 공부하면 어휘력이 _____ 향상되는
성과를 얻을 수 있다.

5) 컴퓨터를 만들어 팔던 애플(Apple)은 휴대폰 분야로 _____ 을 확장하여
세계 1위 기업이 되었다.

6) 장사의 원칙을 철저히 지킨 김만덕은 나날이 _____ 제주도에서 소문난
부자가 되었다.

손꼽히다

사람, 대상이 / 많은 가운데 / 손가락으로 꼽아 셀 정도로 / 뛰어난 ●축에 속하다

㉠ 몇십 년 동안 많은 돈을 벌어들인 그녀는 제주도에서 모르는 사람이 없을 정도로 **손꼽히는** 큰 부자가 되었다.

● 축　　　　같은 종류 · 성질로 분류된 사람들 무리

낭비하다

한자 물결 낭 浪
쓸 비 費

재물, 시간 따위를 / ●헛되이 ●헤프게 쓰다

㉠ '시간은 돈이다'는 시간을 **낭비하지** 말고 소중히 여겨야 한다는 뜻이다.

● 헛되이　　아무 보람이나 실속(겉으로 드러나지 않은 알짜 이익)이 없이

● 헤프다　　물건이나 돈 따위를 아끼지 아니하고 함부로 쓰는 버릇이 있다

검소하다

한자 검소할 검 儉
본디 소 素

낭비하거나 · ●사치하지 않고 / ●수수하다

㉠ 그녀는 제주도에서 손꼽히는 큰 부자가 되었지만, 전보다 더 ●절약하고 **검소한** 생활을 하였다.

● 사치하다　　필요 이상의 돈이나 물건을 쓰거나 분수에 지나친 생활을 하다

● 수수하다　　(생김새나 차림, 사람이나 그 성격 따위가) 좋지도 않고 나쁘지도 않고 어 지간하다(기준에서 크게 벗어나지 않은 정도이다)

● 절약하다　　(돈이나 물건 따위를 꼭 필요한 곳에만 써서) 아끼다

풍년

한자 풍년 풍 豐
해 년 年

●평년보다 ●수확이 많은 / 해

㉠ 올해에는 농사가 **풍년**이 들어서 집집의 곳간마다 ●햇곡식이 가득하다.

● 평년　　농사(곡식 · 채소 · 과일 따위를 심어 기르는 일)가 보통 정도로 된 해

● 수확　　익은 곡식 · 채소 따위의 농작물을 거두어들임. 또는 그 농작물

● 햇곡식(햇곡)　　그해에 새로 난 곡식

편안하다

한자 편할 편 便
편안 안 安

몸, 마음이 / ●편하고 좋다

㉠ 집에 돌아온 아이는 숙제부터 먼저 끝내고 **편안한** 마음으로 쉬었다.

● 편하다　　몸, 마음이 거북하거나 괴롭지 않다. 근심 · 걱정이 없다

근심

●속을 태우거나 · ●불안해하는 / 마음

㉠ 제주도에 4년 동안 흉년이 들자, 제주도 사람들은 이러다가 모두 굶어 죽게 되는 것은 아닌지 **근심**에 잠겼다.

● 속(을)태우다　　걱정되어 마음을 졸이다(속을 태우다시피 마음이

● 불안하다(不 아니다 불, 安 편안 안) (걱정스러워서) 마음이 편하지 않고, 조마조마하다

→ 바른 답 11쪽

 문장을 읽고, 알맞은 낱말을 써 넣어 봅시다.

1) 사람, 대상이 많은 가운데 손가락으로 꼽아 셀 정도로 뛰어난 축에 속하다

2) 재물, 시간 따위를 헛되이 헤프게 쓰다

3) 낭비하거나 · 사치하지 않고 수수하다

4) 평년보다 수확이 많은 해

5) 몸, 마음이 편하고 좋다

6) 속을 태우거나 · 불안해하는 마음

② 밑줄 친 곳에 알맞은 낱말을 써 넣어 문장을 완성해 봅시다.

1) 몇십 년 동안 많은 돈을 벌어들인 그녀는 제주도에서 모르는 사람이 없을 정도로 _____ 큰 부자가 되었다.

2) '시간은 돈이다'는 시간을 _____ 말고 소중히 여겨야 한다는 뜻이다.

3) 그녀는 제주도에서 손꼽히는 큰 부자가 되었지만, 전보다 더 절약하고 _____ 생활을 하였다.

4) 올해에는 농사가 _____ 이 들어서 집집의 곳간마다 햇곡식이 가득하다.

5) 집에 돌아온 아이는 숙제부터 먼저 끝내고 _____ 마음으로 쉬었다.

6) 제주도에 4년 동안 흉년이 들자, 제주도 사람들은 이러다가 모두 굶어 죽게 되는 것은 아닌지 _____ 에 잠겼다.

이듬해 (익년)

•그해의 / 바로 다음에 오는 / 해

㉠ 6학년이 된 아이들은 **이듬해**에 입학할 중학교를 생각할 때마다 기대 반, 걱정 반이었다.

•그해(당해, 당년) 말하는 사람이 이야기하고자 하는 과거의 어느 해

농산물 (농산)
한자 농사 농 農
낳을 산 産
물건 물 物

농사를 지어서 생산한 / 곡식, 채소, 과일 등의 물건

㉠ 수확을 앞두고 태풍이 불어닥치는 바람에 **농산물**이 심한 피해를 입었고, 그로 인해 사람들은 •꼼짝없이 굶어 죽을 •지경에 처했다.

•꼼짝없이 현재의 상태를 벗어날 방법이나 여지가 전혀 없이

•지경(地 땅 지, 境 지경땅의 가장자리 경) 처한 경우나 형편

조정
한자 아침 조 朝
조정 정 廷

임금과 신하들이 모여 / •나랏일을 의논하고 •집행하는 / 곳

㉠ 제주 목사는 제주도 사람들이 모두 굶어 죽을 위기에 처했다는 사정을 **조정**에 알렸고, **조정**에서는 제주도로 곡식 이만 석을 보내기로 결정했다.

•나랏일(국사) 나라를 다스리는 크고 작은 일

•집행하다(執 잡다 집, 行 다니다 행) 어떤 일을 실제로 행하다(해 나가다)

침몰하다
한자 잠길 침 沈
빠질 몰 沒

물속에 / 가라앉다

㉠ 조정에서 보낸 이만 석의 곡식을 실은 배들이 갑자기 불어닥친 태풍에 모두 바닷속으로 **침몰했다**.

절망
한자 끊을 절 絶
바랄 망 望

모든 •희망을 끊어 버림 또는 그런 상태

㉠ 곡식을 실은 배들이 모두 침몰했다는 소식을 듣고 "이제는 꼼짝없이 굶어 죽게 되었구나!"라며 **절망**에 빠졌다.

•희망 앞일에 대하여 좋은 결과를 바라면서 기다림

재산 (재)
한자 재물 재 財
낳을 산 産

•교환 가치를 지니는 / 자기 •소유의 / 돈과 값나가는 물건

㉠ 조정에서 보낸 배가 침몰했다는 소식을 들은 김만덕은 그동안 모은 전 **재산**을 •들여 육지에서 총 오백여 석의 곡식을 사들였다.

•교환 가치(交 사귀다 교, 換 바꾸다 환, 價 값 가, 値 값 치) 일정량의 물품이 다른 종류의 물품과 어느 정도로 교환할(서로 바꿀) 수 있는가 하는 상대적인 가치

•소유(소유물)(所 곳 소, 有 있다 유) 자기 것으로 가짐. 또는 그 물건

•들이다 (어떤 일에 돈, 시간, 노력, 물품, 재료 따위를) 쓰다, 바치다

비 재물(財, 物 물건 물), 천량, 돈

1 문장을 읽고, 알맞은 낱말을 써 넣어 봅시다.

1) 그해의 바로 다음에 오는 해

2) 농사를 지어서 생산한 곡식, 채소, 과일 등의 물건

3) 임금과 신하들이 모여 나랏일을 의논하고 집행하는 곳

4) 물속에 가라앉다

5) 모든 희망을 끊어 버림 또는 그런 상태

6) 교환 가치를 지니는 자기 소유의 돈과 값나가는 물건

2 밑줄 친 곳에 알맞은 낱말을 써 넣어 문장을 완성해 봅시다.

1) 6학년이 된 아이들은 _____ 에 입학할 중학교를 생각할 때마다 기대 반, 걱정 반이었다.

2) 수확을 앞두고 태풍이 불어닥치는 바람에 _____ 이 심한 피해를 입었고, 그로 인해 사람들은 꼼짝없이 굶어 죽을 지경에 처했다.

3) 제주 목사는 제주도 사람들이 모두 굶어 죽을 위기에 처했다는 사정을 _____ 에 알렸고, _____ 에서는 제주도로 곡식 이만 석을 보내기로 결정했다.

4) 조정에서 보낸 이만 석의 곡식을 실은 배들이 갑자기 불어닥친 태풍에 모두 바닷속으로 _____ .

5) 곡식을 실은 배들이 모두 침몰했다는 소식을 듣고 "이제는 꼼짝없이 굶어 죽게 되었구나!"라며 _____ 에 빠졌다.

6) 조정에서 보낸 배가 침몰했다는 소식을 들은 김만덕은 그동안 모은 전 _____ 을 들여 육지에서 총 오백여 석의 곡식을 사들였다.

어질다

사람, 성품이 / *너그럽고 · *덕행이 높다

㉣ 제주 목사는 피땀 흘려 모은 재산을 제주도 사람들을 구하겠다고 모두 내놓은 김만덕을 정말 **어진** 사람이라고 칭찬했다.

* **너그럽다**　마음이 넓고 이해심이 많다
* **덕행**　　　착하고 어진 행실(일상생활에서 실지로 드러나는 행동이나 몸가짐)

업적

한자 업 업 業
길쌈할 적 績

노력, 수고를 들여 / *이루어 낸 *결실

㉣ 세종 대왕의 가장 큰 **업적**은 훈민정음을 창제한 일이다.

* **이루다**　　(사람이 바라던 것이나 어떤 결과를) 성취하거나, 힘들여 얻다
* **결실(성과, 보람, 열매)**　일이 좋은 결과로 잘 맺어짐. 또는 그런 성과

덕

한자 덕 덕 德

어질고 올바른 마음 또는 훌륭한 인격

㉣ 백성들은 세종대왕의 업적과 어진 **덕**을 *칭찬하였다.

* **칭찬하다**　남의 좋은 점, 훌륭한 점 등을 들어 높이 평가하는 말을 하다

관청

한자 벼슬 관 官
관청 청 廳

나랏일을 맡아서 하는 / *기관 또는 그런 곳

㉣ 1884년에 설치된 우정국은 조선 후기에 *우편 업무를 맡아보던 **관청**이다.

* **기관**　　　사회생활의 영역에서 일정한 역할과 목적을 위해 만든 조직
* **우편(우체)**　편지 및 소포 따위의 물품을 국내나 전 세계에 보내는 업무

은인

한자 은혜 은 恩
사람 인 人

자신에게 / *은혜를 *베풀어 준 / 사람

㉣ 제주도 사람들은 곡식을 나눠준 그녀를 자신들의 **은인**이라고 *칭송했다.

* **은혜(恩 은혜 은, 惠 은혜 혜)**　　고맙게 베풀어 주는 도움
* **베풀다**　　(남에게 도움, 자선 따위의) 은혜를 받게 하다
* **칭송하다**　(사람이나, 그의 업적과 덕을) 우러러 칭찬하고 들추어 말하다

화등잔

한자 불 화 火
등 등 燈
잔 잔 盞

놀라거나, 두려워서 / 커다래진 눈을 / 비유적으로 이르는 말

㉣ *전쟁터에서 죽은 줄만 알았던 아들이 *멀쩡히 살아서 집 안으로 걸어 들어오자 어머니의 눈이 **화등잔**만큼 커졌다.

* **전쟁터(전장)**　　전쟁이 벌어진 곳. 싸움을 치르는 장소
* **멀쩡히(말짱히)**　별다른 흠이 없이 온전히(본바탕 그대로 고스란히)

→ 바른 답 11쪽

1 문장을 읽고, 알맞은 낱말을 써 넣어 봅시다.

1) 사람, 성품이 너그럽고 · 덕행이 높다

2) 노력, 수고를 들여 이루어 낸 결실

3) 어질고 올바른 마음 또는 훌륭한 인격

4) 나랏일을 맡아서 하는 기관 또는 그런 곳

5) 자신에게 은혜를 베풀어 준 사람

6) 놀라거나, 두려워서 커다래진 눈을 비유적으로 이르는 말

2 밑줄 친 곳에 알맞은 낱말을 써 넣어 문장을 완성해 봅시다.

1) 제주 목사는 피땀 흘려 모은 재산을 제주도 사람들을 구하겠다고 모두 내놓은
   김만덕을 정말 _____ 사람이라고 칭찬했다.

2) 세종 대왕의 가장 큰 _____ 은 훈민정음을 창제한 일이다.

3) 백성들은 세종대왕의 업적과 어진 _____ 을 칭찬하였다.

4) 1884년에 설치된 우정국은 조선 후기에 우편 업무를 맡아보던 _____ 이다.

5) 제주도 사람들은 곡식을 나눠준 그녀를 자신들의 _____ 이라고 칭송했다.

6) 전쟁터에서 죽은 줄만 알았던 아들이 멀쩡히 살아서 집 안으로 걸어 들어오자
   어머니의 눈이 _____ 만큼 커졌다.

6. 본받고 싶은 인물을 찾아봐요

소원

한자 바 소 所
원할 원 願

일이 *이루어지기를 원함 또는 *원하는 일

예 김구 선생은 "네 **소원**이 무엇이냐?"하고 하느님이 묻는다면 *서슴지 않고 "내 **소원**은 대한 독립이오"하고 대답할 것이라고 말했다.

* 이루어지다 뜻한 대로 되다
* 원하다 무엇을 바라다. 청하다
* 서슴다 (결정하지 못하고) 머뭇거리며 망설이다. 주저하다
비 원(願), 염원(念 생각 염, 願 원하다 원), 소망(所 바 소, 望 바라다 망)

용안

한자 용 용 龍
낯 안 顔

임금의 얼굴을 / 높여 이르는 말

예 그녀의 소원은 한양에 가는 것, 임금의 **용안**을 뵙는 것, 금강산을 구경하는 것이라고 말했다.

벼슬

예전에, *관아에 나가서 / 나랏일을 맡아 다스리는 / 자리

예 조선 시대의 **벼슬** *품계는 제일 높은 등급인 정일품에서 제일 낮은 등급인 종구품까지 18단계로 나뉘어 있다.

* 관아 예전에, 관리나 벼슬아치가 모여 나랏일을 처리하는 곳
* 품계 벼슬자리에 대하여 매기던 등급(높고 낮음의 정도에 따라 나눈 구별)

규범

한자 법 규 規
법 범 範

사회 질서를 유지하기 위해 / 사회 구성원이 마땅히 따르고 지켜야 할 / 행동 규칙

예 18세기 당시에는 '제주도 여자는 제주도를 떠날 수 없다'는 **규범**이 있었지만, 왕은 이 **규범**을 깨고 김만덕이 금강산을 구경할 수 있도록 해 주었다.

–여

한자 남을 여 餘

그 수를 넘음의 / 뜻을 더하는 *접미사

예 이번 겨울 방학 기간은 33일로 약 한 달**여** 된다.

* 접미사 어떤 낱말의 뒤에 붙어, 뜻을 덧붙여 새로운 낱말을 이루는 말

풍요롭다

한자 풍년 풍 豐
넉넉할 요 饒

무엇이 매우 많아서 / *넉넉한 느낌이 있다

예 가을의 들판은 온갖 열매들과 *황금 물결을 이루는 *벼이삭들로 **풍요롭다**.

* 넉넉하다 (크기나 수량 따위가 기준에) 차고도 남음이 있다
* 황금 물결 논에서 벼가 누렇게 익어 물결치는 모습을 비유적으로 이르는 말
* 벼이삭 벼의 낟알(곡식알)이 달린 이삭(꽃이 피고 열매가 달리는 부분)

1 문장을 읽고, 알맞은 낱말을 써 넣어 봅시다.

1) 일이 이루어지기를 원함 또는 원하는 일 ☐☐

2) 임금의 얼굴을 높여 이르는 말 ☐☐

3) 예전에, 관아에 나가서 나랏일을 맡아 다스리는 자리 ☐☐

4) 사회 질서를 유지하기 위해 사회 구성원이 마땅히 따르고
   지켜야 할 행동 규칙 ☐☐

5) 그 수를 넘음의 뜻을 더하는 접미사 ☐

6) 무엇이 매우 많아서 넉넉한 느낌이 있다 ☐☐☐☐

2 밑줄 친 곳에 알맞은 낱말을 써 넣어 문장을 완성해 봅시다.

1) 김구 선생은 "네 _____ 이 무엇이냐?"하고 하느님이 묻는다면 서슴지 않고
   "내 _____ 은 대한 독립이오"하고 대답할 것이라고 말했다.

2) 그녀의 소원은 한양에 가는 것, 임금의 _____ 을 뵙는 것, 금강산을 구경하는
   것이라고 말했다.

3) 조선 시대의 _____ 품계는 제일 높은 등급인 정일품에서 제일 낮은
   등급인 종구품까지 18단계로 나뉘어 있다.

4) 18세기 당시에는 '제주도 여자는 제주도를 떠날 수 없다'는 _____ 이 있었지만, 왕
   은 이 _____ 을 깨고 김만덕이 금강산을 구경할 수 있도록 해 주었다.

5) 이번 겨울 방학 기간은 33일로 약 한 달 _____ 된다.

6) 가을의 들판은 온갖 열매들과 황금 물결을 이루는 벼이삭들로 _____.

1 **문장을 읽고, 알맞은 낱말을 써 넣어 봅시다.**

1) 무엇이 매우 많아서 넉넉한 느낌이 있다 _____

2) 물속에 가라앉다 _____

3) 재물, 시간 따위를 헛되이 헤프게 쓰다 _____

4) 임금의 얼굴을 높여 이르는 말 _____

5) 놀라거나, 두려워서 커다래진 눈을 비유적으로 이르는 말 _____

6) 농사를 지어서 생산한 곡식, 채소, 과일 등의 물건 _____

7) 사회 질서를 유지하기 위해 사회 구성원이 마땅히 따르고 지켜야 할 행동 규칙 _____

8) 낭비하거나·사치하지 않고 수수하다 _____

9) 마음이 바르고 곧음 _____

10) 사람, 성품이 너그럽고·덕행이 높다 _____

11) 날이 갈수록 _____

12) 어질고 올바른 마음 또는 훌륭한 인격 _____

13) 그해의 바로 다음에 오는 해 _____

14) 평년보다 수확이 많은 해 _____

15) 임금과 신하들이 모여 나랏일을 의논하고 집행하는 곳 _____

→ 바른 답 11쪽

16) 사람, 사물이 틀림없다고 믿음 또는 그런 믿음성의 정도　_____

17) 돈, 물품 따위를 주고받는 일 또는 사고파는 일　_____

18) 일, 집안, 나라 따위가 한창 잘되어 기운,
세력이 강하고 크게 일어나다　_____

19) 교환 가치를 지니는 자기 소유의 돈과 값나가는 물건　_____

20) 나랏일을 맡아서 하는 기관 또는 그런 곳　_____

21) 자신에게 은혜를 베풀어 준 사람　_____

22) 사람, 대상이 많은 가운데 손가락으로 꼽아
셀 정도로 뛰어난 축에 속하다　_____

23) 모든 희망을 끊어 버림 또는 그런 상태　_____

24) 예전에, 관아에 나가서 나랏일을 맡아 다스리는 자리　_____

25) 몸, 마음이 편하고 좋다　_____

26) 속을 태우거나 · 불안해하는 마음　_____

27) 일이 이루어지기를 원함 또는 원하는 일　_____

28) 그 수를 넘음의 뜻을 더하는 접미사　_____

29) 노력, 수고를 들여 이루어 낸 결실　_____

30) 영리를 목적으로 오랫동안 계속하는 경제 활동　_____

2 밑줄 친 곳에 알맞은 낱말을 써 넣어 문장을 완성해 봅시다.

1) 백성들은 세종대왕의 업적과 어진 _____ 을 칭찬하였다.

2) 곡식을 실은 배들이 모두 침몰했다는 소식을 듣고 "이제는 꼼짝없이 굶어 죽게 되었구나!"라며 _____ 에 빠졌다.

3) 제주 목사는 제주도 사람들이 모두 굶어 죽을 위기에 처했다는 사정을 _____ 에 알렸고, _____ 에서는 제주도로 곡식 이만 석을 보내기로 결정했다.

4) 김구 선생은 "네 _____ 이 무엇이냐?"하고 하느님이 묻는다면 서슴지 않고 "내 _____ 은 대한 독립이오"하고 대답할 것이라고 말했다.

5) 장사의 원칙을 철저히 지킨 김만덕은 나날이 _____ 제주도에서 소문난 부자가 되었다.

6) 그녀의 소원은 한양에 가는 것, 임금의 _____ 을 뵙는 것, 금강산을 구경하는 것이라고 말했다.

7) 전쟁터에서 죽은 줄만 알았던 아들이 멀쩡히 살아서 집 안으로 걸어 들어오자 어머니의 눈이 _____ 만큼 커졌다.

8) 조선 시대의 _____ 품계는 제일 높은 등급인 정일품에서 제일 낮은 등급인 종구품까지 18단계로 나뉘어 있다.

9) 제주 목사는 피땀 흘려 모은 재산을 제주도 사람들을 구하겠다고 모두 내놓은 김만덕을 정말 _____ 사람이라고 칭찬했다.

10) 《국단어 완전 정복》을 꾸준히 공부하면 어휘력이 _____ 향상되는 성과를 얻을 수 있다.

11) 세종 대왕의 가장 큰 _____ 은 훈민정음을 창제한 일이다.

12) 조정에서 보낸 이만 석의 곡식을 실은 배들이 갑자기 불어닥친 태풍에 모두 바닷속으로 _____ .

13) 올해에는 농사가 _____ 이 들어서 집집의 곳간마다 햇곡식이 가득하다.

14) 시장은 여러 가지 물건을 사려는 사람과 팔려는 사람들이 만나서 _____ 를 하는 곳을 말한다.

→ 바른 답 12쪽

15) 6학년이 된 아이들은 _____ 에 입학할 중학교를 생각할 때마다 기대 반, 걱정 반이었다.

16) 가을의 들판은 온갖 열매들과 황금 물결을 이루는 벼이삭들로 _____ .

17) 이번 겨울 방학 기간은 33일로 약 한 달 _____ 된다.

18) 타인에게 신용을 얻으려면 _____ 을 가슴에 새기고 진실한 말만 해야 한다.

19) 조정에서 보낸 배가 침몰했다는 소식을 들은 김만덕은 그동안 모은 전 _____ 을 들여 육지에서 총 오백여 석의 곡식을 사들였다.

20) 1884년에 설치된 우정국은 조선 후기에 우편 업무를 맡아보던 _____ 이다.

21) 몇십 년 동안 많은 돈을 벌어들인 그녀는 제주도에서 모르는 사람이 없을 정도로 _____ 큰 부자가 되었다.

22) 컴퓨터를 만들어 팔던 애플(Apple)은 휴대폰 분야로 _____ 을 확장하여 세계 1위 기업이 되었다.

23) '시간은 돈이다'는 시간을 _____ 말고 소중히 여겨야 한다는 뜻이다.

24) 제주도 사람들은 곡식을 나눠준 그녀를 자신들의 _____ 이라고 칭송했다.

25) 그녀는 제주도에서 손꼽히는 큰 부자가 되었지만, 전보다 더 절약하고 _____ 생활을 하였다.

26) 아이는 친구들에게 계속 거짓말을 해서 결국 _____ 을 완전히 잃어버렸다.

27) 집에 돌아온 아이는 숙제부터 먼저 끝내고 _____ 마음으로 쉬었다.

28) 수확을 앞두고 태풍이 불어닥치는 바람에 _____ 이 심한 피해를 입었고, 그로 인해 사람들은 꼼짝없이 굶어 죽을 지경에 처했다.

29) 제주도에 4년 동안 흉년이 들자, 제주도 사람들은 이러다가 모두 굶어 죽게 되는 것은 아닌지 _____ 에 잠겼다.

30) 18세기 당시에는 '제주도 여자는 제주도를 떠날 수 없다'는 _____ 이 있었지만, 왕은 이 _____ 을 깨고 김만덕이 금강산을 구경할 수 있도록 해 주었다.

차별	
한자 다를 차 差 나눌 별 別	둘 이상의 대상을 / 등급, 수준 따위의 / *차이를 두어서 / 갈라놓음

예 교실 안에서도 남자와 여자에 대한 **차별**이 *엄연히 존재하고 있으며, 그런 *부당한 **차별**을 없애기 위해 학급 구성원 모두가 협조하고 노력해야 한다.

* **차이**　　둘 이상이 서로 다름. 또는 그런 정도나 상태
* **엄연히**　　(어떤 사실, 현상이 부인할 수 없을 만큼) 뚜렷하게
* **부당하다**(不 아니다 부, 當 마땅 당) 이치에 맞지 않다

가치관

한자 값 가 價
값 치 値
볼 관 觀

사람이 / 어떤 대상에 대하여 / 옳고 그름, 좋고 나쁨 따위의 *가치를 매기는 / *관점

예 사람들은 어떤 일을 결정할 때 자신의 **가치관**에 따라 선택하고 *실천한다.

* **가치**　　(인간과의 관계에 의하여 갖게 되는) 사물이나 대상의 중요성
* **관점**　　(사물·현상을 관찰할 때) 그것을 바라보는 방향, 생각하는 입장
* **실천하다**(實 열매 실, 踐 밟다 천)　(계획하거나, 생각한 것을) 실제로 해 나가다

백성

한자 일백 백 百
성씨 성 姓

예전에, 양반이 아닌 / *일반 평민을 이르던 말

예 세종 대왕은 **백성**들이 농사를 잘 지을 수 있도록 각 지역에 맞는 농사 방법을 *상세히 담은 《농사직설》을 편찬했다.

* **일반**(一 한 일, 般 일반 반) (특별하지 않고) 평범한 수준. 또는 그런 보통의 사람들
* **상세히**　　사소한 부분까지 샅샅이(빈틈없이 모조리) 자세하게

한시 (일시)

한자 때 시 時

잠깐 동안

예 백성들은 이른 아침부터 해가 떨어질 때까지 **한시**도 쉬지 않고 일했다.

세금

한자 세금 세 稅
쇠 금 金

국민이 소득의 일부를 / 국가에 *의무적으로 내는 돈

예 조선 시대에 양민은 대부분 농사를 지었으며, 농산물을 국가에 **세금**으로 바쳤다.

* **의무적**(義 옳다 의, 務 힘쓰다 무)　　(자신의 마음이 어떻든 상관없이) 마땅히 꼭 해야 하는 (것)

**머슴살이
(고공살이)**

*머슴 노릇을 하면서 살아감 또는 그렇게 하는 일

예 조선 시대의 백성들은 늘 배불리 먹지 못했고, 세금을 내지 못해 남의 집에서 **머슴살이**를 하는 사람도 많았다.

* **머슴**　　부농(농사지을 땅을 많이 가진 농민)이나 지주(토지의 소유자)에게 고용되어 그 집의 농사일이나 잡일을 해 주고 품삯(돈이나 물품)을 받는 사내(한창때의 젊고 씩씩한 남자)

⟶ 바른 답 12쪽

1 문장을 읽고, 알맞은 낱말을 써 넣어 봅시다.

14주
1일

1) 둘 이상의 대상을 등급, 수준 따위의 차이를 두어서 갈라놓음

2) 사람이 어떤 대상에 대하여 옳고 그름, 좋고 나쁨
   따위의 가치를 매기는 관점

3) 예전에, 양반이 아닌 일반 평민을 이르던 말

4) 잠깐 동안

5) 국민이 소득의 일부를 국가에 의무적으로 내는 돈

6) 머슴 노릇을 하면서 살아감 또는 그렇게 하는 일

2 밑줄 친 곳에 알맞은 낱말을 써 넣어 문장을 완성해 봅시다.

1) 교실 안에서도 남자와 여자에 대한 ＿＿＿＿＿＿ 이 엄연히 존재하고 있으며,
   그런 부당한 ＿＿＿＿＿＿ 을 없애기 위해 학급 구성원 모두가 협조하고
   노력해야 한다.

2) 사람들은 어떤 일을 결정할 때 자신의 ＿＿＿＿＿＿ 에 따라 선택하고 실천한다.

3) 세종 대왕은 ＿＿＿＿＿＿ 들이 농사를 잘 지을 수 있도록 각 지역에 맞는 농사
   방법을 상세히 담은 《농사직설》을 편찬했다.

4) 백성들은 이른 아침부터 해가 떨어질 때까지 ＿＿＿＿＿＿ 도 쉬지 않고 일했다.

5) 조선 시대에 양민은 대부분 농사를 지었으며, 농산물을 국가에 ＿＿＿＿＿＿ 으로
   바쳤다.

6) 조선 시대의 백성들은 늘 배불리 먹지 못했고, 세금을 내지 못해 남의 집에서
   ＿＿＿＿＿＿ 를 하는 사람도 많았다.

한양
한자 한수 ·
한나라 한 漢
볕 양 陽

°서울의 옛 이름

예 조선을 세운 이성계는 고려의 수도였던 개경을 떠나 **한양**으로 °도읍을 옮겼다.
° 서울　　우리나라의 수도. 한반도의 중심부를 가로지르는 한강 하류에 위치함
° 도읍(서울)　예전에, 한 나라의 수도(국도, 주도, 서울)를 이르던 말

훗날 (후일, 뒷날)
한자 뒤 후 後

앞으로 다가올 / 날

예 전학을 가는 친구와 먼 **훗날**에 다시 만나자고 약속했다.

영향
한자 그림자 영 影
울릴 향 響

어떤 사물의 효과, °작용이 / 다른 것에 °미치는 일

예 정약용은 열다섯 살 때 아버지를 따라 한양으로 갔는데, °이즈음에 훗날 자신
에게 큰 **영향**을 준 이익의 책을 처음 보았다.
° 작용(作 만들다 작, 用 쓰다 용)　　어떤 현상이나 운동을 일으킴
° 미치다　　어떤 대상에 힘이나 작용이 가해지다
° 이즈음(요즈음)　얼마 전부터 이제까지의 무렵(바로 그때쯤)

도리
한자 길 도 道
다스릴 리 理

사람이 / 마땅히 행해야 할 / °바른길

예 부모님께 효도하는 것은 자식으로서 마땅한 **도리**이다.
° 바른길　　이치에 맞고 정당하면서도 참된 도리

성리학
한자 성품 성 性
다스릴 리 理
배울 학 學

사물의 °근본 이치, 우주의 질서, 인간의 마음, 사회 관계 등에 대해 / 깊이 연구
한 / 유학의 한 갈래

예 나라를 다스리는 근본 °사상을 **성리학**으로 삼은 조선의 조정에서는 백성들에
게 **성리학**의 정신을 가르치기 위해 《°삼강행실도》를 편찬했다.
° 근본　　사물이나 생각 등이 생기는 본디(원래)의 바탕(근본을 이루는 기초)
° 사상　　사회 · 정치 · 인생 · 사물 따위에 대하여 갖고 있는 생각
° 삼강행실도　조선 세종 때 백성들을 가르치기 위해 만든, 그림으로 된 도덕책

해박하다
한자 갖출 해 該
넓을 박 博

여러 °방면으로 / 아는 것이 많다

예 많은 책을 두루 °섭렵한 그는 °다양한 분야에 **해박한** 지식을 갖고 있다.
° 방면(분야)　여러 갈래(갈라져 나간 낱낱의 부분)로 나눈 각각의 범위나 부분
° 섭렵하다　　(물을 건너 찾아다닌다는 뜻으로) 온갖 책을 널리
　　　　　　읽거나, 여기저기 찾아다니며 여러 일을 경험하다
° 다양하다(多 많다 다, 樣 모양 양)　(종류가 여러 가지로) 많다

국어영역 | 교과서 196~201쪽 |

→ 바른 답 12쪽

1 **문장을 읽고, 알맞은 낱말을 써 넣어 봅시다.**

14주
2일

1) 서울의 옛 이름

2) 앞으로 다가올 날

3) 어떤 사물의 효과, 작용이 다른 것에 미치는 일

4) 사람이 마땅히 행해야 할 바른길

5) 사물의 근본 이치, 우주의 질서, 인간의 마음, 사회 관계 등에 대해 깊이 연구한 유학의 한 갈래

6) 여러 방면으로 아는 것이 많다

2 **밑줄 친 곳에 알맞은 낱말을 써 넣어 문장을 완성해 봅시다.**

1) 조선을 세운 이성계는 고려의 수도였던 개경을 떠나 _____ 으로 도읍을 옮겼다.

2) 전학을 가는 친구와 먼 _____ 에 다시 만나자고 약속했다.

3) 정약용은 열다섯 살 때 아버지를 따라 한양으로 갔는데, 이즈음에 훗날 자신에게 큰 _____ 을 준 이익의 책을 처음 보았다.

4) 부모님께 효도하는 것은 자식으로서 마땅한 _____ 이다.

5) 나라를 다스리는 근본 사상을 _____ 으로 삼은 조선의 조정에서는 백성들에게 _____ 의 정신을 가르치기 위해 《삼강행실도》를 편찬했다.

6) 많은 책을 두루 섭렵한 그는 다양한 분야에 _____ 지식을 갖고 있다.

실학

한자 열매 실 實
　　배울 학 學

조선 시대에, 현실 문제를 해결하고 · 실제 생활에 도움이 되는 것을 / 목표로 한 학문

예 조선 후기에 현실 문제를 해결하고 백성들이 살아가는 데 실제로 도움이 되는 새로운 학문이 나타났는데, 이를 **실학**이라고 한다.

시묘살이

한자 모실 시 侍
　　무덤 묘 墓

부모님이 돌아가셨을 때, 자식이 / 3년 동안 부모의 무덤 옆에서 / *움막을 짓고 · 산소를 돌보고 · 좋은 먹을거리를 대접하며 / 돌아가신 부모님을 모시는 일

예 아버지가 돌아가시자 그는 아버지의 무덤을 지키는 *시묘살이를 했다.

*움막(움막집)　　 땅을 파고 위에 거적(짚을 두툼하게 엮어서 자리처럼 만든 물건) 따위를 얹고 흙을 덮어 추위나 비바람만 가릴 정도로 임시로 지은 집

*시묘　　 부모님이 돌아가시면 무덤 옆에서 움막을 짓고 3년간 사는 일

명복

한자 어두울 명 冥
　　복 복 福

죽은 뒤에 / *저승에서 받는 / *복

예 조선 시대에는 부모님이 돌아가시면 3년 동안 그 무덤 옆에서 시묘살이를 하면서 부모님의 **명복**을 빌었다.

*저승(황천)　 사람이 죽은 뒤 그 영혼이 가서 산다고 하는 세상

*복　　 삶에서 누리는 편안하고 만족한 상태와 그에 따른 기쁨(즐거운 마음 · 느낌)

거중기

한자 들 거 擧
　　무거울 중 重
　　그릇 기 器

조선 시대에 무거운 물건을 / 들어 올리는 데에 쓰던 / 기계

예 조선 시대 당시에는 성을 짓는 데 10년 정도 걸렸는데, 정약용이 **거중기**를 *발명한 덕분에 백성의 *수고를 덜고 나라 *살림도 아끼게 되었다.

*발명하다(發 피다 발, 明 밝다 명)　 전에 없던 것을 처음으로 만들어 내다

*수고　　 일을 하는 데 힘을 들이고 애를 씀. 또는 그런 어려움

*살림(살림살이)　 국가, 단체, 한집안 따위를 이루어 살아 나가는 상태나 형편

도르래

바퀴에 줄을 걸어 / 힘의 방향을 바꾸거나 · 작은 힘으로 큰 힘을 내는 / 장치

예 거중기는 **도르래**의 *원리를 이용해 작은 힘으로도 무거운 물건을 들 수 있도록 만든 기계이다.

*원리　　 사물이나 현상의 근본이 되는 이치 · 방법 · 순서

비용

한자 쓸 비 費
　　쓸 용 用

물건을 사거나 · 일을 하는 데 / 쓰이는 돈

예 거중기를 사용하면서 성을 짓는 데 *드는 **비용**과 기간을 줄일 수 있었다.

*들다　　 돈 · 시간 · 노력 따위가 쓰이다

—→ 바른 답 12쪽

공부한 날   월   일   학습평가 ☑   😊 😃 😵

1 문장을 읽고, 알맞은 낱말을 써 넣어 봅시다.

14주
3일

1) 조선 시대에, 현실 문제를 해결하고 · 실제 생활에 도움이 되는 것을 목표로 한 학문

2) 부모님이 돌아가셨을 때, 자식이 3년 동안 부모의 무덤 옆에서 움막을 짓고 · 산소를 돌보고 · 좋은 먹을거리를 대접하며 돌아가신 부모님을 모시는 일

3) 죽은 뒤에 저승에서 받는 복

4) 조선 시대에 무거운 물건을 들어 올리는 데에 쓰던 기계

5) 바퀴에 줄을 걸어 힘의 방향을 바꾸거나 · 작은 힘으로 큰 힘을 내는 장치

6) 물건을 사거나 · 일을 하는 데 쓰이는 돈

2 밑줄 친 곳에 알맞은 낱말을 써 넣어 문장을 완성해 봅시다.

1) 조선 후기에 현실 문제를 해결하고 백성들이 살아가는 데 실제로 도움이 되는 새로운 학문이 나타났는데, 이를 _____ 이라고 한다.

2) 아버지가 돌아가시자 그는 아버지의 무덤을 지키는 _____ 를 했다.

3) 조선 시대에는 부모님이 돌아가시면 3년 동안 그 무덤 옆에서 시묘살이를 하면서 부모님의 _____ 을 빌었다.

4) 조선 시대 당시에는 성을 짓는 데 10년 정도 걸렸는데, 정약용이 _____ 를 발명한 덕분에 백성의 수고를 덜고 나라 살림도 아끼게 되었다.

5) 거중기는 _____ 의 원리를 이용해 작은 힘으로도 무거운 물건을 들 수 있도록 만든 기계이다.

6) 거중기를 사용하면서 성을 짓는 데 드는 _____ 과 기간을 줄일 수 있었다.

방법

한자 모 방 方
법 법 法

일을 하거나 · 목적을 이루기 위한 / *수단 또는 *방식

㉠ 왕은 성을 짓는 비용과 기간을 줄이는 **방법**을 찾으라고 신하들에게 명을 내렸고, 정약용은 *마침내 거중기를 만들었다.

* **수단**　　어떤 목적을 이루기 위한 방법. 또는 그 도구
* **방식(법식)**　일정한 방법이나 형식(일을 할 때의 일정한 절차나 양식)
* **마침내**　　드디어. 기어이. 결국. 끝내

비 방도(方, 道 길 도), 방안(方, 案 책상 · 생각 안), 길

면제하다

한자 면할 면 免
덜 제 除

책임, *의무를 / *면하여 주다

㉠ 흉년이 들자 나라에서는 백성들에게 세금을 **면제해** 주었다.

* **의무(책무)**　사람으로서 당연히 해야 할 일, 법으로 억지로 시키는 일
* **면하다**　　(책임, 의무 따위를) 지지 않게 되다, 맡지 않게 되다, 벗어나다

속셈 (심산)

마음속으로 하는 / 궁리

㉠ 나라에서는 백성들에게 세금을 면제해 주었지만, 사또는 세금을 걷어서 그걸로 자기 재산 *불리려는 **속셈**이 있었다.

* **불리다**　　(부피 · 수효 · 무게 따위가) 많아지게 하다
* **속셈이 있다**　(사람이) 겉으로는 안 그런 척하면서 속으로는 이익을 차릴 생각을 하고 있다

현감

한자 고을 현 縣
볼 감 監

조선 시대에 / 현을 다스리던 / *지방관

㉠ 조선 시대에 중앙 정부가 '주·부·군·현'의 지방에 파견한 관리들을 통틀어 '수령'이라 *일컫는데, 이중 '현'에 파견된 관리를 **현감**이라고 한다.

* **지방관(태수)**　　주(州) · 부(府) · 군(郡) · 현(縣)의 행정 업무를 맡아보던 으뜸 벼슬
* **(A를 B라고) 일컫다**　　(A를 B라고) 가리켜 말하다. 부르다. 칭하다

일삼다

좋지 않은 / 일, 행동을 / 계속해서 하다

㉠ 임금이 아무리 나라를 잘 다스려도 지방 관리가 나쁜 짓을 **일삼으면** 백성은 어렵게 살 수밖에 없다.

열병

한자 더울 열 熱
병 병 病

몸에서 / 열이 몹시 오르고 · 심하게 앓는 / 병

㉠ 그녀는 **열병**을 앓아 *시력과 *청력을 잃고, 말을 못 하는 장애를 갖게 되었다.

* **시력(視 보다 시, 力 힘 력)** 사물의 모습을 알아볼 수 있는 눈의 능력
* **청력(聽 듣다 청, 力)**　귀로 소리를 듣는 힘

1 문장을 읽고, 알맞은 낱말을 써 넣어 봅시다.

1) 일을 하거나 · 목적을 이루기 위한 수단 또는 방식

2) 책임, 의무를 면하여 주다

3) 마음속으로 하는 궁리

4) 조선 시대에 현을 다스리던 지방관

5) 좋지 않은 일, 행동을 계속해서 하다

6) 몸에서 열이 몹시 오르고 · 심하게 앓는 병

2 밑줄 친 곳에 알맞은 낱말을 써 넣어 문장을 완성해 봅시다.

1) 왕은 성을 짓는 비용과 기간을 줄이는 _____ 을 찾으라고 신하들에게 명을 내렸고, 정약용은 마침내 거중기를 만들었다.

2) 흉년이 들자 나라에서는 백성들에게 세금을 _____ 주었다.

3) 나라에서는 백성들에게 세금을 면제해 주었지만, 사또는 세금을 걷어서 그걸로 자기 재산 불리려는 _____ 이 있었다.

4) 조선 시대에 중앙 정부가 '주·부·군·현'의 지방에 파견한 관리들을 통틀어 '수령'이라 일컫는데, 이중 '현'에 파견된 관리를 _____ 이라고 한다.

5) 임금이 아무리 나라를 잘 다스려도 지방 관리가 나쁜 짓을 _____ 백성은 어렵게 살 수밖에 없다.

6) 그녀는 _____ 을 앓아 시력과 청력을 잃고, 말을 못 하는 장애를 갖게 되었다.

6. 본받고 싶은 인물을 찾아봐요

뒤척이다
(뒤적이다)

몸의 누운 방향을 / 자꾸 바꾸다

예 감기에 걸린 아이는 온몸을 **뒤척이며** 괴로워했다.

반응

한자 돌이킬 반 反
응할 응 應

자극에 대응하여 / 어떤 현상이 일어남

예 엄마는 식탁에서 ●램프를 가져와 아이의 얼굴에 가까이 비춰 보았지만 아이
는 아무런 **반응**도 하지 않았다.

● 램프(남포등)(ramp)　　석유를 넣은 그릇의 심지에 불을 붙이고 유리로 만든 등피를
끼운 등

충격

한자 찌를 충 衝
칠 격 擊

슬픈 일, 뜻밖의 사건 등으로 / 마음에 받은 / 심한 자극

예 아이의 귀에 대고 ●딸랑이를 흔들었는데 아무런 반응이 없자, 엄마는 큰
충격에 빠졌다.

● 딸랑이　　흔들면 딸랑딸랑 소리가 나게 만든 어린아이의 장난감

조용하다

아무런 소리도 / 나지 않다

예 학생들은 침묵 속에서 시험지를 풀고 있었고, 교실은 ●쥐죽은듯 **조용했다.**

● 쥐죽은듯(쥐죽은듯이)　　마치 쥐가 죽은 것처럼 아무 소리도 내지 않고 꼼짝하지도 않
는 모양을 나타내는 말

침묵

한자 잠길 침 沈
잠잠할 묵 默

말없이 ●가만히 있음 또는 그런 상태

예 쉬는 시간을 알리는 종소리가 울리자 조용했던 교실의 **침묵**이 일순간에 무너
지면서 소란스러워졌다.

● 가만히(가만)　　움직이지 않고 아무 말이 없이 조용히

몸부림치다

어떤 일을 이루거나 · 고통 따위를 견디기 위해 / 고통스럽게 몹시 애쓰다

예 심한 열병으로 ●눈멀고 ●귀먹게 되어 **몸부림치는** 아이를 보고 엄마는 안쓰러
운 마음이 들었다.

● 눈멀다　　(시력을 잃어) 눈이 보이지 않게 되다

● 귀먹다　　(귀가 어두워져) 소리가 잘 들리지 않게 되다

| 초등국어 어휘력 2단계 202~209쪽 |

1 문장을 읽고, 알맞은 낱말을 써 넣어 봅시다.

14주 5일

1) 몸의 누운 방향을 자꾸 바꾸다

2) 자극에 대응하여 어떤 현상이 일어남

3) 슬픈 일, 뜻밖의 사건 등으로 마음에 받은 심한 자극

4) 아무런 소리도 나지 않다

5) 말없이 가만히 있음 또는 그런 상태

6) 어떤 일을 이루거나 · 고통 따위를 견디기 위해 고통스럽게 몹시 애쓰다

2 밑줄 친 곳에 알맞은 낱말을 써 넣어 문장을 완성해 봅시다.

1) 감기에 걸린 아이는 온몸을 _____ 괴로워했다.

2) 엄마는 식탁에서 램프를 가져와 아이의 얼굴에 가까이 비춰 보았지만 아이는 아무런 _____ 도 하지 않았다.

3) 아이의 귀에 대고 딸랑이를 흔들었는데 아무런 반응이 없자, 엄마는 큰 _____ 에 빠졌다.

4) 학생들은 침묵 속에서 시험지를 풀고 있었고, 교실은 쥐죽은듯 _____ .

5) 쉬는 시간을 알리는 종소리가 울리자 조용했던 교실의 _____ 이 일순간에 무너지면서 소란스러워졌다.

6) 심한 열병으로 눈멀고 귀먹게 되어 _____ 아이를 보고 엄마는 안쓰러운 마음이 들었다.

1 문장을 읽고, 알맞은 낱말을 써 넣어 봅시다.

1) 슬픈 일, 뜻밖의 사건 등으로 마음에 받은 심한 자극 _____

2) 좋지 않은 일, 행동을 계속해서 하다 _____

3) 여러 방면으로 아는 것이 많다 _____

4) 어떤 사물의 효과, 작용이 다른 것에 미치는 일 _____

5) 몸의 누운 방향을 자꾸 바꾸다 _____

6) 예전에, 양반이 아닌 일반 평민을 이르던 말 _____

7) 자극에 대응하여 어떤 현상이 일어남 _____

8) 일을 하거나 · 목적을 이루기 위한 수단 또는 방식 _____

9) 조선 시대에 무거운 물건을 들어 올리는 데에 쓰던 기계 _____

10) 조선 시대에 현을 다스리던 지방관 _____

11) 부모님이 돌아가셨을 때, 자식이 3년 동안 부모의
무덤 옆에서 움막을 짓고 · 산소를 돌보고 · 좋은
먹을거리를 대접하며 돌아가신 부모님을 모시는 일 _____

12) 죽은 뒤에 저승에서 받는 복 _____

13) 서울의 옛 이름 _____

14) 말없이 가만히 있음 또는 그런 상태 _____

15) 책임, 의무를 면하여 주다 _____

16) 사람이 마땅히 행해야 할 바른길 _____

⟶ 바른 답 12쪽

14주
평가

17) 사람이 어떤 대상에 대하여 옳고 그름, 좋고 나쁨
     따위의 가치를 매기는 관점   _____

18) 머슴 노릇을 하면서 살아감 또는 그렇게 하는 일   _____

19) 사물의 근본 이치, 우주의 질서, 인간의 마음, 사회 관계
     등에 대해 깊이 연구한 유학의 한 갈래   _____

20) 둘 이상의 대상을 등급, 수준 따위의 차이를 두어서
     갈라놓음   _____

21) 바퀴에 줄을 걸어 힘의 방향을 바꾸거나 · 작은 힘으로
     큰 힘을 내는 장치   _____

22) 국민이 소득의 일부를 국가에 의무적으로 내는 돈   _____

23) 조선 시대에, 현실 문제를 해결하고 · 실제 생활에 도움이
     되는 것을 목표로 한 학문   _____

24) 물건을 사거나 · 일을 하는 데 쓰이는 돈   _____

25) 앞으로 다가올 날   _____

26) 몸에서 열이 몹시 오르고 · 심하게 앓는 병   _____

27) 잠깐 동안   _____

28) 아무런 소리도 나지 않다   _____

29) 마음속으로 하는 궁리   _____

30) 어떤 일을 이루거나 · 고통 따위를 견디기
     위해 고통스럽게 몹시 애쓰다   _____

2 밑줄 친 곳에 알맞은 낱말을 써 넣어 문장을 완성해 봅시다.

1) 조선 시대의 백성들은 늘 배불리 먹지 못했고, 세금을 내지 못해 남의 집에서 _____ 를 하는 사람도 많았다.

2) 거중기는 _____ 의 원리를 이용해 작은 힘으로도 무거운 물건을 들 수 있도록 만든 기계이다.

3) 많은 책을 두루 섭렵한 그는 다양한 분야에 _____ 지식을 갖고 있다.

4) 사람들은 어떤 일을 결정할 때 자신의 _____ 에 따라 선택하고 실천한다.

5) 조선 시대에 중앙 정부가 '주·부·군·현'의 지방에 파견한 관리들을 통틀어 '수령'이라 일컫는데, 이중 '현'에 파견된 관리를 _____ 이라고 한다.

6) 감기에 걸린 아이는 온몸을 _____ 괴로워했다.

7) 부모님께 효도하는 것은 자식으로서 마땅한 _____ 이다.

8) 엄마는 식탁에서 램프를 가져와 아이의 얼굴에 가까이 비춰 보았지만 아이는 아무런 _____ 도 하지 않았다.

9) 전학을 가는 친구와 먼 _____ 에 다시 만나자고 약속했다.

10) 아이의 귀에 대고 딸랑이를 흔들었는데 아무런 반응이 없자, 엄마는 큰 _____ 에 빠졌다.

11) 왕은 성을 짓는 비용과 기간을 줄이는 _____ 을 찾으라고 신하들에게 명을 내렸고, 정약용은 마침내 거중기를 만들었다.

12) 백성들은 이른 아침부터 해가 떨어질 때까지 _____ 도 쉬지 않고 일했다.

13) 아버지가 돌아가시자 그는 아버지의 무덤을 지키는 _____ 를 했다.

14) 흉년이 들자 나라에서는 백성들에게 세금을 _____ 주었다.

15) 나라에서는 백성들에게 세금을 면제해 주었지만, 사또는 세금을 걷어서 그걸로 자기 재산 불리려는 _____ 이 있었다.

16) 세종 대왕은 _____ 들이 농사를 잘 지을 수 있도록 각 지역에 맞는 농사 방법을 상세히 담은 《농사직설》을 편찬했다.

→ 바른 답 12쪽

14주
평가

17) 조선 후기에 현실 문제를 해결하고 백성들이 살아가는 데 실제로 도움이 되는 새로운 학문이 나타났는데, 이를 _____ 이라고 한다.

18) 거중기를 사용하면서 성을 짓는 데 드는 _____ 과 기간을 줄일 수 있었다.

19) 쉬는 시간을 알리는 종소리가 울리자 조용했던 교실의 _____ 이 일순간에 무너지면서 소란스러워졌다.

20) 임금이 아무리 나라를 잘 다스려도 지방 관리가 나쁜 짓을 _____ 백성은 어렵게 살 수밖에 없다.

21) 조선 시대에는 부모님이 돌아가시면 3년 동안 그 무덤 옆에서 시묘살이를 하면서 부모님의 _____ 을 빌었다.

22) 그녀는 _____ 을 앓아 시력과 청력을 잃고, 말을 못 하는 장애를 갖게 되었다.

23) 학생들은 침묵 속에서 시험지를 풀고 있었고, 교실은 쥐죽은듯 _____ .

24) 조선을 세운 이성계는 고려의 수도였던 개경을 떠나 _____ 으로 도읍을 옮겼다.

25) 조선 시대에 양민은 대부분 농사를 지었으며, 농산물을 국가에 _____ 으로 바쳤다.

26) 조선 시대 당시에는 성을 짓는 데 10년 정도 걸렸는데, 정약용이 _____ 를 발명한 덕분에 백성의 수고를 덜고 나라 살림도 아끼게 되었다.

27) 심한 열병으로 눈멀고 귀먹게 되어 _____ 아이를 보고 엄마는 안쓰러운 마음이 들었다.

28) 정약용은 열다섯 살 때 아버지를 따라 한양으로 갔는데, 이즈음에 훗날 자신에게 큰 _____ 을 준 이익의 책을 처음 보았다.

29) 교실 안에서도 남자와 여자에 대한 _____ 이 엄연히 존재하고 있으며, 그런 부당한 _____ 을 없애기 위해 학급 구성원 모두가 협조하고 노력해야 한다.

30) 나라를 다스리는 근본 사상을 _____ 으로 삼은 조선의 조정에서는 백성들에게 _____ 의 정신을 가르치기 위해 《삼강행실도》를 편찬했다.

1일

6. 본받고 싶은 인물을 찾아봐요

의사소통

한자 뜻 의 意
생각 사 思
소통할 소 疏
통할 통 通

갖고 있는 생각, 뜻이 / 서로 잘 통함

예 두 아이는 취향이 비슷해서 어떤 대화를 하더라도 **의사소통**이 *잘된다.

*잘되다   (일 · 현상 · 물건 등이) 좋게 이루어지다

난폭하다

한자 어지러울 난 亂
사나울 폭 暴

행동, 성격이 / 몹시 거칠고 사납다

예 사람들과 의사소통을 할 수 없게 되자 헬렌은 소리를 지르며 *걷어차고 물어
뜯고 때리는 **난폭한** 행동을 했다.

*걷어차다   발로 몹시 세게 차다

생애

한자 날 생 生
물가 애 涯

사람이 / 태어나서 죽을 때까지의 / 살아 있는 동안

예 전기문을 읽으면 한 인물의 **생애**를 알 수 있고, *교훈도 얻을 수 있다.

*교훈   앞으로의 행동이나 생활에 도움이 되거나 참고할 만한 사실

비 일생(一 한 일, 生), 일평생(一, 平 평평하다 평, 生), 평생, 한평생, 한살이

중요하다

한자 무거울 중 重
요긴할 요 要

매우 *소중하고 · 꼭 필요하다

예 우리 담임 선생님을 만난 날은 내 생애에서 가장 **중요한** 날이었다.

*소중하다(중하다, 귀중하다)   (무엇이 지니는) 의미 · 중요성이 매우 크다

비 중하다(重), 귀중하다(貴 귀하다 귀), 막중하다(莫 없다 막), 중대하다(大 크다 대)

운명 (명, 명운)

한자 옮길 ·
돌 운 運
목숨 명 命

앞으로 닥칠 / 여러 가지 일

예 생각이 바뀌면 행동이 바뀌고, 행동이 바뀌면 습관이 바뀌고, 습관이 바뀌면
인격이 바뀌고, 인격이 바뀌면 **운명**이 바뀐다.

사물

한자 일 사 事
물건 물 物

*물질세계에 있는 / *구체적이고 *개별적인 대상을 / *통틀어 이르는 말

예 눈으로 볼 수 있고 손으로 만질 수 있는 세상의 모든 **사물**에는 각자의 이름이
있다.

*물질세계   객관적으로 존재하는 사물 현상을 통틀어 이르는 말

*구체적(具 갖추다 구, 體 몸 체)   사물이 일정한 모양과 성질을 갖추고 있는

*개별적(個 낱개따로따로의 한 개 한 개 개, 別 나누다 별)   다른 것과 상관없이 따로따로인

*통틀어   있는 대로 모두 합하여

국단어 완전 정복 | 국어관련 어휘 202~209쪽

→ 바른 답 12쪽

1 문장을 읽고, 알맞은 낱말을 써 넣어 봅시다.

1) 갖고 있는 생각, 뜻이 서로 잘 통함

2) 행동, 성격이 몹시 거칠고 사납다

3) 사람이 태어나서 죽을 때까지의 살아 있는 동안

4) 매우 소중하고 · 꼭 필요하다

5) 앞으로 닥칠 여러 가지 일

6) 물질세계에 있는 구체적이고 개별적인 대상을 통틀어 이르는 말

2 밑줄 친 곳에 알맞은 낱말을 써 넣어 문장을 완성해 봅시다.

1) 두 아이는 취향이 비슷해서 어떤 대화를 하더라도 _____ 이 잘된다.

2) 사람들과 의사소통을 할 수 없게 되자 헬렌은 소리를 지르며 걷어차고 물어뜯고 때리는 _____ 행동을 했다.

3) 전기문을 읽으면 한 인물의 _____ 를 알 수 있고, 교훈도 얻을 수 있다.

4) 우리 담임 선생님을 만난 날은 내 생애에서 가장 _____ 날이었다.

5) 생각이 바뀌면 행동이 바뀌고, 행동이 바뀌면 습관이 바뀌고, 습관이 바뀌면 인격이 바뀌고, 인격이 바뀌면 _____ 이 바뀐다.

6) 눈으로 볼 수 있고 손으로 만질 수 있는 세상의 모든 _____ 에는 각자의 이름이 있다.

기적

한자 기특할 기 奇
발자취 적 跡

●상식으로는 생각할 수 없는 / ●기이하고 놀라운 / 일

예 대한민국은 육이오 전쟁 이후에 세계에서 가장 가난한 나라 중 하나였지만, 훗날 세계 10위 ●경제 대국으로 성장하는 **기적**을 이루어 냈다.

● **상식(보통지식)** 사람들이 보통 알고 있거나 알아야 하는 지식

● **기이하다(奇 기이하다 기, 異 다르다 이)** 보통의 것과 아주 다르고 이상하다

● **경제 대국** 다른 나라에 비하여 경제력이나 경제 수준이 높은 나라

펌프

영어 pump

사람이 손잡이를 상하로 되풀이하여 움직임으로써 / 땅속에 박혀 있는 관을 통하여 / 지하수가 땅 위로 나오도록 하는 / 기구

예 예전에는 **펌프**에 ●마중물을 붓고 지하수를 퍼 올려서 ●식수를 얻었다.

● **마중물** 펌프에서 물을 이끌어 올리기 위해 붓는 한 바가지 물

● **식수(食 밥·먹다 식, 水 물 수)** 먹는 물

조르다

다른 사람에게 무엇을 / ●끈덕지게 자꾸 ●요구하다

예 장난감이 갖고 싶었던 아이는 엄마에게 장난감을 사 달라고 **졸랐다**.

● **끈덕지다** 한결같이 부지런하고 끈기(참을성이 있게 견디는 성질)가 있다

● **요구하다** 필요한 것을 달라고 청하다(원하다. 바라다)

모금

한자 모을 모 募
쇠 금 金

●기부금, ●성금 등을 / 모음

예 아이는 ●불우 이웃을 돕기 위한 **모금**에 자신의 용돈을 ●기부했다.

● **기부금** 자선, 장학 사업 따위의 공적인 일이나 남을 도우려고 내놓은 돈

● **성금** (정성으로 내어) 모은 돈 ● **불우** 살림이나 처지가 딱하고 어려움

● **기부하다** 남을 돕기 위하여 돈·물건을 내놓다

참여하다

한자 참여할 참 參
더불 여 與

어떤 일에 끼어들어 / ●관계하다

예 아이는 ●사치스러운 물건을 사지 않고 모은 돈으로 모금 운동에 **참여했다**.

● **관계하다** (둘 이상의 사람·사물·현상 따위가) 서로 관련을 맺어 얽혀 있다

● **사치스럽다** 필요 이상의 돈이나 물건을 쓰거나, 자신의 처지(형편)에 비해 지나칠 만큼 호화롭거나 고급스러운 데가 있다

강제

한자 강할 강 强
절제할 제 制

마음에 없는 일을 / 남에게 억지로 시키는 일

예 공부는 부모님이나 선생님의 강요로 마지못해 하는 **강제**가 되어서는 안 되고, 자신의 꿈과 미래를 위해 자기가 스스로 하는 자유가 되어야 한다.

1 **문장을 읽고, 알맞은 낱말을 써 넣어 봅시다.**

1) 상식으로는 생각할 수 없는 기이하고 놀라운 일 ☐ ☐

2) 사람이 손잡이를 상하로 되풀이하여 움직임으로써 땅속에 박혀
있는 관을 통하여 지하수가 땅 위로 나오도록 하는 기구 ☐ ☐

**15주
2일**

3) 다른 사람에게 무엇을 끈덕지게 자꾸 요구하다 ☐ ☐ ☐

4) 기부금, 성금 등을 모음 ☐ ☐

5) 어떤 일에 끼어들어 관계하다 ☐ ☐ ☐

6) 마음에 없는 일을 남에게 억지로 시키는 일 ☐ ☐

2 **밑줄 친 곳에 알맞은 낱말을 써 넣어 문장을 완성해 봅시다.**

1) 대한민국은 육이오 전쟁 이후에 세계에서 가장 가난한 나라 중 하나였지만, 훗날
세계 10위 경제 대국으로 성장하는 _____ 을 이루어 냈다.

2) 예전에는 _____ 에 마중물을 붓고 지하수를 퍼 올려서 식수를 얻었다.

3) 장난감이 갖고 싶었던 아이는 엄마에게 장난감을 사 달라고 _____ .

4) 아이는 불우 이웃을 돕기 위한 _____ 에 자신의 용돈을 기부했다.

5) 아이는 사치스러운 물건을 사지 않고 모은 돈으로 모금 운동에 _____ .

6) 공부는 부모님이나 선생님의 강요로 마지못해 하는 _____ 가 되어서는
안 되고, 자신의 꿈과 미래를 위해 자기가 스스로 하는 자유가 되어야 한다.

| **장터** | **장이 서는 / 곳** |
| 한자 마당 장 場 | 예 불우 이웃을 돕기 위한 모금을 하기 위해 학생들은 교실에 **장터**를 열어 각자 가져온 물건들을 거래했다. |

*장(시장) 많은 사람이 모여 여러 가지 물건을 팔고 사는 곳

비 장, 장마당, 장판, 시장터

딛다 (디디다)

어려운 상황을 / 견디어 *내다 또는 이겨 내다

예 일본은 만세 운동을 하는 사람들에게 총칼을 휘두르고, 강제로 학교 문을 닫게 하였지만, 유관순은 이런 어려움을 **딛고** 독립 만세 운동을 하였다.

*내다   앞말이 뜻하는 행동을 '스스로의 힘으로 끝내 이루어냄'을 나타내는 말

상상하다

한자 생각 상 想
모양 상 像

경험하지 못한 일을 / 마음속으로 *미루어 / 생각하다

예 학생들은 20년 후 자신의 모습을 **상상하며** *미래의 자신에게 편지를 썼다.

*미루다   무엇을 이미 알려진 것에 비추어(견주어) 생각하다

*미래(앞날, 장래)(未 아니다 미, 來 오다 래, 將 장차 장)   앞으로 올 날 · 때

발자취 (족적)

지나온 날들의 / *경력 또는 업적

예 전기문을 읽으면 인물이 남긴 **발자취**를 알 수 있고, 본받을 만한 교훈도 얻을 수 있다.

*경력(經 지나다 경, 歷 지나다 력)   지금까지 겪어 지내 온 일들

감상문

한자 느낄 감 感
생각 상 想
글월 문 文

마음에 떠오르는 / 느낌, 생각을 / 쓴 글

예 헬렌 켈러의 전기문을 읽고 감명 깊게 읽은 내용과 본받고 싶은 발자취를 간추려서 **감상문**을 썼다.

조화

한자 고를 조 調
화할 화 和

서로 잘 어울림

예 빨간색, 노란색, 갈색 등의 *알록달록한 단풍잎들이 **조화**를 이루며 가을의 *정취를 *물씬 풍긴다.

*알록달록하다   (사물이나 그 색이) 다양하게 모여 있는 무늬를 이룬 상태이다

*정취   깊은 정서(감정)를 자아내는 흥취(마음이 끌릴 만큼 좋은 멋)

*물씬   매우 심한 냄새가 풍기는(냄새 · 분위기 따위가 나는) 모양

→ 바른 답 13쪽

공부한 날   월   일   학습평가 ☑

1 문장을 읽고, 알맞은 낱말을 써 넣어 봅시다.

1) 장이 서는 곳

2) 어려운 상황을 견디어 내다 또는 이겨 내다

3) 경험하지 못한 일을 마음속으로 미루어 생각하다

4) 지나온 날들의 경력 또는 업적

5) 마음에 떠오르는 느낌, 생각을 쓴 글

6) 서로 잘 어울림

15주
3일

2 밑줄 친 곳에 알맞은 낱말을 써 넣어 문장을 완성해 봅시다.

1) 불우 이웃을 돕기 위한 모금을 하기 위해 학생들은 교실에 _____ 를 열어 각자 가져온 물건들을 거래했다.

2) 일본은 만세 운동을 하는 사람들에게 총칼을 휘두르고, 강제로 학교 문을 닫게 하였지만, 유관순은 이런 어려움을 _____ 독립 만세 운동을 하였다.

3) 학생들은 20년 후 자신의 모습을 _____ 미래의 자신에게 편지를 썼다.

4) 전기문을 읽으면 인물이 남긴 _____ 를 알 수 있고, 본받을 만한 교훈도 얻을 수 있다.

5) 헬렌 켈러의 전기문을 읽고 감명 깊게 읽은 내용과 본받고 싶은 발자취를 간추려서 _____ 을 썼다.

6) 빨간색, 노란색, 갈색 등의 알록달록한 단풍잎들이 _____ 를 이루며 가을의 정취를 물씬 풍긴다.

4일 7. 독서 감상문을 써요

감동
한자 느낄 감 感
움직일 동 動

무엇을 / 깊이 느껴 / 마음이 움직임

예 《아낌없이 주는 나무》를 읽고 아이에게 모든 것을 주는 나무의 행동에 **감동**을 받았다.

인상(이) 깊다
한자 도장 인 印
코끼리 상 象

마음속에 °강렬하게 새겨져 / °뚜렷이 남다 또는 °잊히지 않다

예 이야기에서 감동 받은 부분을 찾을 때는 일어난 일, 인물의 행동, 인물의 마음 따위에서 자신이 °**인상 깊게** 느끼는 부분이 있는지 생각해 본다.

° **강렬하다**   강하고 열렬하다(매우 세차다)

° **뚜렷이**   아주 분명하고 확실하게   ° **잊히다**   생각이 나지 않게 되다

° **인상**   (어떤 대상에 대해) 마음에 새겨지는 느낌

비 인상(이) 짙다, 각인되다

흥미진진하다
한자 일 흥 興
맛 미 味
나루 진 津
나루 진 津

넘쳐흐를 정도로 / °흥미가 매우 많다

예 주인공이 전쟁에서 죽을 °고비를 넘기며 °생존하는 과정이 **흥미진진했**다.

° **흥미**   흥(즐겁고 재미있고 좋아서 일어나는 감정)을 느끼는 재미

° **고비**   일의 과정에서 가장 중요한 기회나 막다른 때의 상황

° **생존하다**(生 살다 생, 存 있다 존)   죽지 않고 끝까지 살아남다(살아서 남아 있게 되다)

진정하다
한자 참 진 眞
바를 정 正

°참되고 °올바르다

예 어려움에 처했을 때 도움을 주는 친구가 **진정한** 친구이다.

° **참되다**   (거짓이 없이) 진실하고 올바르다

° **올바르다**   (말, 생각, 행동 따위가) 옳고 바르다

포기하다
한자 던질 포 抛
버릴 기 棄

일을 하는 도중에 / 그만두다

예 《갈매기의 꿈》에서 조나단이 **포기하지** 않고 계속 노력한 끝에 결국 진정한 자유를 얻는 장면이 가장 인상 깊었다.

고되다
한자 쓸 고 苦

하는 일이 / °힘겨워 몹시 힘들다

예 아침부터 저녁까지 땡볕에서 °수시로 농작물을 °가꾸어야 하는 농사는 도시에서 나고 자란 그에게 무척 **고된** 일이었다.

° **힘겹다**   (일이) 힘이 못 미치거나 모자라서 해내기 어렵다

° **수시로**(隨 따르다 수, 時 때 시)   (시간 나는 대로) 아무 때나 늘

° **가꾸다**   식물을 손질하고 보살피다

→ 바른 답 13쪽

1 　문장을 읽고, 알맞은 낱말을 써 넣어 봅시다.

1) 무엇을 깊이 느껴 마음이 움직임

2) 마음속에 강렬하게 새겨져 뚜렷이 남다
또는 잊히지 않다

3) 넘쳐흐를 정도로 흥미가 매우 많다

4) 참되고 올바르다

5) 일을 하는 도중에 그만두다

6) 하는 일이 힘겨워 몹시 힘들다

15주
4일

2 　밑줄 친 곳에 알맞은 낱말을 써 넣어 문장을 완성해 봅시다.

1) 《아낌없이 주는 나무》를 읽고 아이에게 모든 것을 주는 나무의 행동에 _____ 을 받았다.

2) 이야기에서 감동 받은 부분을 찾을 때는 일어난 일, 인물의 행동, 인물의 마음 따위에서 자신이 _____ 느끼는 부분이 있는지 생각해 본다.

3) 주인공이 전쟁에서 죽을 고비를 넘기며 생존하는 과정이 _____ .

4) 어려움에 처했을 때 도움을 주는 친구가 _____ 친구이다.

5) 《갈매기의 꿈》에서 조나단이 _____ 않고 계속 노력한 끝에 결국 진정한 자유를 얻는 장면이 가장 인상 깊었다.

6) 아침부터 저녁까지 땡볕에서 수시로 농작물을 가꾸어야 하는 농사는 도시에서 나고 자란 그에게 무척 _____ 일이었다.

세시 풍속

한자 해 세 歲
때 시 時
바람 풍 風
풍속 속 俗

한 해의 / °절기, 달, 계절에 따라 / °민간에서 전하여 온 / °풍속

예 음력 5월 5일 단오에는 나쁜 기운을 쫓는다는 의미로
°창포물에 머리를 감는 **세시 풍속**이 있었다.

° **절기(節 마디 절, 氣 기운 기)**　　　한 해를 스물넷으로 나눈 계절의 구분
° **민간(民 백성 민, 間 사이 간)**　　　보통 서민들의 사회
° **풍속**　　　예로부터 그 사회에 전해 오는 의 · 식 · 주 및 그 밖의 생활에 관한 습관
° **창포물**　　　여러해살이풀인 창포의 잎과 뿌리를 우려낸 물. 단오에 머리를 감거나 몸
을 씻는 데에 씀

음력 (태음력)

한자 그늘 음 陰
책력 력 曆

달이 / 지구 둘레를 한 바퀴 도는 데 걸리는 시간을 / 한 달로 삼아 만든 / 달력

예 달이 지구 둘레를 한 바퀴 도는 데 걸리는 시간은 평균 29.53일 정도여서 **음력**
에서 한 달은 29일과 30일을 번갈아 사용한다.

동지

한자 겨울 동 冬
이를 지 至

24절기 중 / 22번째 절기

예 음력 11월의 세시 풍속인 **동지**에는 병을 옮기는 무서운 귀신을 쫓아내려고 팥
죽을 먹었다.

시작하다

한자 비로소 시 始
지을 작 作

일, 행동, 현상의 / 첫 부분을 °행하다

예 심판이 휘슬을 불자 선수들은 경기를 **시작했다.**

° **행하다(行 다니다 · 가다 행)**　　　(어떤 일을) 실제로 해 나가다

회복되다

한자 돌아올 회 回
회복할 복 復

이전의 상태로 돌아가다 또는 원래의 상태를 되찾다

예 동지는 낮이 길어지기 시작하는 날로, 옛날 사람들은 이날부터 태양의 °기운
이 **회복된다**고 생각했다.

° **기운**　　　하늘과 땅 사이에 가득 차서, 만물이 나고 자라는 힘의 근원

부여하다

한자 붙을 부 附
더불 여 與

사물, 일에 / 가치, °의의 따위를 / 붙여 주다

예 세시 풍속에는 계절의 °변화 하나하나에 °의미를 **부여하고**, 삶을 즐겁게 보내
려는 조상들의 °지혜가 담겨 있다.

° **의의(의미)(意 뜻 의, 義 옳다 의, 味 맛 미)**　　　(어떤 사물, 일, 사실, 행위 따위가 갖는)
　　　　　　　　　　　　　　　　　　　　　　　　중요성, 가치
° **변화(變 변하다 변, 化 되다 화)**　　　(사물의 성질, 모양, 상태 따위가) 변하여 달라짐
° **지혜**　　　사물의 이치나 상황을 깨닫고 그것에 슬기롭게 대처할(알맞은 조치를 취
할) 방법을 생각해 내는 정신 능력

교과서 222~225쪽 | 독서 감상문을 써요 1단원

1 문장을 읽고, 알맞은 낱말을 써 넣어 봅시다.

1) 한 해의 절기, 달, 계절에 따라 민간에서
전하여 온 풍속

2) 달이 지구 둘레를 한 바퀴 도는 데 걸리는 시간을
한 달로 삼아 만든 달력

3) 24절기 중 22번째 절기

4) 일, 행동, 현상의 첫 부분을 행하다

5) 이전의 상태로 돌아가다 또는 원래의 상태를 되찾다

6) 사물, 일에 가치, 의의 따위를 붙여 주다

2 밑줄 친 곳에 알맞은 낱말을 써 넣어 문장을 완성해 봅시다.

1) 음력 5월 5일 단오에는 나쁜 기운을 쫓는다는 의미로 창포물에 머리를 감는
_____ 이 있었다.

2) 달이 지구 둘레를 한 바퀴 도는 데 걸리는 시간은 평균 29.53일 정도여서
_____ 에서 한 달은 29일과 30일을 번갈아 사용한다.

3) 음력 11월의 세시 풍속인 _____ 에는 병을 옮기는 무서운 귀신을 쫓아내려고
팥죽을 먹었다.

4) 심판이 휘슬을 불자 선수들은 경기를 _____ .

5) 동지는 낮이 길어지기 시작하는 날로, 옛날 사람들은 이날부터 태양의 기운이
_____ 생각했다.

6) 세시 풍속에는 계절의 변화 하나하나에 의미를 _____ , 삶을 즐겁게
보내려는 조상들의 지혜가 담겨 있다.

1 문장을 읽고, 알맞은 낱말을 써 넣어 봅시다.

1) 일, 행동, 현상의 첫 부분을 행하다 _____

2) 하는 일이 힘겨워 몹시 힘들다 _____

3) 한 해의 절기, 달, 계절에 따라 민간에서 전하여 온 풍속 _____

4) 달이 지구 둘레를 한 바퀴 도는 데 걸리는 시간을
한 달로 삼아 만든 달력 _____

5) 사물, 일에 가치, 의의 따위를 붙여 주다 _____

6) 갖고 있는 생각, 뜻이 서로 잘 통함 _____

7) 무엇을 깊이 느껴 마음이 움직임 _____

8) 장이 서는 곳 _____

9) 기부금, 성금 등을 모음 _____

10) 서로 잘 어울림 _____

11) 지나온 날들의 경력 또는 업적 _____

12) 넘쳐흐를 정도로 흥미가 매우 많다 _____

13) 어떤 일에 끼어들어 관계하다 _____

14) 행동, 성격이 몹시 거칠고 사납다 _____

15) 어려운 상황을 견디어 내다 또는 이겨 내다 _____

⟶ 바른 답 13쪽

16) 앞으로 닥칠 여러 가지 일   _____

17) 물질세계에 있는 구체적이고 개별적인 대상을 통틀어
     이르는 말   _____

18) 참되고 올바르다   _____

19) 경험하지 못한 일을 마음속으로 미루어 생각하다   _____

20) 상식으로는 생각할 수 없는 기이하고 놀라운 일   _____

21) 다른 사람에게 무엇을 끈덕지게 자꾸 요구하다   _____

22) 마음에 없는 일을 남에게 억지로 시키는 일   _____

23) 마음에 떠오르는 느낌, 생각을 쓴 글   _____

24) 마음속에 강렬하게 새겨져 뚜렷이 남다
     또는 잊히지 않다   _____

25) 일을 하는 도중에 그만두다   _____

26) 사람이 손잡이를 상하로 되풀이하여 움직임으로써 땅속에 박혀
     있는 관을 통하여 지하수가 땅 위로 나오도록 하는 기구   _____

27) 사람이 태어나서 죽을 때까지의 살아 있는 동안   _____

28) 24절기 중 22번째 절기   _____

29) 이전의 상태로 돌아가다 또는 원래의 상태를 되찾다   _____

30) 매우 소중하고 · 꼭 필요하다   _____

2 밑줄 친 곳에 알맞은 낱말을 써 넣어 문장을 완성해 봅시다.

1) 아이는 사치스러운 물건을 사지 않고 모은 돈으로 모금 운동에 _____ .

2) 사람들과 의사소통을 할 수 없게 되자 헬렌은 소리를 지르며 걷어차고 물어뜯고 때리는 _____ 행동을 했다.

3) 우리 담임 선생님을 만난 날은 내 생애에서 가장 _____ 날이었다.

4) 음력 5월 5일 단오에는 나쁜 기운을 쫓는다는 의미로 창포물에 머리를 감는 _____ 이 있었다.

5) 헬렌 켈러의 전기문을 읽고 감명 깊게 읽은 내용과 본받고 싶은 발자취를 간추려서 _____ 을 썼다.

6) 예전에는 _____ 에 마중물을 붓고 지하수를 퍼 올려서 식수를 얻었다.

7) 심판이 휘슬을 불자 선수들은 경기를 _____ .

8) 달이 지구 둘레를 한 바퀴 도는 데 걸리는 시간은 평균 29.53일 정도여서 _____ 에서 한 달은 29일과 30일을 번갈아 사용한다.

9) 공부는 부모님이나 선생님의 강요로 마지못해 하는 _____ 가 되어서는 안 되고, 자신의 꿈과 미래를 위해 자기가 스스로 하는 자유가 되어야 한다.

10) 음력 11월의 세시 풍속인 _____ 에는 병을 옮기는 무서운 귀신을 쫓아내려고 팥죽을 먹었다.

11) 《아낌없이 주는 나무》를 읽고 아이에게 모든 것을 주는 나무의 행동에 _____ 을 받았다.

12) 생각이 바뀌면 행동이 바뀌고, 행동이 바뀌면 습관이 바뀌고, 습관이 바뀌면 인격이 바뀌고, 인격이 바뀌면 _____ 이 바뀐다.

13) 이야기에서 감동 받은 부분을 찾을 때는 일어난 일, 인물의 행동, 인물의 마음 따위에서 자신이 _____ 느끼는 부분이 있는지 생각해 본다.

14) 《갈매기의 꿈》에서 조나단이 _____ 않고 계속 노력한 끝에 결국 진정한 자유를 얻는 장면이 가장 인상 깊었다.

→ 바른 답 13쪽

15주
평가

15) 주인공이 전쟁에서 죽을 고비를 넘기며 생존하는 과정이 _____ .

16) 불우 이웃을 돕기 위한 모금을 하기 위해 학생들은 교실에 _____ 를 열어 각자 가져온 물건들을 거래했다.

17) 세시 풍속에는 계절의 변화 하나하나에 의미를 _____ , 삶을 즐겁게 보내려는 조상들의 지혜가 담겨 있다.

18) 일본은 만세 운동을 하는 사람들에게 총칼을 휘두르고, 강제로 학교 문을 닫게 하였지만, 유관순은 이런 어려움을 _____ 독립 만세 운동을 하였다.

19) 동지는 낮이 길어지기 시작하는 날로, 옛날 사람들은 이날부터 태양의 기운이 _____ 생각했다.

20) 학생들은 20년 후 자신의 모습을 _____ 미래의 자신에게 편지를 썼다.

21) 대한민국은 육이오 전쟁 이후에 세계에서 가장 가난한 나라 중 하나였지만, 훗날 세계 10위 경제 대국으로 성장하는 _____ 을 이루어 냈다.

22) 전기문을 읽으면 인물이 남긴 _____ 를 알 수 있고, 본받을 만한 교훈도 얻을 수 있다.

23) 장난감이 갖고 싶었던 아이는 엄마에게 장난감을 사 달라고 _____ .

24) 두 아이는 취향이 비슷해서 어떤 대화를 하더라도 _____ 이 잘된다.

25) 전기문을 읽으면 한 인물의 _____ 를 알 수 있고, 교훈도 얻을 수 있다.

26) 눈으로 볼 수 있고 손으로 만질 수 있는 세상의 모든 _____ 에는 각자의 이름이 있다.

27) 아이는 불우 이웃을 돕기 위한 _____ 에 자신의 용돈을 기부했다.

28) 빨간색, 노란색, 갈색 등의 알록달록한 단풍잎들이 _____ 를 이루며 가을의 정취를 물씬 풍긴다.

29) 어려움에 처했을 때 도움을 주는 친구가 _____ 친구이다.

30) 아침부터 저녁까지 땡볕에서 수시로 농작물을 가꾸어야 하는 농사는 도시에서 나고 자란 그에게 무척 _____ 일이었다.

1 일

7. 독서 감상문을 써요

동기

한자 움직일 동 動
틀 기 機

일, 행동을 / 시작하게 만든 / •원인

예 공부를 전혀 하지 않았던 아이가 공부를 시작하게 된 **동기**는 시험에서 100점을 받으면 휴대폰을 사주겠다는 부모님의 약속이었다.

• 원인(原 언덕 · 근원 원, 因 말미암다 인)   어떤 결과 · 일 · 사건 · 현상 따위를 벌어지게 만든 일

기억하다

한자 기록할 기 記
생각할 억 憶

과거의 경험, 지식, 인상 따위를 / 머릿속에 •새겨 두다 또는 •되살려 생각해 내다

예 노인은 오십 년 전 그날의 사건을 어제 일처럼 •생생히 **기억했다.**

• 새기다   (잊지 않도록 마음속에 깊이) 간직하다. 기억하다
• 되살다   (잊혀진 기억 · 감정 등이) 다시 일어나다
• 생생히   기억이나 현상이 마치 눈앞에 보이는 것처럼 또렷하고 분명히

감명

한자 느낄 감 感
새길 명 銘

무엇을 크게 느껴 / 마음속에 깊이 새김 또는 그 새겨진 느낌

예 독서 감상문을 쓰면 **감명** 깊게 읽은 부분이나 인상 깊은 장면을 기억할 수 있다.

간략하다

한자 대쪽 ·
간략할 간 簡
간략할 략 略

•간단하고 · •짤막하다

예 친구들이 "공부를 시작하게 된 동기가 뭐냐"고 묻자 아이는 "휴대폰을 갖고 싶어서"라고 **간략하게** 대답했다.

• 간단하다(簡 간략하다 간, 單 홀로 · 오직 단) 단순하고 쉽다
• 짤막하다   길이가 좀 짧은 듯하다

산소

한자 메 산 山
바 소 所

사람의 무덤을 / 높여서 부르는 말

예 •한식에는 조상의 **산소**를 찾아 •성묘를 하는 세시 풍속이 있다.

• 한식(한식날)   우리나라 명절의 하나. 4월 5일이나 6일쯤이 됨
• 성묘   조상의 산소를 찾아 돌봄
비 묘(墓 무덤 묘), 묘소, 무덤

대관령

한자 큰 대 大
관계할 관 關
고개 령 嶺

강원도 강릉시 성산면과 · 평창군 대관령면 / 사이에 있는 / •고개

예 높은 산지로 둘러싸인 높이 832m의 **대관령**은 고개가 험해서 오르내릴 때 '대굴대굴 크게 구르는 고개'라는 뜻의 '대굴령'에서 음을 빌려 **대관령**이 되었다는 이야기가 전해진다.

• 고개   산이나 언덕을 넘어 다니도록 길이 나 있는 비탈진 곳

1 문장을 읽고, 알맞은 낱말을 써 넣어 봅시다.

1) 일, 행동을 시작하게 만든 원인 ☐☐

2) 과거의 경험, 지식, 인상 따위를 머릿속에 새겨 두다
또는 되살려 생각해 내다 ☐☐☐☐

3) 무엇을 크게 느껴 마음속에 깊이 새김 또는 그 새겨진 느낌 ☐☐

4) 간단하고 · 짤막하다 ☐☐☐

5) 사람의 무덤을 높여서 부르는 말 ☐☐

6) 강원도 강릉시 성산면과 · 평창군 대관령면 사이에 있는 고개 ☐☐☐

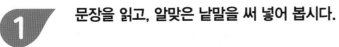

2 밑줄 친 곳에 알맞은 낱말을 써 넣어 문장을 완성해 봅시다.

1) 공부를 전혀 하지 않았던 아이가 공부를 시작하게 된 _____ 는 시험에서
100점을 받으면 휴대폰을 사주겠다는 부모님의 약속이었다.

2) 노인은 오십 년 전 그날의 사건을 어제 일처럼 생생히 _____ .

3) 독서 감상문을 쓰면 _____ 깊게 읽은 부분이나 인상 깊은 장면을 기억할
수 있다.

4) 친구들이 "공부를 시작하게 된 동기가 뭐냐"고 묻자 아이는 "휴대폰을 갖고 싶어서"
라고 _____ 대답했다.

5) 한식에는 조상의 _____ 를 찾아 성묘를 하는 세시 풍속이 있다.

6) 높은 산지로 둘러싸인 높이 832m의 _____ 은 고개가 험해서 오르내릴 때
'대굴대굴 크게 구르는 고개'라는 뜻의 '대굴령'에서 음을 빌려 _____ 이
되었다는 이야기가 전해진다.

어머니의 이슬 털이 | 교과서 226~233쪽 |

청승맞다

사람이나 · 그 모습 따위가 / *궁상스럽고 · *처량하다

예 아이는 점심때가 되면 혼자 **청승맞게** 도시락을 까먹었다.

*궁상스럽다(窮 가난하다 궁, 狀 모양 상)　(사람, 태도, 차림새 따위가) 어렵고 가난한 것처럼 보인다

*처량하다 (凄 쓸쓸하다 처, 涼 서늘하다 · 외롭다 량)　슬플 만큼 외롭고 쓸쓸하다

대담하다

한자 클 대 大
쓸개 담 膽

*담력이 크고 · *용감하다

예 문제집이 풀기 싫었던 아이는 답안지를 베끼는 **대담한** 행동을 했다.

*담력(膽 쓸개 담, 力 힘 력) 겁이 없고 용감한 기운

*용감하다(勇 용감하다 용, 敢 용맹스럽다 감) 용기가 있으며 씩씩하고 기운차다

핑계

잘못된(잘못한) 일에 대해 / 다른 일의 *탓으로 *둘러대는 / *변명

예 '**핑계** 없는 무덤이 없다'는 속담은 무슨 일에라도 반드시 둘러댈 **핑계**는 있다는 뜻이다.

*탓　일이 잘못된 까닭이나 이유

*둘러대다　그럴듯하게 말을 꾸며 대다

*변명(辨 구분하다 변, 明 밝다 명)　잘못이나 실수에 대해 그 까닭을 말함

신작로 (큰길)

한자 새 신 新
지을 작 作
길 로 路

자동차가 다닐 수 있을 정도로 넓은 / 새로 만든 *큰길

예 큰길이 없었던 마을에 **신작로**가 생기면서 그 길로 차들이 다니기 시작했다.

*큰길(대로)(大 크다 대, 路)　크고 넓은 길

옥신각신하다

옳으니, 그르니 하고 / 서로 다투다

예 아이는 동생과 *시시때때로 사소한 일로 **옥신각신하며** *실랑이를 벌인다.

*시시때때로(때때로)(時 때 시)　어느 정도 시간적 간격을 두고 이따금(조금씩 있다가. 가끔)

*실랑이(승강이)　서로 자기주장을 고집하며 옥신각신하는 일

마지못하다

마음이 내키지는 않으나 / 사정에 따라 / 그렇게 하지 않을 수 없다

예 아이는 "학교에 가기 싫다"며 엄마와 한참을 옥신각신하다가 **마지못해** 가방을 메고 집을 나섰다.

비 부득이하다(不 아니다 부, 得 얻다 득, 已 벌써 이), 불가부득하다(不, 可 옳다 가, 不得)

→ 바른 답 13쪽

1 문장을 읽고, 알맞은 낱말을 써 넣어 봅시다.

1) 사람이나 · 그 모습 따위가 궁상스럽고 · 처량하다

2) 담력이 크고 · 용감하다

3) 잘못된(잘못한) 일에 대해 다른 일의 탓으로 둘러대는 변명

4) 자동차가 다닐 수 있을 정도로 넓은 새로 만든 큰길

5) 옳으니, 그르니 하고 서로 다투다

6) 마음이 내키지는 않으나 사정에 따라
그렇게 하지 않을 수 없다

16주
2일

2 밑줄 친 곳에 알맞은 낱말을 써 넣어 문장을 완성해 봅시다.

1) 아이는 점심때가 되면 혼자 _____ 도시락을 까먹었다.

2) 문제집이 풀기 싫었던 아이는 답안지를 베끼는 _____ 행동을 했다.

3) '_____ 없는 무덤이 없다'는 속담은 무슨 일에라도 반드시 둘러댈
_____ 는 있다는 뜻이다.

4) 큰길이 없었던 마을에 _____ 가 생기면서 그 길로 차들이 다니기 시작했다.

5) 아이는 동생과 시시때때로 사소한 일로 _____ 실랑이를 벌인다.

6) 아이는 "학교에 가기 싫다"며 엄마와 한참을 옥신각신하다가 _____ 가방을
메고 집을 나섰다.

봉당

한자 봉할 봉 封
집 당 堂

집에서 마루를 놓을 자리에 / 마루를 놓지 않고 / 흙바닥 그대로 둔 / 곳

예 '**봉당**을 빌려주니 안방까지 달란다'는 속담은 *염치없는 사람을 보고 일컫는 말이다.

*염치없다　(사람이) 체면을 생각하거나, 부끄러움을 아는 마음이 전혀 없다

멈칫거리다

행동, 말 따위를 / 선뜻 하지 못하고 / 자꾸 망설이다

예 아이는 장난감을 선뜻 고르지 못하고 이것저것 들었다 놨다 하며 **멈칫거렸다.**

비 멈칫대다, 멈칫멈칫하다

우거지다

풀, 나무 따위가 / 많이 자라서 *빽빽하다

예 *산길은 나무가 하늘을 *온통 덮을 만큼 **우거져** 있어서 한낮에도 *컴컴했다.

*빽빽하다　(무엇이 어디에) 사이가 촘촘하게 들어찬 상태에 있다

*산길　산에 나 있는 길　　　*온통　통째로 전부. 전부 다

*컴컴하다　시꺼멓게 보일 정도로 아주 어둡다

비 무성하다(茂 우거지다 무, 盛 성하다 성), 울창하다(鬱 울창할 울, 蒼 우거지다 창)

이슬받이

이슬 맺힌 풀이 / 양쪽으로 우거져 있는 / 좁은 길

예 **이슬받이**로 들어서자 좁은 산길 *양옆으로 풀잎이 우거진 채 *늘어져 있었다.

*양옆　좌우(왼쪽과 오른쪽) 양쪽 옆

*늘어지다　물건의 끝이 아래로 처지다

조롱조롱
(주렁주렁)

열매 따위가 / 많이 매달려 있는 모양

예 바람이 불자 풀잎에 **조롱조롱** 매달린 *이슬방울들이 땅바닥으로 *또르르 떨어졌다.

*이슬방울　이슬이 맺혀 생긴 방울(구슬같이 동글동글하게 맺힌 액체 덩어리)

*또르르　작고 둥그스름한 것이 가볍게 구르는 모양. 또는 그 소리

흥건히

물, 눈물, 땀 따위의 액체가 / 어떤 곳에 / *고일 정도로 / 많이

예 이슬이 매달린 풀숲 사이를 지나자, 바지 *자락이 *이내 **흥건히** 젖었다.

*고이다　(액체, 가스, 냄새 따위가) 우묵한 곳에 모이다

*자락　옷, 이불 따위의 아래로 드리운 넓은 조각

*이내　(시간적으로 얼마 되지 않아서) 곧. 또는 지체함이 없이 바로

→ 바른 답 13쪽

1 문장을 읽고, 알맞은 낱말을 써 넣어 봅시다.

1) 집에서 마루를 놓을 자리에 마루를 놓지 않고 흙바닥 그대로 둔 곳 ☐☐

2) 행동, 말 따위를 선뜻 하지 못하고 자꾸 망설이다 ☐☐☐☐☐

3) 풀, 나무 따위가 많이 자라서 빽빽하다 ☐☐☐☐

4) 이슬 맺힌 풀이 양쪽으로 우거져 있는 좁은 길 ☐☐☐☐

5) 열매 따위가 많이 매달려 있는 모양 ☐☐☐☐

6) 물, 눈물, 땀 따위의 액체가 어떤 곳에 고일 정도로 많이 ☐☐☐

16주 3일

2 밑줄 친 곳에 알맞은 낱말을 써 넣어 문장을 완성해 봅시다.

1) '_____을 빌려주니 안방까지 달란다'는 속담은 염치없는 사람을 보고 일컫는 말이다.

2) 아이는 장난감을 선뜻 고르지 못하고 이것저것 들었다 놨다 하며 _____.

3) 산길은 나무가 하늘을 온통 덮을 만큼 _____ 있어서 한낮에도 컴컴했다.

4) _____ 로 들어서자 좁은 산길 양옆으로 풀잎이 우거진 채 늘어져 있었다.

5) 바람이 불자 풀잎에 _____ 매달린 이슬방울들이 땅바닥으로 또르르 떨어졌다.

6) 이슬이 매달린 풀숲 사이를 지나자, 바지 자락이 이내 _____ 젖었다.

7. 독서 감상문을 써요

공감하다
한자 한가지 공 共
느낄 감 感

다른 사람의 의견, 주장, 감정 따위에 대하여 / 자신도 그렇다고 똑같이 느끼다
예 공부가 재미없다는 친구의 말에 아이는 고개를 끄덕이며 깊이 **공감했다**.

일깨우다

어떤 사실, 숨겨진 뜻을 / 일러 주거나 · 가르쳐서 / 깨닫게 하다
예 학생들이 •이구동성으로 공부가 재미없다고 말하자, 교사는 "공부는 원래 누구에게나 재미없기 때문에 공부를 재미없어서 안 한다는 말은 변명에 불과하다"고 학생들을 **일깨웠다**.
•**이구동성** (입은 다르나 목소리는 같다는 뜻으로) 여럿의 말이 한결같음

초대하다
한자 부를 초 招
기다릴 대 待

어떤 모임에 와 줄 것을 / •청하다
예 생일 파티에 열 명의 친구를 **초대했는데**, 한 명만 빼고 모두 •참석했다.
•**청하다** (어떤 일을 이루기 위하여) 남에게 원하다 · 바라다 · 요청하다
•**참석하다** 모임 · 회의 따위를 하는 자리에 함께하다(같이하다)

애정
한자 사랑 애 愛
뜻 정 情

사랑하는 마음
예 고양이를 워낙 좋아하는 아이는 **애정**이 듬뿍 담긴 눈빛으로 지나가는 •길고양이를 바라봤다.
•**길고양이(도둑고양이)** 주인 없이 길을 떠돌아다니며 사는 고양이

오도카니
(우두커니)

걱정, 생각이 있어 / 넋이 나간 듯이 가만히 / 한자리에 서 있거나 · 앉아 있는 모양
예 상대편 선수가 골을 넣자 우리 편 선수들은 충격을 받은 듯 제자리에 **오도카니** 서 있었다.

빙하
한자 얼음 빙 氷
물 하 河

오랫동안 쌓여 단단하게 굳어진 눈이 / 얼음덩어리가 되어 / 낮은 곳으로 천천히 / 흘러내리는 것 또는 흘러내리는 얼음덩어리
예 남극과 •그린란드에 있는 **빙하**가 지구에 있는 전체 **빙하**의 97.5•퍼센트를 •차지한다.
•**그린란드(Greenland)** 대서양과 북극해 사이에 있는, 세계에서 가장 큰 섬. 전체 면적의 약 85퍼센트가 얼음에 덮여 있다
•**퍼센트(percent)** (전체의 양을 100이라고 할 때) 어떤 양이 100분의 몇이 되는가를 나타내는 단위. 기호로 '%'
•**차지하다** 비율(전체 중에서 일정한 부분)을 이루다

→ 바른 답 13쪽

1 문장을 읽고, 알맞은 낱말을 써 넣어 봅시다.

1) 다른 사람의 의견, 주장, 감정 따위에 대하여
   자신도 그렇다고 똑같이 느끼다

2) 어떤 사실, 숨겨진 뜻을 일러 주거나 · 가르쳐서
   깨닫게 하다

3) 어떤 모임에 와 줄 것을 청하다

4) 사랑하는 마음

5) 걱정, 생각이 있어 넋이 나간 듯이 가만히 한자리에
   서 있거나 · 앉아 있는 모양

6) 오랫동안 쌓여 단단하게 굳어진 눈이 얼음덩어리가 되어 낮은
   곳으로 천천히 흘러내리는 것 또는 흘러내리는 얼음덩어리

16주
4일

2 밑줄 친 곳에 알맞은 낱말을 써 넣어 문장을 완성해 봅시다.

1) 공부가 재미없다는 친구의 말에 아이는 고개를 끄덕이며 깊이 _____ .

2) 학생들이 이구동성으로 공부가 재미없다고 말하자, 교사는 "공부는 원래 누구에게나
   재미없기 때문에 공부를 재미없어서 안 한다는 말은 변명에 불과하다"고 학생들을
   _____ .

3) 생일 파티에 열 명의 친구를 _____ , 한 명만 빼고 모두 참석했다.

4) 고양이를 워낙 좋아하는 아이는 _____ 이 듬뿍 담긴 눈빛으로 지나가는
   길고양이를 바라봤다.

5) 상대편 선수가 골을 넣자 우리 편 선수들은 충격을 받은 듯 제자리에 _____
   서 있었다.

6) 남극과 그린란드에 있는 _____ 가 지구에 있는 전체 _____ 의
   97.5퍼센트를 차지한다.

7. 독서 감상문을 써요

불어나다

무엇이 [•]차차 늘어 / 본디보다 / 커지거나 · 많아지다

㉑ 빙하가 녹아서 바닷물이 **불어나자** 섬들이 하나둘 물에 [•]잠기기 시작했다.

[•] **차차**   정도나 상태가 일정한 방향으로 조금씩 진행되어 가는 모양

[•] **잠기다**   물체가 물속에 가라앉거나 들어가다

비 늘어나다, 붇다, 커지다

안절부절못하다

마음이 / [•]초조하여 / 어쩔 줄 모르다

㉑ 마당으로 [•]들이닥친 바닷물이 자꾸만 불어나자, 불안을 느낀 고양이는 **안절부절못하다가** 나무 위로 올라갔다.

[•] **초조하다(焦 타다 초, 燥 마르다 조)** 마음속이 타는 듯 몹시 불안하고 걱정되다

[•] **들이닥치다** 갑자기 바싹 다다르다(목적한 곳에 이르러 닿다)

**웅크리다
(옹크리다)**

몸을 몹시 [•]오그려 / 작게 하다

㉑ 겨울바람에 세차게 불자 아이는 몸을 **웅크린** 채 길을 걸었다.

[•] **오그리다(우그리다)**   몸을 움츠려 작아지게 하다

나직이

소리가 조금 작고 낮게 또는 높이가 조금 낮게

㉑ 수업 시간에 뒷자리에 앉은 학생이 앞자리에 앉은 학생의 귀에 대고 들릴 듯 말 듯 **나직이** 소곤거렸다.

애원하다

한자 슬플 애 哀
원할 원 願

어떤 사람이 다른 사람에게 / 소원이나 [•]요구 따위를 들어 달라고 / [•]애처롭게 [•]사정하며 · 간절히 [•]원하다

㉑ 흉년이 들어 굶주린 농부는 부자에게 양식을 [•]꾸어 달라고 **애원하였다.**

[•] **요구(要 원하다 요, 求 빌다 구)**   필요한 것을 달라고 청함. 또는 그 청

[•] **애처롭다** 가엾고 불쌍하여 마음이 슬프다

[•] **사정하다** 다른 사람에게 어찌해 달라고 도움을 청하다

[•] **원하다(願)** 무엇을 바라다. 청하다

[•] **꾸다**   뒤에 도로 갚기로 하고 남의 것을 얼마 동안 빌려 쓰다

활주로

한자 미끄러울 활 滑
달릴 주 走
길 로 路

비행장에서, 비행기가 / 뜨거나 내릴 때 / 달리는 길

㉑ **활주로**를 쌩쌩 달리던 비행기가 [•]굉음을 내며 하늘로 날아올랐다.

[•] **굉음(轟 울리다 굉, 音 소리 음)**   몹시 크게 울리는 소리

⟶ 바른 답 13쪽

1 **문장을 읽고, 알맞은 낱말을 써 넣어 봅시다.**

1) 무엇이 차차 늘어 본디보다 커지거나 · 많아지다 ☐☐☐☐

2) 마음이 초조하여 어쩔 줄 모르다 ☐☐☐

3) 몸을 몹시 오그려 작게 하다 ☐☐☐

4) 소리가 조금 작고 낮게 또는 높이가 조금 낮게 ☐☐☐

5) 어떤 사람이 다른 사람에게 소원이나 요구 따위를
들어 달라고 애처롭게 사정하며 · 간절히 원하다 ☐☐☐

6) 비행장에서, 비행기가 뜨거나 내릴 때 달리는 길 ☐☐☐

2 **밑줄 친 곳에 알맞은 낱말을 써 넣어 문장을 완성해 봅시다.**

1) 빙하가 녹아서 바닷물이 _____ 섬들이 하나둘 물에 잠기기 시작했다.

2) 마당으로 들이닥친 바닷물이 자꾸만 불어나자, 불안을 느낀 고양이는
_____ 나무 위로 올라갔다.

3) 겨울바람에 세차게 불자 아이는 몸을 _____ 채 길을 걸었다.

4) 수업 시간에 뒷자리에 앉은 학생이 앞자리에 앉은 학생의 귀에 대고 들릴 듯 말 듯
_____ 소곤거렸다.

5) 흉년이 들어 굶주린 농부는 부자에게 양식을 꾸어 달라고 _____.

6) _____ 를 쌩쌩 달리던 비행기가 굉음을 내며 하늘로 날아올랐다.

1 **문장을 읽고, 알맞은 낱말을 써 넣어 봅시다.**

1)   무엇이 차차 늘어 본디보다 커지거나 · 많아지다   _____

2)   물, 눈물, 땀 따위의 액체가 어떤 곳에 고일 정도로 많이   _____

3)   비행장에서, 비행기가 뜨거나 내릴 때 달리는 길   _____

4)   마음이 초조하여 어쩔 줄 모르다   _____

5)   몸을 몹시 오그려 작게 하다   _____

6)   사람의 무덤을 높여서 부르는 말   _____

7)   어떤 모임에 와 줄 것을 청하다   _____

8)   소리가 조금 작고 낮게 또는 높이가 조금 낮게   _____

9)   다른 사람의 의견, 주장, 감정 따위에 대하여
     자신도 그렇다고 똑같이 느끼다   _____

10) 사람이나 · 그 모습 따위가 궁상스럽고 · 처량하다   _____

11) 간단하고 · 짤막하다   _____

12) 어떤 사람이 다른 사람에게 소원이나 요구 따위를
     들어 달라고 애처롭게 사정하며 · 간절히 원하다   _____

13) 잘못된(잘못한) 일에 대해 다른 일의 탓으로
     둘러대는 변명   _____

14) 과거의 경험, 지식, 인상 따위를 머릿속에 새겨 두다
     또는 되살려 생각해 내다   _____

15) 옳으니, 그르니 하고 서로 다투다   _____

━→ 바른 답 14쪽

16) 마음이 내키지는 않으나 사정에 따라
그렇게 하지 않을 수 없다 _____

17) 어떤 사실, 숨겨진 뜻을 일러 주거나 · 가르쳐서
깨닫게 하다 _____

18) 집에서 마루를 놓을 자리에 마루를 놓지 않고 흙바닥
그대로 둔 곳 _____

19) 강원도 강릉시 성산면과 · 평창군 대관령면 사이에 있는
고개 _____

20) 풀, 나무 따위가 많이 자라서 **빽빽**하다 _____

21) 열매 따위가 많이 매달려 있는 모양 _____

22) 사랑하는 마음 _____

23) 무엇을 크게 느껴 마음속에 깊이 새김 또는 그 새겨진 느낌 _____

24) 이슬 맺힌 풀이 양쪽으로 우거져 있는 좁은 길 _____

25) 담력이 크고 · 용감하다 _____

26) 걱정, 생각이 있어 넋이 나간 듯이 가만히 한자리에
서 있거나 · 앉아 있는 모양 _____

27) 오랫동안 쌓여 단단하게 굳어진 눈이 얼음덩어리가 되어 낮은
곳으로 천천히 흘러내리는 것 또는 흘러내리는 얼음덩어리 _____

28) 자동차가 다닐 수 있을 정도로 넓은 새로 만든 큰길 _____

29) 행동, 말 따위를 선뜻 하지 못하고 자꾸 망설이다 _____

30) 일, 행동을 시작하게 만든 원인 _____

2 밑줄 친 곳에 알맞은 낱말을 써 넣어 문장을 완성해 봅시다.

1) 빙하가 녹아서 바닷물이 _____ 섬들이 하나둘 물에 잠기기 시작했다.

2) '_____을 빌려주니 안방까지 달란다'는 속담은 염치없는 사람을 보고 일컫는 말이다.

3) 독서 감상문을 쓰면 _____ 깊게 읽은 부분이나 인상 깊은 장면을 기억할 수 있다.

4) 아이는 장난감을 선뜻 고르지 못하고 이것저것 들었다 놨다 하며 _____.

5) 한식에는 조상의 _____ 를 찾아 성묘를 하는 세시 풍속이 있다.

6) 산길은 나무가 하늘을 온통 덮을 만큼 _____ 있어서 한낮에도 컴컴했다.

7) 아이는 동생과 시시때때로 사소한 일로 _____ 실랑이를 벌인다.

8) _____ 로 들어서자 좁은 산길 양옆으로 풀잎이 우거진 채 늘어져 있었다.

9) 문제집이 풀기 싫었던 아이는 답안지를 베끼는 _____ 행동을 했다.

10) 아이는 "학교에 가기 싫다"며 엄마와 한참을 옥신각신하다가 _____ 가방을 메고 집을 나섰다.

11) 바람이 불자 풀잎에 _____ 매달린 이슬방울들이 땅바닥으로 또르르 떨어졌다.

12) _____ 를 쌩쌩 달리던 비행기가 굉음을 내며 하늘로 날아올랐다.

13) 이슬이 매달린 풀숲 사이를 지나자, 바지 자락이 이내 _____ 젖었다.

14) 마당으로 들이닥친 바닷물이 자꾸만 불어나자, 불안을 느낀 고양이는 _____ 나무 위로 올라갔다.

15) 공부가 재미없다는 친구의 말에 아이는 고개를 끄덕이며 깊이 _____.

16) 친구들이 "공부를 시작하게 된 동기가 뭐냐"고 묻자 아이는 "휴대폰을 갖고 싶어서"라고 _____ 대답했다.

⟶ 바른 답 14쪽

17) 학생들이 이구동성으로 공부가 재미없다고 말하자, 교사는 "공부는 원래 누구에게나 재미없기 때문에 공부를 재미없어서 안 한다는 말은 변명에 불과하다"고 학생들을 _____ .

18) '_____ 없는 무덤이 없다'는 속담은 무슨 일이라도 반드시 둘러댈 _____ 는 있다는 뜻이다.

19) 생일 파티에 열 명의 친구를 _____ , 한 명만 빼고 모두 참석했다.

20) 고양이를 워낙 좋아하는 아이는 _____ 이 듬뿍 담긴 눈빛으로 지나가는 길고양이를 바라봤다.

21) 상대편 선수가 골을 넣자 우리 편 선수들은 충격을 받은 듯 제자리에 _____ 서 있었다.

22) 수업 시간에 뒷자리에 앉은 학생이 앞자리에 앉은 학생의 귀에 대고 들릴 듯 말 듯 _____ 소곤거렸다.

23) 남극과 그린란드에 있는 _____ 가 지구에 있는 전체 _____ 의 97.5퍼센트를 차지한다.

24) 겨울바람에 세차게 불자 아이는 몸을 _____ 채 길을 걸었다.

25) 아이는 점심때가 되면 혼자 _____ 도시락을 까먹었다.

26) 큰길이 없었던 마을에 _____ 가 생기면서 그 길로 차들이 다니기 시작했다.

27) 공부를 전혀 하지 않았던 아이가 공부를 시작하게 된 _____ 는 시험에서 100점을 받으면 휴대폰을 사주겠다는 부모님의 약속이었다.

28) 노인은 오십 년 전 그날의 사건을 어제 일처럼 생생히 _____ .

29) 높은 산지로 둘러싸인 높이 832m의 _____ 은 고개가 험해서 오르내릴 때 '대굴대굴 크게 구르는 고개'라는 뜻의 '대굴령'에서 음을 빌려 _____ 이 되었다는 이야기가 전해진다.

30) 흉년이 들어 굶주린 농부는 부자에게 양식을 꾸어 달라고 _____ .

16주
평가

1 문장을 읽고, 알맞은 낱말을 써 넣어 봅시다.

1) 사물, 일에 가치, 의의 따위를 붙여 주다 ( )

2) 슬픈 일, 뜻밖의 사건 등으로 마음에 받은 심한 자극 ( )

3) 모든 희망을 끊어 버림 또는 그런 상태 ( )

4) 이전의 상태로 돌아가다 또는 원래의 상태를 되찾다 ( )

5) 여러 방면으로 아는 것이 많다 ( )

6) 앞으로 다가올 날 ( )

7) 무엇이 매우 많아서 넉넉한 느낌이 있다 ( )

8) 마음속으로 하는 궁리 ( )

9) 조선 시대에, 현실 문제를 해결하고·실제 생활에
도움이 되는 것을 목표로 한 학문 ( )

10) 지나온 날들의 경력 또는 업적 ( )

11) 사람, 성품이 너그럽고·덕행이 높다 ( )

12) 사람이 태어나서 죽을 때까지의 살아 있는 동안 ( )

13) 바퀴에 줄을 걸어 힘의 방향을 바꾸거나·작은 힘으로
큰 힘을 내는 장치 ( )

14) 일, 집안, 나라 따위가 한창 잘되어 기운, 세력이 강하고
크게 일어나다 ( )

→ 바른 답 14쪽

15) 담력이 크고 · 용감하다   (   )

16) 하는 일이 힘겨워 몹시 힘들다   (   )

17) 놀라거나, 두려워서 커다래진 눈을 비유적으로 이르는 말   (   )

18) 다른 사람에게 무엇을 끈덕지게 자꾸 요구하다   (   )

19) 자극에 대응하여 어떤 현상이 일어남   (   )

20) 이슬 맺힌 풀이 양쪽으로 우거져 있는 좁은 길   (   )

21) 무엇이 차차 늘어 본디보다 커지거나 · 많아지다   (   )

22) 그해의 바로 다음에 오는 해   (   )

23) 어떤 사실, 숨겨진 뜻을 일러 주거나 · 가르쳐서 깨닫게 하다 (   )

24) 나랏일을 맡아서 하는 기관 또는 그런 곳   (   )

25) 소리가 조금 작고 낮게 또는 높이가 조금 낮게   (   )

26) 책임, 의무를 면하여 주다   (   )

27) 사람이나 · 그 모습 따위가 궁상스럽고 · 처량하다   (   )

28) 사회 질서를 유지하기 위해 사회 구성원이 마땅히 따르고
     지켜야 할 행동 규칙   (   )

29) 자동차가 다닐 수 있을 정도로 넓은 새로 만든 큰길   (   )

30) 앞으로 닥칠 여러 가지 일   (   )

2 밑줄 친 곳에 알맞은 낱말을 써 넣어 문장을 완성해 봅시다.

1) 불우 이웃을 돕기 위한 모금을 하기 위해 학생들은 교실에 _____ 를 열어 각자 가져온 물건들을 거래했다.

2) 음력 5월 5일 단오에는 나쁜 기운을 쫓는다는 의미로 창포물에 머리를 감는 _____ 이 있었다.

3) 전기문을 읽으면 인물이 남긴 _____ 를 알 수 있고, 본받을 만한 교훈도 얻을 수 있다.

4) '시간은 돈이다'는 시간을 _____ 말고 소중히 여겨야 한다는 뜻이다.

5) 아이는 "학교에 가기 싫다"며 엄마와 한참을 옥신각신하다가 _____ 가방을 메고 집을 나섰다.

6) 거중기를 사용하면서 성을 짓는 데 드는 _____ 과 기간을 줄일 수 있었다.

7) 남극과 그린란드에 있는 _____ 가 지구에 있는 전체 _____ 의 97.5퍼센트를 차지한다.

8) 마당으로 들이닥친 바닷물이 자꾸만 불어나자, 불안을 느낀 고양이는 _____ 나무 위로 올라갔다.

9) 제주 목사는 제주도 사람들이 모두 굶어 죽을 위기에 처했다는 사정을 _____ 에 알렸고, _____ 에서는 제주도로 곡식 이만 석을 보내기로 결정했다.

10) 세시 풍속에는 계절의 변화 하나하나에 의미를 _____ , 삶을 즐겁게 보내려는 조상들의 지혜가 담겨 있다.

11) 흉년이 들자 나라에서는 백성들에게 세금을 _____ 주었다.

12) 감기에 걸린 아이는 온몸을 _____ 괴로워했다.

13) 그녀는 제주도에서 손꼽히는 큰 부자가 되었지만, 전보다 더 절약하고 _____ 생활을 하였다.

14) 겨울바람에 세차게 불자 아이는 몸을 _____ 채 길을 걸었다.

15) 수확을 앞두고 태풍이 불어닥치는 바람에 _____ 이 심한 피해를 입었고, 그로 인해 사람들은 꼼짝없이 굶어 죽을 지경에 처했다.

→ 바른 답 14쪽

16) 두 아이는 취향이 비슷해서 어떤 대화를 하더라도 _____ 이 잘된다.

17) 상대편 선수가 골을 넣자 우리 편 선수들은 충격을 받은 듯 제자리에 _____ 서 있었다.

18) 조정에서 보낸 이만 석의 곡식을 실은 배들이 갑자기 불어닥친 태풍에 모두 바닷속으로 _____ .

19) 조선 시대 당시에는 성을 짓는 데 10년 정도 걸렸는데, 정약용이 _____ 를 발명한 덕분에 백성의 수고를 덜고 나라 살림도 아끼게 되었다.

20) 친구들이 "공부를 시작하게 된 동기가 뭐냐"고 묻자 아이는 "휴대폰을 갖고 싶어서" 라고 _____ 대답했다.

21) 가을의 들판은 온갖 열매들과 황금 물결을 이루는 벼이삭들로 _____ .

22) 달이 지구 둘레를 한 바퀴 도는 데 걸리는 시간은 평균 29.53일 정도여서 _____ 에서 한 달은 29일과 30일을 번갈아 사용한다.

23) 아버지가 돌아가시자 그는 아버지의 무덤을 지키는 _____ 를 했다.

24) 교실 안에서도 남자와 여자에 대한 _____ 이 엄연히 존재하고 있으며, 그런 부당한 _____ 을 없애기 위해 학급 구성원 모두가 협조하고 노력해야 한다.

25) 장사의 원칙을 철저히 지킨 김만덕은 나날이 _____ 제주도에서 소문난 부자가 되었다.

26) 빨간색, 노란색, 갈색 등의 알록달록한 단풍잎들이 _____ 를 이루며 가을의 정취를 물씬 풍긴다.

27) 조선 시대의 백성들은 늘 배불리 먹지 못했고, 세금을 내지 못해 남의 집에서 _____ 를 하는 사람도 많았다.

28) 임금이 아무리 나라를 잘 다스려도 지방 관리가 나쁜 짓을 _____ 백성은 어렵게 살 수밖에 없다.

29) 아이는 동생과 시시때때로 사소한 일로 _____ 실랑이를 벌인다.

30) 《국단어 완전 정복》을 꾸준히 공부하면 어휘력이 _____ 향상되는 성과를 얻을 수 있다.

17~19주

칭찬 사과 색칠놀이

하루 공부를 잘 마쳤다면 나에게 칭찬 사과를 선물하세요.
사과 나무에 사과가 주렁주렁 열릴 때까지 열심히 공부합시다!

■ 하루 공부가 끝나면 사과 한 개씩 예쁘게 색칠해 보세요.

칭찬 사과를
색칠해 보세요!!

출발하다

한자 날 출 出
　　 필 발 發

*목적지를 *향해 / 가다

예 정류장으로 뛰어갔지만, 이미 **출발한** 버스는 *저만치 멀어지고 있었다.

*목적지　　목적(이루려고 하는 목표나 방향)으로 삼아 도달해야 할 곳

*향하다(向 나아가다 향)　목적지로 삼거나 그곳에 다다르기 위해 움직여 가다

*저만치(저만큼)　저쯤 떨어진 곳으로

오염

한자 더러울 오 汚
　　 물들 염 染

공기, 물, 환경 따위가 / 더러워짐

예 *환경 **오염**으로 지구의 온도가 높아지면서 남극과 북극의 빙하가 녹자,
　　바닷물 높이가 높아져서 태평양의 작은 섬들이 바다에 잠기게 되었다.

*환경 오염　자연이 파괴되고 동식물과 인간의 생활 환경이 더럽혀지는 일

사전

한자 일 사 事
　　 앞 전 前

일이 일어나기 전 또는 일을 시작하기 전

예 '유비무환'은 **사전**에 *미리 준비가 되어 있으면 걱정할 일이 없다는 뜻이다.

*미리　　어떤 일이 생기기 전에. 어떤 일을 하기에 앞서

부주의

한자 아닐 부 不
　　 부을 주 注
　　 뜻 의 意

조심하지 않음

예 미술 시간에 앞자리에 앉은 친구가 뒤를 돌아보다가 **부주의**로
　　책상 위에 놓인 물통을 *엎질렀다.

*엎지르다　물 따위의 액체를 그릇 밖으로 쏟아지게 하다

안전사고

한자 편안 안 安
　　 온전할 전 全
　　 일 사 事
　　 연고 고 故

조심하지 않거나 · 안전에 관한 지식이 부족하여 / 일어나는 *사고

예 사전 안전 교육을 하면 부주의 때문에 일어나는 **안전사고**를 줄일 수 있다.

*사고(事 일 사, 故 연고 고) 뜻밖에 일어난 불행한 사건

실시하다

한자 열매 실 實
　　 베풀 시 施

무엇을 / 실제로 해 나가다

예 학교에서는 안전사고를 *예방하기 위해 학생들을 대상으로 사전 안전 교육
　　을 **실시했다.**

*예방하다　일이 생기기 전에 미리 막다

비 시행하다(施, 行 다니다 · 가다 행), 실행하다(實行)

1

문장을 읽고, 알맞은 낱말을 써 넣어 봅시다.

1) 목적지를 향해 가다 ☐☐☐☐

2) 공기, 물, 환경 따위가 더러워짐 ☐☐

3) 일이 일어나기 전 또는 일을 시작하기 전 ☐☐

4) 조심하지 않음 ☐☐☐

5) 조심하지 않거나 · 안전에 관한 지식이 부족하여
일어나는 사고 ☐☐☐

6) 무엇을 실제로 해 나가다 ☐☐☐☐

2

밑줄 친 곳에 알맞은 낱말을 써 넣어 문장을 완성해 봅시다.

1) 정류장으로 뛰어갔지만, 이미 _____ 버스는 저만치 멀어지고 있었다.

2) 환경 _____ 으로 지구의 온도가 높아지면서 남극과 북극의 빙하가 녹자,
바닷물 높이가 높아져서 태평양의 작은 섬들이 바다에 잠기게 되었다.

3) '유비무환'은 _____ 에 미리 준비가 되어 있으면 걱정할 일이 없다는 뜻이다.

4) 미술 시간에 앞자리에 앉은 친구가 뒤를 돌아보다가 _____ 로 책상 위에
놓인 물통을 엎질렀다.

5) 사전 안전 교육을 하면 부주의 때문에 일어나는 _____ 를 줄일 수 있다.

6) 학교에서는 안전사고를 예방하기 위해 학생들을 대상으로 사전 안전 교육을
_____ .

2일 8. 생각하며 읽어요

보호하다
 지킬 보 保
도울 호 護

위험, *곤란 따위가 / 미치지 않도록 / 보살피다 또는 지키다

㉾ *인류의 생존을 위해 환경 오염으로부터 지구를 **보호해야** 한다.

* 곤란　　　사정(일의 형편)이 매우 딱하고 어려움. 또는 그런 일
* 인류　　　(동물의 한 종류로서의) 사람을 다른 동물과 구별하는 말

적절하다
 맞을 적 適
끊을 절 切

정도, 기준에 / 꼭 알맞다

㉾ '환경을 보호하기 위해 전기를 아껴 쓰자'는 주장에 대한 근거로 '석탄과 석유
　를 전기 에너지로 바꿀 때 *배출되는 이산화탄소를 줄일 수 있다'는 **적절하다.**

* 배출되다　(주로 불필요한 물질이) 안에서 밖으로 내보내지다

ⓑ 알맞다, 적당하다(適 맞다 적, 當 마땅 당), 적합하다(適, 合 합하다 합)

내리쬐다
(내리쪼이다)

*햇볕이 / 강하게 아래로 *비치다

㉾ 햇볕이 **내리쬐는** 무척 더운 날에 아버지와 아이가 땀을
　*뻘뻘 흘리며 당나귀를 끌고 시장에 가고 있다.

* 햇볕(볕)　해에서 내리쬐는 뜨거운 기운
* 비치다　　빛이 닿아서 환하게 되다　　* 뻘뻘　땀을 많이 흘리는 모양

미련하다

터무니없는 고집을 부릴 정도로 / 생각, 행동이 / *둔하다

㉾ '**미련한** 사람이 범 잡는다'는 속담은 무엇이 무서운지도 모르는 어리석은 사람
　이 어쩌다 우연히 *큰일을 하게 됨을 비유적으로 이르는 말이다.

* 둔하다　　(사람이나 그 머리가) 나쁘거나, 일을 처리하는 능력이 낮다
* 큰일　　　다루는 데 힘이 많이 들고 범위가 넓은 일. 또는 매우 중요한 일

ⓑ 둔하다(鈍 둔하다 둔), 아둔하다, 우둔하다, 어리석다

호통을 치다

크게 꾸짖고 · *주의를 주다

㉾ 아버지는 걷고 아이는 편하게 당나귀를 타고 가는 모습을 본 노인은 "요즘
　아이들이란 저렇게 *버릇이 없단 말이지!"라며 **호통을 쳤다.**

* 주의　　　잘못에 대해 조심하도록 말해 주거나 가르쳐서 깨닫게 함. 또는 그러한
　　　　　　말이나 행위
* 버릇　　　어른(윗사람)에게 마땅히 차려야 할 예의

부치다

힘이 모자라다

㉾ 아버지와 아이를 태운 당나귀는 힘에 **부친** 듯 *비틀비틀 걸음을 옮겼다.

* 비틀비틀　몸을 바로 가누지 못하고 계속 이리저리 쓰러질 듯이 걷는 모양

 당나귀를 팔러 간 아버지와 아이 이야기 | 교과서 248~253쪽 |

1 문장을 읽고, 알맞은 낱말을 써 넣어 봅시다.

1) 위험, 곤란 따위가 미치지 않도록 보살피다
   또는 지키다
   ⬜⬜⬜⬜

2) 정도, 기준에 꼭 알맞다
   ⬜⬜⬜⬜

3) 햇볕이 강하게 아래로 비치다
   ⬜⬜⬜⬜

4) 터무니없는 고집을 부릴 정도로 생각, 행동이 둔하다
   ⬜⬜⬜⬜

5) 크게 꾸짖고 · 주의를 주다
   ⬜⬜⬜

6) 힘이 모자라다
   ⬜⬜⬜

2 밑줄 친 곳에 알맞은 낱말을 써 넣어 문장을 완성해 봅시다.

1) 인류의 생존을 위해 환경 오염으로부터 지구를 _____ 한다.

2) '환경을 보호하기 위해 전기를 아껴 쓰자'는 주장에 대한 근거로 '석탄과 석유를 전기 에너지로 바꿀 때 배출되는 이산화탄소를 줄일 수 있다'는 _____.

3) 햇볕이 _____ 무척 더운 날에 아버지와 아이가 땀을 뻘뻘 흘리며 당나귀를 끌고 시장에 가고 있다.

4) '_____ 사람이 범 잡는다'는 속담은 무엇이 무서운지도 모르는 어리석은 사람이 어쩌다 우연히 큰일을 하게 됨을 비유적으로 이르는 말이다.

5) 아버지는 걷고 아이는 편하게 당나귀를 타고 가는 모습을 본 노인은 "요즘 아이들 이란 저렇게 버릇이 없단 말이지!"라며 _____.

6) 아버지와 아이를 태운 당나귀는 힘에 _____ 듯 비틀비틀 걸음을 옮겼다.

당나귀를 팔러 간 아버지와 아이의 이야기 | 교과서 248~253쪽 |

아낙 (아낙네)

남의 집 *부녀자를 / 부르는 말

예 냇가에서 빨래를 하던 **아낙**은 "이렇게 더운 날 아이는 걷게 하고 자기만 편하게 당나귀를 타고 가다니. 저런 사람이 *아비라고 할 수 있나!"라며 *혀를 찼다.

* 부녀자   결혼한 여자와 성숙한 여자

* 아비   아버지의 낮춤말

* 혀를 차다   마음에 들지 않거나 불쾌할 때 혀끝으로 입천장을 쳐서 소리를 내다

다다르다

목적한 곳에 / 이르다

예 학교 정문에 거의 **다다랐을** 때 준비물을 집에 두고 왔다는 사실을 알았다.

비 이르다, 닿다, 도착하다(到 이르다어떤 장소나 시간에 닿다 도, 着 붙다 착)

버둥거리다 (바동거리다)

사람, 동물이 / 매달리거나 · 눕거나 · 주저앉아서 / 팔다리를 내저으며 몸을 자꾸 움직이다

예 당나귀가 **버둥거리는** 바람에 아버지와 아들은 *그만 당나귀를 놓치고 말았다.

* 그만   달리 어찌할 방법이 없어서

비 버둥대다, 버둥버둥하다, 발버둥질하다

물살

물이 흐르는 / 힘

예 *부자가 놓친 당나귀는 강에 빠져서 세찬 **물살**에 *떠내려가고 말았다.

* 부자(父: 아버지 부, 子: 아들 자)   아버지와 아들

* 떠내려가다   물 위에 둥둥 떠서 내려가다

판단

한자 판단할 판 判
끊을 단 斷

어떤 대상의 / 상황, 시비(옳고 그름), 우열(나음과 못함) 따위를 따져서 / 분명하게 정함

예 적절하지 못한 남의 의견을 *무조건 받아들이면 잘못된 **판단**을 할 수 있다.

* 무조건(無 없다 무, 條 가지 조, 件 물건 · 사건 건)   조건 없이. 덮어놓고

후회하다

한자 뒤 후 後
뉘우칠 회 悔

이전의 잘못을 / 깨닫고 *뉘우치다

예 남의 말을 무조건 듣다가 귀한 당나귀를 잃은 부자는 *뒤늦게 **후회했지만**, 아무 *소용없었다.

* 뉘우치다   자신의 잘못(잘하지 못한 일)을 스스로 깨닫고 몹시 심하게 꾸짖다

* 뒤늦다   이미 제때(알맞은 때)가 지나 꽤 늦다

* 소용없다(쓸데없다)   (무엇이 사람에게) 아무런 쓸모나 득이 될 것이 없다

⟶ 바른 답 14쪽

1 **문장을 읽고, 알맞은 낱말을 써 넣어 봅시다.**

1) 남의 집 부녀자를 부르는 말

2) 목적한 곳에 이르다

3) 사람, 동물이 매달리거나 · 눕거나 · 주저앉아서 팔다리를 내저으며 몸을 자꾸 움직이다

4) 물이 흐르는 힘

5) 어떤 대상의 상황, 시비(옳고 그름), 우열(나음과 못함) 따위를 따져서 분명하게 정함

6) 이전의 잘못을 깨닫고 뉘우치다

2 **밑줄 친 곳에 알맞은 낱말을 써 넣어 문장을 완성해 봅시다.**

1) 냇가에서 빨래를 하던 _____ 은 "이렇게 더운 날 아이는 걷게 하고 자기만 편하게 당나귀를 타고 가다니. 저런 사람이 아비라고 할 수 있나!"라며 혀를 찼다.

2) 학교 정문에 거의 _____ 때 준비물을 집에 두고 왔다는 사실을 알았다.

3) 당나귀가 _____ 바람에 아버지와 아들은 그만 당나귀를 놓치고 말았다.

4) 부자가 놓친 당나귀는 강에 빠져서 세찬 _____ 에 떠내려가고 말았다.

5) 적절하지 못한 남의 의견을 무조건 받아들이면 잘못된 _____ 을 할 수 있다.

6) 남의 말을 무조건 듣다가 귀한 당나귀를 잃은 부자는 뒤늦게 _____, 아무 소용없었다.

평가하다
(평하다)

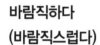 평할 평 評
값 가 價

무엇의 *가치, 수준에 대하여 / 좋고 나쁨 · 옳고 그름 · 잘하고 못함 · 높고 낮음 따위를 / *판가름하다

예 상대의 의견이 적절한지 **평가할** 때에는 가장 먼저 주제와 관련이 있는지 살펴봐야 한다.

* 가치(價: 값 가, 値: 값 치) (사물이 지니고 있는) 값, 값어치, 쓸모
* 판가름하다 옳고 그름, 나음과 못함 따위를 판단하여 가르다(결정을 내리다)

바람직하다
(바람직스럽다)

바랄 만한 / 가치가 있다

예 임금은 **바람직한** 일을 한 김만덕을 칭찬하며 소원을 들어주었다.

분야

한자 나눌 분 分
들 야 野

대상을 일정한 기준에 따라 / 여러 갈래로 나눈 / *낱낱의 *범위 또는 부분

예 독서를 할 때에는 여러 **분야**의 책을 골고루 읽는 것이 바람직하다.

* 낱낱(개개) 여럿 가운데의 하나하나   * 범위   일정하게 한정된 영역

편의 시설

한자 편할 편 便
마땅 의 宜
베풀 시 施
베풀 설 設

편하고 좋은 환경, 조건을 갖춘 / *시설

예 시골에 있는 할머니 댁 근처에는 지하철, 병원, 도서관 같은 **편의 시설**이 없다.

* 시설   기구, 건물, 장치 따위를 차려놓거나 일정한 구조물을 만듦. 또는 차려놓은 기구, 건물, 장치, 구조물

관련

한자 관계할 관 關
연이을 련 聯

둘 이상의 사람, 사물, 현상 따위가 / 서로 연결되어 *얽혀 있음 또는 그러한 일

예 글의 주제와 **관련**이 없는 의견은 뒷받침 내용이 믿을 만하다고 해도 적절하다고 볼 수 없다.

* 얽히다   이리저리 관련이 되게 하다

비 관계(關, 係 매다 계), 연관(聯關)

표시하다

한자 표할 표 標
보일 시 示

사실, 내용을 / 글자, *기호로 *표하여 / 겉으로 드러내 보이다

예 반장이 되기를 간절히 바랐던 아이는 *투표용지에 적혀 있는 번호 중에서 자신에게 *배정된 3번 칸에 동그라미를 **표시했다.**

* 기호   (어떤 뜻을 나타내기 위해 쓰는) 그림이나 문자 따위를 통틀어 이르는 말
* 표하다(表 겉 표) (사람이 의견 · 태도를) 말, 글, 표정, 행동 따위로 나타내다
* 투표용지(투표지) 투표에 사용하는 일정한 양식의 종이
* 배정되다(配 나누다 배, 定 정하다 정)   몫이 나누어 정해지다

1 문장을 읽고, 알맞은 낱말을 써 넣어 봅시다.

1) 무엇의 가치, 수준에 대하여 좋고 나쁨 · 옳고 그름 · 잘하고 못함 · 높고 낮음 따위를 판가름하다

2) 바랄 만한 가치가 있다

3) 대상을 일정한 기준에 따라 여러 갈래로 나눈 낱낱의 범위 또는 부분

4) 편하고 좋은 환경, 조건을 갖춘 시설

5) 둘 이상의 사람, 사물, 현상 따위가 서로 연결되어 얽혀 있음 또는 그러한 일

6) 사실, 내용을 글자, 기호로 표하여 겉으로 드러내 보이다

2 밑줄 친 곳에 알맞은 낱말을 써 넣어 문장을 완성해 봅시다.

1) 상대의 의견이 적절한지 _____ 때에는 가장 먼저 주제와 관련이 있는지 살펴봐야 한다.

2) 임금은 _____ 일을 한 김만덕을 칭찬하며 소원을 들어주었다.

3) 독서를 할 때에는 여러 _____ 의 책을 골고루 읽는 것이 바람직하다.

4) 시골에 있는 할머니 댁 근처에는 지하철, 병원, 도서관 같은 _____ 이 없다.

5) 글의 주제와 _____ 이 없는 의견은 뒷받침 내용이 믿을 만하다고 해도 적절하다고 볼 수 없다.

6) 반장이 되기를 간절히 바랐던 아이는 투표용지에 적혀 있는 번호 중에서 자신에게 배정된 3번 칸에 동그라미를 _____.

배경지식
한자 등 배 背
볕 경 景
알 지 知
알 식 識

글을 / 읽고 이해하는 데 / 바탕이 되는 / 지식
예 여러 분야의 책을 골고루 읽으면 **배경지식**이 *풍부해진다.
*풍부하다(豐 풍년 풍, 富 부유하다 부)　　(지식, 경험, 감정 따위가) 폭넓고 깊다

점검하다
한자 점 점 點
검사할 검 檢

하나하나 빠짐없이 / 모두 *검사하다
예 인터넷 *검색으로 찾은 자료를 글의 뒷받침 내용으로 쓸 때에는 출처를 반드시
　　*확인하고, 그 출처가 믿을 만한지 **점검해야** 한다.
*검사하다　(사물의 좋고 나쁨, 옳고 그름 따위를) 자세히 살펴보고 찾아보다
*검색(檢, 索 찾다 색)　책이나 컴퓨터에서, 자료를 찾아내는 일
*확인하다(確 굳다 확, 認 알다 인)　틀림없이 그러한가를 알아보다

문화재
한자 글월 문 文
될 화 化
재물 재 財

조상들의 *문화 중에서 / 역사적, 문화적 가치가 높아 / 보호해야 할 / *유산
예 **문화재**는 조상들의 지혜와 살아온 역사를 보여 주는 중요한 유산이다.
*문화　　(의식주, 언어, 풍습, 종교, 학문, 예술, 제도 등) 사회
　　　　구성원들로부터 배우고 전달받은 모든 것
*유산　　옛 조상들이 남긴 가치 있는 사물이나 문화

관람하다
한자 볼 관 觀
볼 람 覽

연극, 영화, 경기, 미술품 따위를 / 흥미를 가지고 관심있게 / 보다
예 주말에 가족과 함께 박물관에 가서 문화재를 **관람했다**.
비 보다, 구경하다

개방하다
한자 열 개 開
놓을 방 放

공간, 장소 따위를 열어 / 자유롭게 / 드나들게 **하다** 또는 이용하게 **하다**
예 문화재를 관람하면 조상들이 살았던 때를 책이나 인터넷으로 보는 것보다 더
　　*생생하게 느낄 수 있기 때문에 문화재를 **개방해야** 한다.
*생생하다　눈앞에 보이는 것처럼 또렷하고 분명하다

유적지
한자 남길 유 遺
발자취 적 跡
땅 지 地

조상들이 남긴 건축물, 무덤 따위의 *문화유산이 남아 있는 *장소 또는 역사적
사건이 일어났던 장소
예 고창 *고인돌 **유적지**에는 440여 기의 다양한 고인돌이 모여 있다.
*문화유산　후손들에게 물려줄 만한 가치가 있는 조상들의 문화
*장소　　　무엇이 있는 곳, 어떤 일이 이루어지거나 일어나는 곳
*고인돌　　큰 돌을 몇 개 둘러 세우고 그 위에 넓적한 돌을 덮어 놓은 청동기 시대
　　　　　의 무덤

1 문장을 읽고, 알맞은 낱말을 써 넣어 봅시다.

1) 글을 읽고 이해하는 데 바탕이 되는 지식

2) 하나하나 빠짐없이 모두 검사하다

3) 조상들의 문화 중에서 역사적, 문화적 가치가 높아 보호해야 할 유산

4) 연극, 영화, 경기, 미술품 따위를 흥미를 가지고 관심있게 보다

5) 공간, 장소 따위를 열어 자유롭게 드나들게 하다 또는 이용하게 하다

6) 조상들이 남긴 건축물, 무덤 따위의 문화유산이 남아 있는 장소 또는 역사적 사건이 일어났던 장소

2 밑줄 친 곳에 알맞은 낱말을 써 넣어 문장을 완성해 봅시다.

1) 여러 분야의 책을 골고루 읽으면 _____ 이 풍부해진다.

2) 인터넷 검색으로 찾은 자료를 글의 뒷받침 내용으로 쓸 때에는 출처를 반드시 확인하고, 그 출처가 믿을 만한지 _____ 한다.

3) _____ 는 조상들의 지혜와 살아온 역사를 보여 주는 중요한 유산이다.

4) 주말에 가족과 함께 박물관에 가서 문화재를 _____ .

5) 문화재를 관람하면 조상들이 살았던 때를 책이나 인터넷으로 보는 것보다 더 생생하게 느낄 수 있기 때문에 문화재를 _____ 한다.

6) 고창 고인돌 _____ 에는 440여 기의 다양한 고인돌이 모여 있다.

1 문장을 읽고, 알맞은 낱말을 써 넣어 봅시다.

1) 편하고 좋은 환경, 조건을 갖춘 시설 　　　　　　　

2) 햇볕이 강하게 아래로 비치다 　　　　　　　

3) 조상들이 남긴 건축물, 무덤 따위의 문화유산이 남아
   있는 장소 또는 역사적 사건이 일어났던 장소 　　　　　　　

4) 하나하나 빠짐없이 모두 검사하다 　　　　　　　

5) 목적지를 향해 가다 　　　　　　　

6) 크게 꾸짖고·주의를 주다 　　　　　　　

7) 조상들의 문화 중에서 역사적, 문화적 가치가 높아
   보호해야 할 유산 　　　　　　　

8) 무엇의 가치, 수준에 대하여 좋고 나쁨·옳고 그름·
   잘하고 못함·높고 낮음 따위를 판가름하다 　　　　　　　

9) 무엇을 실제로 해 나가다 　　　　　　　

10) 대상을 일정한 기준에 따라 여러 갈래로 나눈 낱낱의
    범위 또는 부분 　　　　　　　

11) 남의 집 부녀자를 부르는 말 　　　　　　　

12) 힘이 모자라다 　　　　　　　

13) 터무니없는 고집을 부릴 정도로 생각, 행동이 둔하다 　　　　　　　

14) 사람, 동물이 매달리거나·눕거나·주저앉아서
    팔다리를 내저으며 몸을 자꾸 움직이다 　　　　　　　

15) 위험, 곤란 따위가 미치지 않도록 보살피다 또는 지키다

→ 바른 답 15쪽

17주
평가

16) 공간, 장소 따위를 열어 자유롭게 드나들게 하다
    또는 이용하게 하다   _____

17) 정도, 기준에 꼭 알맞다   _____

18) 조심하지 않음   _____

19) 공기, 물, 환경 따위가 더러워짐   _____

20) 바랄 만한 가치가 있다   _____

21) 조심하지 않거나 · 안전에 관한 지식이 부족하여
    일어나는 사고   _____

22) 목적한 곳에 이르다   _____

23) 물이 흐르는 힘   _____

24) 어떤 대상의 상황, 시비(옳고 그름), 우열(나음과 못함)
    따위를 따져서 분명하게 정함   _____

25) 이전의 잘못을 깨닫고 뉘우치다   _____

26) 일이 일어나기 전 또는 일을 시작하기 전   _____

27) 둘 이상의 사람, 사물, 현상 따위가 서로 연결되어 얽혀 있음
    또는 그러한 일   _____

28) 사실, 내용을 글자, 기호로 표하여 겉으로 드러내 보이다   _____

29) 연극, 영화, 경기, 미술품 따위를 흥미를 가지고
    관심있게 보다   _____

30) 글을 읽고 이해하는 데 바탕이 되는 지식   _____

2 **밑줄 친 곳에 알맞은 낱말을 써 넣어 문장을 완성해 봅시다.**

1) 글의 주제와 _____ 이 없는 의견은 뒷받침 내용이 믿을 만하다고 해도 적절하다고 볼 수 없다.

2) 미술 시간에 앞자리에 앉은 친구가 뒤를 돌아보다가 _____ 로 책상 위에 놓인 물통을 엎질렀다.

3) 여러 분야의 책을 골고루 읽으면 _____ 이 풍부해진다.

4) 적절하지 못한 남의 의견을 무조건 받아들이면 잘못된 _____ 을 할 수 있다.

5) 인터넷 검색으로 찾은 자료를 글의 뒷받침 내용으로 쓸 때에는 출처를 반드시 확인하고, 그 출처가 믿을 만한지 _____ 한다.

6) 고창 고인돌 _____ 에는 440여 기의 다양한 고인돌이 모여 있다.

7) _____ 는 조상들의 지혜와 살아온 역사를 보여 주는 중요한 유산이다.

8) 상대의 의견이 적절한지 _____ 때에는 가장 먼저 주제와 관련이 있는지 살펴봐야 한다.

9) 주말에 가족과 함께 박물관에 가서 문화재를 _____ .

10) 임금은 _____ 일을 한 김만덕을 칭찬하며 소원을 들어주었다.

11) 반장이 되기를 간절히 바랐던 아이는 투표용지에 적혀 있는 번호 중에서 자신에게 배정된 3번 칸에 동그라미를 _____ .

12) 독서를 할 때에는 여러 _____ 의 책을 골고루 읽는 것이 바람직하다.

13) 냇가에서 빨래를 하던 _____ 은 "이렇게 더운 날 아이는 걷게 하고 자기만 편하게 당나귀를 타고 가다니. 저런 사람이 아비라고 할 수 있나!"라며 혀를 찼다.

14) '유비무환'은 _____ 에 미리 준비가 되어 있으면 걱정할 일이 없다는 뜻이다.

15) 학교 정문에 거의 _____ 때 준비물을 집에 두고 왔다는 사실을 알았다.

→ 바른 답 15쪽

16) 인류의 생존을 위해 환경 오염으로부터 지구를 _____ 한다.

17) 시골에 있는 할머니 댁 근처에는 지하철, 병원, 도서관 같은 _____ 이 없다.

18) '환경을 보호하기 위해 전기를 아껴 쓰자'는 주장에 대한 근거로 '석탄과 석유를 전기 에너지로 바꿀 때 배출되는 이산화탄소를 줄일 수 있다'는 _____.

19) 햇볕이 _____ 무척 더운 날에 아버지와 아이가 땀을 뻘뻘 흘리며 당나귀를 끌고 시장에 가고 있다.

20) 환경 _____ 으로 지구의 온도가 높아지면서 남극과 북극의 빙하가 녹자, 바닷물 높이가 높아져서 태평양의 작은 섬들이 바다에 잠기게 되었다.

21) '_____ 사람이 범 잡는다'는 속담은 무엇이 무서운지도 모르는 어리석은 사람이 어쩌다 우연히 큰일을 하게 됨을 비유적으로 이르는 말이다.

22) 아버지는 걷고 아이는 편하게 당나귀를 타고 가는 모습을 본 노인은 "요즘 아이들이란 저렇게 버릇이 없단 말이지!"라며 _____.

23) 아버지와 아이를 태운 당나귀는 힘에 _____ 듯 비틀비틀 걸음을 옮겼다.

24) 당나귀가 _____ 바람에 아버지와 아들은 그만 당나귀를 놓치고 말았다.

25) 정류장으로 뛰어갔지만, 이미 _____ 버스는 저만치 멀어지고 있었다.

26) 남의 말을 무조건 듣다가 귀한 당나귀를 잃은 부자는 뒤늦게 _____, 아무 소용없었다.

27) 부자가 놓친 당나귀는 강에 빠져서 세찬 _____ 에 떠내려가고 말았다.

28) 학교에서는 안전사고를 예방하기 위해 학생들을 대상으로 사전 안전 교육을 _____.

29) 문화재를 관람하면 조상들이 살았던 때를 책이나 인터넷으로 보는 것보다 더 생생하게 느낄 수 있기 때문에 문화재를 _____ 한다.

30) 사전 안전 교육을 하면 부주의 때문에 일어나는 _____ 를 줄일 수 있다.

1일

8. 생각하며 읽어요

훼손

한자 헐 훼 毁
덜 손 損

•헐거나 · 깨뜨려 / 못 쓰게 만듦

예 숭례문 •방화 사건에서 볼 수 있듯이 문화재를 개방해서
많은 사람이 관람하다 보면 **훼손**이 생기기 •마련이다.

• 헐다　　(집 따위의 축조물이나, 쌓아 놓은 물건을) 무너뜨리다

• 방화(放 놓다 방, 火 불 화) 일부러 불을 지름

• 마련　　'-게/-기 마련이다'의 구성으로 쓰여, '당연히 그렇게 됨'을 나타내는 말

고궁

한자 옛 고 古
집 궁 宮

옛 •궁궐

예 경복궁, 창덕궁, 덕수궁 등의 **고궁**들은 서울의 관광 •명소이다.

• 궁궐(궁, 궐, 궁전, 궁정, 대궐)(宮, 闕 대궐 궐)　　　예전에, 임금이 사는 집

• 명소(名 이름 명, 所 곳 소) 경치나 유적(남아 있는 자취) 등으로 이름난 곳

번식하다

한자 번성할 번 繁
불릴 식 殖

동식물의 수가 / •늘어서 많이 퍼지다

예 식빵을 오랫동안 •상온에 •방치했더니 •곰팡이가 **번식했다**.

• 늘다　　(수, 길이, 무게, 부피 따위가) 본디보다 더 크게, 더 많게, 더 길게 되다

• 상온(常 항상 상, 溫 따뜻하다 온)　자연 그대로의 보통 기온. 대개 섭씨 15도를 가리킴

• 방치하다　(사람이 무엇을 건드리거나 상관하지 않고) 그대로 두다

• 곰팡이　　어둡고 습기가 찬 곳에서 자라는 균(동식물에 기생하는 단세포의 미생물)

유물

한자 남길 유 遺
물건 물 物

조상들이 / •후세대에 남긴 / 물건

예 조상들이 후대에 남긴 도자기, 무기, 장신구, 옷 등을 **유물**이라고 한다.

• 후세대(후대)　　뒤의 올 세대(같은 시대를 사는 비슷한 나이의 사람 전체)

보존하다

한자 지킬 보 保
있을 존 存

잘 •지켜서 / 남아 있게 하다

예 유네스코는 인류 공동의 유산을 찾아서 **보존하는** •활동을 한다.

• 지키다　　재산 · 안전 따위를 잃거나 침해당하지 않도록 보호하거나 살피다

• 활동　　(일정한 성과를 거두기 위해) 어떤 일을 활발히 함

체험하다

한자 몸 체 體
시험 험 驗

어떤 일을 자신의 몸으로 / 직접 보고 · 듣고 · •겪다

예 학생들은 농촌으로 •현장 학습을 가서 농사짓는 일을 **체험했다**.

• 겪다　　(어렵거나 경험될 만한) 일을 당하여 치르다

• 현장 학습　학습에 필요한 자료가 있는 장소로 직접 찾아가서 하는 학습(배워서 익힘)

비 겪다, 경험하다, 맛보다

---

1 문장을 읽고, 알맞은 낱말을 써 넣어 봅시다.

18주
1일

1) 헐거나 · 깨뜨려 못 쓰게 만듦

2) 옛 궁궐

3) 동식물의 수가 늘어서 많이 퍼지다

4) 조상들이 후세대에 남긴 물건

5) 잘 지켜서 남아 있게 하다

6) 어떤 일을 자신의 몸으로 직접 보고 · 듣고 · 겪다

2 밑줄 친 곳에 알맞은 낱말을 써 넣어 문장을 완성해 봅시다.

1) 숭례문 방화 사건에서 볼 수 있듯이 문화재를 개방해서 많은 사람이 관람하다 보면 _____ 이 생기기 마련이다.

2) 경복궁, 창덕궁, 덕수궁 등의 _____ 들은 서울의 관광 명소이다.

3) 식빵을 오랫동안 상온에 방치했더니 곰팡이가 _____ .

4) 조상들이 후대에 남긴 도자기, 무기, 장신구, 옷 등을 _____ 이라고 한다.

5) 유네스코는 인류 공동의 유산을 찾아서 _____ 활동을 한다.

6) 학생들은 농촌으로 현장 학습을 가서 농사짓는 일을 _____ .

일

8. 생각하며 읽어요

여부 한자 더불 여 與 아닐 부 否	그러함과 · 그렇지 않음 예 체험 학습에 참여할지 **여부**를 묻는 °설문지를 받고, '참여함' 칸에 동그라미를 표시했다. °**설문지** 조사를 하거나 통계 자료를 얻기 위하여 어떤 주제에 대하여 문제를 내어 사람들의 의견을 묻는 종이

편식 한자 치우칠 편 偏 밥 식 食	°특정 음식만 가려서 / 즐겨 먹음 예 아이는 **편식**이 심해서 고기만 먹고, 채소는 °일절 먹지 않는다. °**특정**(特 특별하다 특, 定 정하다 정) 무엇이 특별히 정해져 있음 °**일절**(一 한 일, 切 끊다 절) 아주. 도무지. 전혀. 절대로. 결코

영양 한자 경영할 영 營 기를 양 養	생물의 / 생명을 유지하고 · 몸을 성장시키기 위해 / 필요한 성분 또는 그것을 °함유한 음식물 예 **영양**이 °풍부한 치즈에는 칼슘, 미네랄, 비타민, 단백질 등이 듬뿍 들어있다. °**함유하다**(含 머금다 함, 有 있다 유) 물질이 어떤 성분을 포함하고 있다 °**풍부하다** 많고 넉넉하다(크기나 수량 따위가 기준에 차고도 남음이 있다)

불균형하다 한자 아닐 불 不 고를 균 均 저울대 형 衡	어느 한쪽으로 / °기울거나 · °치우쳐 / 고르지 않다 예 °국토 °면적의 약 10분의 1을 차지하는 수도권에 인구, 공장, 병원, 대학교가 전체의 절반 °가량이 몰려 있을 만큼 우리나라의 국토 °개발은 **불균형하다.** °**기울다** 비스듬하게 한쪽이 낮아지거나 비뚤어지다 °**치우치다** (균형을 잃고 기울어지면서) 한쪽으로 모여들다 °**국토** 나라의 땅 °**면적** 공간을 차지하는 넓이 °**가량** 수량을 대강 어림쳐서 나타내는 말 °**개발** (토지 · 천연자원 따위를) 쓸모 있게 만듦

성장 한자 이룰 성 成 길 장 長	사람, 동식물이 자라서 / 몸무게가 점점 늘거나 · 키가 점점 커짐 예 편식을 하면 영양이 불균형해져서 **성장**이 늦어질 수 있다. 비 발육(發 피다 발, 育 기르다 · 자라다 육), 생장(生 낳다 · 살다 생, 長)

덧붙이다	원래 있는 것 위에 / 다른 것을 / °겹치어 붙이다 예 태극기를 만들기 위해 도화지 위에 빨강, 파랑, 검정 색종이를 **덧붙였다.** °**겹치다** 여럿을 포개거나 덧놓다(놓은 것 위에 겹쳐 놓다) 비 덧대다, 덧보태다

글을 읽고 의견이 적절한지 평가하기 | 교과서 262~265쪽 |

1 문장을 읽고, 알맞은 낱말을 써 넣어 봅시다.

1) 그러함과 · 그렇지 않음

2) 특정 음식만 가려서 즐겨 먹음

3) 생물의 생명을 유지하고 · 몸을 성장시키기 위해 필요한 성분
또는 그것을 함유한 음식물

4) 어느 한쪽으로 기울거나 · 치우쳐 고르지 않다

5) 사람, 동식물이 자라서 몸무게가 점점 늘거나 · 키가 점점 커짐

6) 원래 있는 것 위에 다른 것을 겹치어 붙이다

2 밑줄 친 곳에 알맞은 낱말을 써 넣어 문장을 완성해 봅시다.

1) 체험 학습에 참여할지 ＿＿＿＿＿＿ 를 묻는 설문지를 받고, '참여함' 칸에
동그라미를 표시했다.

2) 아이는 ＿＿＿＿＿＿ 이 심해서 고기만 먹고, 채소는 일절 먹지 않는다.

3) ＿＿＿＿＿＿ 이 풍부한 치즈에는 칼슘, 미네랄, 비타민, 단백질 등이 듬뿍 들어있다.

4) 국토 면적의 약 10분의 1을 차지하는 수도권에 인구, 공장, 병원, 대학교가 전체의
절반 가량이 몰려 있을 만큼 우리나라의 국토 개발은 ＿＿＿＿＿＿.

5) 편식을 하면 영양이 불균형해져서 ＿＿＿＿＿＿ 이 늦어질 수 있다.

6) 태극기를 만들기 위해 도화지 위에 빨강, 파랑, 검정 색종이를 ＿＿＿＿＿＿.

수정하다

한자 닦을 수 修
바로잡을 정 訂

잘못된 글자, 문장을 / 고쳐서 •바로잡다

예 교사는 시험지를 •채점하면서 학생들의 •답안에서 •오탈자를 **수정했다.**

• **바로잡다** 잘못된 것을 바르게 고치다

• **채점하다(採 캐다 채, 點 점 점)** 시험 답안의 맞고 틀림을 살피어 점수를 매기다

• **답안** 시험으로 출제된 문제를 풀어서 쓴 답. 또는 그 답을 쓴 종이

• **오탈자** 오자(잘못 쓴 글자)와 탈자(빠진 글자)

비 교정하다(矯 바로잡다 교, 正 바르다 정), 고치다, 바로잡다

휘젓다

골고루 섞이도록 / 휘둘러 •젓다

예 떡볶이를 만들면서 냄비 바닥에 •눌어붙지 않도록 국자로 계속 **휘저었다.**

• **젓다** (액체나 가루 따위를) 고르게 하려고 손이나 막대기 따위로 휘두르다

• **눌어붙다** (음식물이 냄비나 프라이팬에) 조금 타서 붙다

발름거리다
(벌름거리다)

탄력 있는 물체나 · 그것의 구멍을 / 자꾸 벌렸다 오므렸다 하다

예 집에 막 들어온 동생이 어디에선가 떡볶이 냄새가 난다며 콧구멍을 **발름거리**며 음식을 찾아 집 안 구석구석을 •헤맸다.

• **헤매다** 목적하는 것을 찾아 이리저리 돌아다니다

비 발름대다, 발름발름하다, 발름이다

목젖

목구멍의 안쪽 뒤 끝에 / 위에서 아래로 내민 / 둥그스름한 살

예 시험 시작을 알리는 종이 울리자 너무 긴장돼서 •목젖이 타는 것 같았다.

• **목젖이 타는 것 같다** 긴장하여 마음을 졸이다(속을 태우다시피 조바심하다)

날름날름
(널름널름)

혀, 손을 / 자꾸 내밀었다 •들였다 하는 모양

예 고양이가 물통에 가득 담긴 물을 **날름날름** 다 •핥아먹었다.

• **들이다(들다)** 밖에서 속이나 안으로 향해 가거나 오거나 하다

• **핥아먹다** (사람 · 동물이 음식물을) 혀끝이나 혓바닥으로 핥아서 먹다

헛디디다

발을 / 잘못 •디디다

예 •개천에 •듬성듬성 놓인 돌다리를 건너다가 발을 **헛디뎌서** 냇물에 빠질 뻔했다.

• **디디다** 발을 올려놓고 서거나, 발로 누르다

• **개천(내)** 시내(산골짜기나 평지에서 흐르는 자그마한 내)보다는 크고, 강보다는 조금 작은 물줄기

• **듬성듬성** 촘촘하지 않고 간격이 벌어진 모양

⟶ 바른 답 15쪽

1 문장을 읽고, 알맞은 낱말을 써 넣어 봅시다.

18주
3일

1) 잘못된 글자, 문장을 고쳐서 바로잡다

☐☐☐☐

2) 골고루 섞이도록 휘둘러 젓다

☐☐☐

3) 탄력 있는 물체나·그것의 구멍을
   자꾸 벌렸다 오므렸다 하다

☐☐☐☐☐

4) 목구멍의 안쪽 뒤 끝에 위에서 아래로 내민 둥그스름한 살

☐☐

5) 혀, 손을 자꾸 내밀었다 들였다 하는 모양

☐☐☐☐

6) 발을 잘못 디디다

☐☐☐

2 밑줄 친 곳에 알맞은 낱말을 써 넣어 문장을 완성해 봅시다.

1) 교사는 시험지를 채점하면서 학생들의 답안에서 오탈자를 _____.

2) 떡볶이를 만들면서 냄비 바닥에 눌어붙지 않도록 국자로 계속 _____.

3) 집에 막 들어온 동생이 어디에선가 떡볶이 냄새가 난다며 콧구멍을 _____
   음식을 찾아 집 안 구석구석을 헤맸다.

4) 시험 시작을 알리는 종이 울리자 너무 긴장돼서 _____ 이 타는 것 같았다.

5) 고양이가 물통에 가득 담긴 물을 _____ 다 핥아먹었다.

6) 개천에 듬성듬성 놓인 돌다리를 건너다가 발을 _____ 냇물에 빠질 뻔했다.

지마 주차장 | 교과서 282~285쪽 |

미로

한자 미혹할 미 迷
길 로 路

어지럽게 여러 갈래로 갈라져 / 한번 들어가면 빠져나오기 어려운 / 길

예 한번 들어가면 길을 찾아 나오지 못하도록 만든 **미로**는 옛날에 보물을 탐낸 *약탈자로부터 왕의 무덤을 지키기 위해 만들어졌다고 한다.

*약탈자(掠 노략질하다 략, 奪 빼앗다 탈) 폭력을 써서 남의 것을 강제로 빼앗는 사람

고물

한자 옛 고 古
물건 물 物

오래되거나 · 많이 써서 / *낡은 물건

예 그는 30년 동안 *끌어서 **고물**이 된 차를 *폐차하고, 새 차를 *장만했다.

*낡다   물건이 오래되어 헐고, 허름하고, 지저분하다

*끌다   (사람이 차 · 말 · 소 따위를) 부리거나, 움직이게 하다

*폐차하다 낡거나 못 쓰게 된 차를 기계로 부수어 없애다

*장만하다 필요한 것을 사거나 만들어서 갖추다(있어야 할 것을 가지거나 챙기다)

낭독하다

한자 밝을 낭 朗
읽을 독 讀

글을 / 소리 내어 읽다

예 교사가 교과서를 **낭독**하고, 학생들은 그 소리를 *귀담아들으며 *묵독했다.

*귀담아듣다 (다른 사람의 말을) 주의를 기울여 잘 듣다

*묵독하다(默 잠잠하다 묵, 讀 읽다 독)   (책 · 글을) 소리 내지 않고 속으로 읽다

면담

한자 낯 면 面
말씀 담 談

직접 만나서 / 서로 얼굴을 보며 / 이야기함

예 **면담**을 통해 *자료를 *수집하면 대화를 주고받는 과정에서 원하는 정보를 쉽게 얻을 수 있고, 직접 경험한 이야기를 생생하게 들을 수 있다.

*자료   연구나 조사 따위의 바탕이 되는 재료(바탕으로 쓰는 것)

*수집하다 (蒐 모으다 수, 集 모으다 집)   (취미나 연구를 위해 여러 가지 물건이나 재료를) 찾아 모으다

이야기를 들려주며 생각 나누기 | 교과서 286~289쪽 |

풍경
(경치, 풍광)

한자 바람 풍 風
볕 경 景

산, 들, 강, 바다 따위의 / 감상의 대상이 되는 / *자연의 모습

예 단풍이 곱게 물든 가을 산의 **풍경**은 한 폭의 그림처럼 아름다웠다.

*자연(自 스스로 자, 然 그러하다 연) 인간 세계를 둘러싸고 있는 동물, 식물, 산, 강, 바다, 천체 따위의 모든 세계

산골

한자 메 산 山

깊은 산속

예 이 이야기는 우뚝 솟은 산봉우리들이 병풍처럼 둘러싸인 풍경이 한 폭의 그림처럼 아름다운 **산골** 마을을 배경으로 펼쳐진다.

1 문장을 읽고, 알맞은 낱말을 써 넣어 봅시다.

18주
4일

1) 어지럽게 여러 갈래로 갈라져 한번 들어가면 빠져나오기 어려운 길 ☐☐

2) 오래되거나·많이 써서 낡은 물건 ☐☐

3) 글을 소리 내어 읽다 ☐☐☐☐

4) 직접 만나서 서로 얼굴을 보며 이야기함 ☐☐☐

5) 산, 들, 강, 바다 따위의 감상의 대상이 되는 자연의 모습 ☐☐

6) 깊은 산속 ☐☐

2 밑줄 친 곳에 알맞은 낱말을 써 넣어 문장을 완성해 봅시다.

1) 한번 들어가면 길을 찾아 나오지 못하도록 만든 ＿＿＿＿＿＿ 는 옛날에 보물을 탐낸 약탈자로부터 왕의 무덤을 지키기 위해 만들어졌다고 한다.

2) 그는 30년 동안 끌어서 ＿＿＿＿＿＿ 이 된 차를 폐차하고, 새 차를 장만했다.

3) 교사가 교과서를 ＿＿＿＿＿＿ , 학생들은 그 소리를 귀담아들으며 묵독했다.

4) ＿＿＿＿＿＿ 을 통해 자료를 수집하면 대화를 주고받는 과정에서 원하는 정보를 쉽게 얻을 수 있고, 직접 경험한 이야기를 생생하게 들을 수 있다.

5) 단풍이 곱게 물든 가을 산의 ＿＿＿＿＿＿ 은 한 폭의 그림처럼 아름다웠다.

6) 이 이야기는 우뚝 솟은 산봉우리들이 병풍처럼 둘러싸인 풍경이 한 폭의 그림처럼 아름다운 ＿＿＿＿＿＿ 마을을 배경으로 펼쳐진다.

귀하다
한자 귀할 귀 貴

무엇이 / 구하거나 얻기가 아주 힘들 만큼 / *드물다
예 1960년대에 달걀이 들어간 김밥은 정말로 **귀한** 음식이었다.
* 드물다　흔하지(아주 많이 또는 자주 있지) 않다

배탈
한자 탈날 탈 頉

먹은 것이 체하거나 · 설사를 하는 / 배 속 병을 / 통틀어 이르는 말
예 아이스크림을 잔뜩 먹고 **배탈**이 나서 밤새도록 화장실을 들락거렸다.

궁금하다

무엇이 알고 싶어 / 마음이 *답답하다
예 이상한 꿈을 꾼 멸치 대왕은 무슨 꿈인지 몹시 **궁금해서** *넓적 가자미한테 *꿈풀이를 잘한다는 망둥 할멈을 *데려오게 했다.
* 답답하다　애(걱정에 싸인 초조한 마음속)가 타고 갑갑하다
* 넓적하다　높낮이가 없이 매우 평평하고, 얇으면서, 꽤 넓다
* 꿈풀이(해몽)　꿈에 나타난 일을 풀어서 좋고 나쁨을 판단함
* 데려오다　어떤 사람이 누구를 함께 거느리고(자신의 뒤를 따르게 하고) 오다

그렁저렁
(그럭저럭)

그렇게 저렇게 하는 사이에 또는 어떻게 하다 보니 또는 어느덧
예 한 학기가 **그렁저렁** 다 지나가고 방학이 시작되었다.

정승
(대신, 의정)
한자 정사 정 政
정승 승 丞

조선 시대의 *정일품 벼슬인 / 영의정, 좌의정, 우의정을 / 통틀어 이르는 말
예 '정승도 저 싫으면 안 한다'는 속담은 아무리 좋은 것이라도 제 마음에 내키지 않으면 좋을 게 없다는 뜻이다.
* 정일품(正 바르다 정, 一 한 일, 品 물건 품)　조선 시대의 18품계 가운데 첫째 등급

맞아들이다

찾아온 사람을 *맞이하여 / 안으로 들이다
예 멸치 대왕은 음식을 잔뜩 준비하고 정승들을 불러들인 후에 넓적 가자미가 어렵게 데려온 망둥 할멈을 반갑게 **맞아들였다**.
* 맞이하다　다른 사람이 오는 것을 예의로 받아들이다

1 문장을 읽고, 알맞은 낱말을 써 넣어 봅시다.

18주

5일

1) 무엇이 구하거나 얻기가 아주 힘들 만큼 드물다

2) 먹은 것이 체하거나 · 설사를 하는 배 속 병을 통틀어 이르는 말

3) 무엇이 알고 싶어 마음이 답답하다

4) 그렇게 저렇게 하는 사이에 또는 어떻게 하다 보니 또는 어느덧

5) 조선 시대의 정일품 벼슬인 영의정, 좌의정, 우의정을 통틀어 이르는 말

6) 찾아온 사람을 맞이하여 안으로 들이다

2 밑줄 친 곳에 알맞은 낱말을 써 넣어 문장을 완성해 봅시다.

1) 1960년대에 달걀이 들어간 김밥은 정말로 _____ 음식이었다.

2) 아이스크림을 잔뜩 먹고 _____ 이 나서 밤새도록 화장실을 들락거렸다.

3) 이상한 꿈을 꾼 멸치 대왕은 무슨 꿈인지 몹시 _____ 넓적 가자미한테 꿈풀이를 잘한다는 망둥 할멈을 데려오게 했다.

4) 한 학기가 _____ 다 지나가고 방학이 시작되었다.

5) '_____ 도 저 싫으면 안 한다'는 속담은 아무리 좋은 것이라도 제 마음에 내키지 않으면 좋을 게 없다는 뜻이다.

6) 멸치 대왕은 음식을 잔뜩 준비하고 정승들을 불러들인 후에 넓적 가자미가 어렵게 데려온 망둥 할멈을 반갑게 _____ .

1 문장을 읽고, 알맞은 낱말을 써 넣어 봅시다.

1) 직접 만나서 서로 얼굴을 보며 이야기함 _____

2) 어느 한쪽으로 기울거나 · 치우쳐 고르지 않다 _____

3) 헐거나 · 깨뜨려 못 쓰게 만듦 _____

4) 특정 음식만 가려서 즐겨 먹음 _____

5) 목구멍의 안쪽 뒤 끝에 위에서 아래로 내민 둥그스름한 살 _____

6) 조상들이 후세대에 남긴 물건 _____

7) 발을 잘못 디디다 _____

8) 글을 소리 내어 읽다 _____

9) 깊은 산속 _____

10) 먹은 것이 체하거나 · 설사를 하는 배 속 병을 통틀어
이르는 말 _____

11) 무엇이 구하거나 얻기가 아주 힘들 만큼 드물다 _____

12) 그렇게 저렇게 하는 사이에 또는 어떻게 하다 보니
또는 어느덧 _____

13) 조선 시대의 정일품 벼슬인 영의정, 좌의정, 우의정을
통틀어 이르는 말 _____

14) 찾아온 사람을 맞이하여 안으로 들이다 _____

15) 무엇이 알고 싶어 마음이 답답하다 _____

→ 바른 답 15쪽

18주
평가

16) 어지럽게 여러 갈래로 갈라져 한번 들어가면 빠져나오기
    어려운 길   _____

17) 잘못된 글자, 문장을 고쳐서 바로잡다   _____

18) 탄력 있는 물체나 · 그것의 구멍을
    자꾸 벌렸다 오므렸다 하다   _____

19) 혀, 손을 자꾸 내밀었다 들였다 하는 모양   _____

20) 잘 지켜서 남아 있게 하다   _____

21) 오래되거나 · 많이 써서 낡은 물건   _____

22) 그러함과 · 그렇지 않음   _____

23) 어떤 일을 자신의 몸으로 직접 보고 · 듣고 · 겪다   _____

24) 생물의 생명을 유지하고 · 몸을 성장시키기 위해 필요한
    성분 또는 그것을 함유한 음식물   _____

25) 옛 궁궐   _____

26) 사람, 동식물이 자라서 몸무게가 점점 늘거나 · 키가
    점점 커짐   _____

27) 원래 있는 것 위에 다른 것을 겹치어 붙이다   _____

28) 골고루 섞이도록 휘둘러 젓다   _____

29) 산, 들, 강, 바다 따위의 감상의 대상이 되는 자연의 모습 _____

30) 동식물의 수가 늘어서 많이 퍼지다   _____

2 밑줄 친 곳에 알맞은 낱말을 써 넣어 문장을 완성해 봅시다.

1) 편식을 하면 영양이 불균형해져서 _____ 이 늦어질 수 있다.

2) 조상들이 후대에 남긴 도자기, 무기, 장신구, 옷 등을 _____ 이라고 한다.

3) 집에 막 들어온 동생이 어디에선가 떡볶이 냄새가 난다며 콧구멍을
_____ 음식을 찾아 집 안 구석구석을 헤맸다.

4) 체험 학습에 참여할지 _____ 를 묻는 설문지를 받고, '참여함' 칸에
동그라미를 표시했다.

5) 유네스코는 인류 공동의 유산을 찾아서 _____ 활동을 한다.

6) 1960년대에 달걀이 들어간 김밥은 정말로 _____ 음식이었다.

7) 시험 시작을 알리는 종이 울리자 너무 긴장돼서 _____ 이 타는 것 같았다.

8) 아이스크림을 잔뜩 먹고 _____ 이 나서 밤새도록 화장실을
들락거렸다.

9) 한 학기가 _____ 다 지나가고 방학이 시작되었다.

10) 이상한 꿈을 꾼 멸치 대왕은 무슨 꿈인지 몹시 _____ 넓적 가자미한테
꿈풀이를 잘한다는 망둥 할멈을 데려오게 했다.

11) 한번 들어가면 길을 찾아 나오지 못하도록 만든 _____ 는 옛날에 보물
을 탐낸 약탈자로부터 왕의 무덤을 지키기 위해 만들어졌다고 한다.

12) 국토 면적의 약 10분의 1을 차지하는 수도권에 인구, 공장, 병원, 대학교가 전체
의 절반 가량이 몰려 있을 만큼 우리나라의 국토 개발은 _____ .

13) 그는 30년 동안 끌어서 _____ 이 된 차를 폐차하고, 새 차를 장만했다.

14) 고양이가 물통에 가득 담긴 물을 _____ 다 핥아먹었다.

→ 바른 답 15쪽

15) 교사가 교과서를 _____ , 학생들은 그 소리를 귀담아들으며 묵독했다.

16) 숭례문 방화 사건에서 볼 수 있듯이 문화재를 개방해서 많은 사람이 관람하다 보면 _____ 이 생기기 마련이다.

17) 멸치 대왕은 음식을 잔뜩 준비하고 정승들을 불러들인 후에 넓적 가자미가 어렵게 데려온 망둥 할멈을 반갑게 _____ .

18) 경복궁, 창덕궁, 덕수궁 등의 _____ 들은 서울의 관광 명소이다.

19) 식빵을 오랫동안 상온에 방치했더니 곰팡이가 _____ .

20) 학생들은 농촌으로 현장 학습을 가서 농사짓는 일을 _____ .

21) _____ 을 통해 자료를 수집하면 대화를 주고받는 과정에서 원하는 정보를 쉽게 얻을 수 있고, 직접 경험한 이야기를 생생하게 들을 수 있다.

22) 교사는 시험지를 채점하면서 학생들의 답안에서 오탈자를 _____ .

23) _____ 이 풍부한 치즈에는 칼슘, 미네랄, 비타민, 단백질 등이 듬뿍 들어있다.

24) 떡볶이를 만들면서 냄비 바닥에 눌어붙지 않도록 국자로 계속 _____ .

25) 태극기를 만들기 위해 도화지 위에 빨강, 파랑, 검정 색종이를 _____ .

26) 개천에 듬성듬성 놓인 돌다리를 건너다가 발을 _____ 냇물에 빠질 뻔했다.

27) 단풍이 곱게 물든 가을 산의 _____ 은 한 폭의 그림처럼 아름다웠다.

28) 아이는 _____ 이 심해서 고기만 먹고, 채소는 일절 먹지 않는다.

29) 이 이야기는 우뚝 솟은 산봉우리들이 병풍처럼 둘러싸인 풍경이 한 폭의 그림처럼 아름다운 _____ 마을을 배경으로 펼쳐진다.

30) '_____ 도 저 싫으면 안 한다'는 속담은 아무리 좋은 것이라도 제 마음에 내키지 않으면 좋을 게 없다는 뜻이다.

9. 감동을 나누며 읽어요

알은척하다
(알은체하다)

다른 사람을 보고 / 인사를 하는 등의 / 안다는 표정을 짓다

㉠ 단짝이었던 두 아이는 심하게 다퉈서 °마주쳐도 서로 **아는척하지** 않았다.

° **마주치다**   우연히 서로 만나다

토라지다

상대방에게 / °섭섭하거나 · 못마땅한 / 감정이 생겨 / 싹 °돌아서다

㉠ 두 아이는 °며칠을 옥신각신하다가 °단단히 **토라져서** 마주쳐도 서로 알은척
  하지 않는 사이가 되었다.

° **섭섭하다**   기대에 어그러져 마음이 서운하거나 불만스럽다

° **돌아서다**   (어떤 사람이 다른 사람과) 사이가 나빠지다

° **며칠(몇 날)**   얼마 동안의 날

° **단단히**   (뜻, 생각이 변하지 않을 정도로) 매우 강하게

비 삐치다, 삐지다

덩실덩실
(당실당실)

신이 나서 / 팔다리를 이리저리 움직이며 / 춤을 추는 모양

㉠ 잔칫집에 모인 사람들은 흥겨운 음악에 맞춰 **덩실덩실** 춤을 추었다.

모락모락

연기, 냄새, °김 따위가 / 계속 조금씩 °피어오르는 모양

㉠ 공장이 몰려 있는 곳에서 검은 연기가 **모락모락** 피어올랐다.

° **김**   액체 상태의 물질이 열을 받아서 기체 상태로 변한 것

° **피어오르다** 김, 연기, 구름 따위가 계속 위로 올라가다

변

한자 변할 변 變

갑자기 생긴 °사고 또는 뜻밖의 일

㉠ 공장에 큰불이 났지만, 직원들은 모두 퇴근을 해서 **변**을 피할 수 있었다.

° **사고(事 일 사, 故 연고 고)**   뜻밖에 갑자기 일어난 좋지 않은 일

당하다

좋지 않은 일 따위를 / 겪다

㉠ 넓적 가자미는 멸치 대왕이 꾼 꿈은 용이 될 꿈이 아니라 큰 변을 **당하게** 될
  나쁜 꿈이라고 생각했다.

1 문장을 읽고, 알맞은 낱말을 써 넣어 봅시다.

1) 다른 사람을 보고 인사를 하는 등의
   안다는 표정을 짓다 ⬜⬜⬜⬜⬜

2) 상대방에게 섭섭하거나 · 못마땅한 감정이 생겨
   싹 돌아서다 ⬜⬜⬜⬜

3) 신이 나서 팔다리를 이리저리 움직이며 춤을 추는 모양 ⬜⬜⬜⬜

4) 연기, 냄새, 김 따위가 계속 조금씩 피어오르는 모양 ⬜⬜⬜⬜

5) 갑자기 생긴 사고 또는 뜻밖의 일 ⬜

6) 좋지 않은 일 따위를 겪다 ⬜⬜⬜

2 밑줄 친 곳에 알맞은 낱말을 써 넣어 문장을 완성해 봅시다.

1) 단짝이었던 두 아이는 심하게 다퉈서 마주쳐도 서로 _____ 않았다.

2) 두 아이는 며칠을 옥신각신하다가 단단히 _____ 마주쳐도 서로
   알은척하지 않는 사이가 되었다.

3) 잔칫집에 모인 사람들은 흥겨운 음악에 맞춰 _____ 춤을 추었다.

4) 공장이 몰려 있는 곳에서 검은 연기가 _____ 피어올랐다.

5) 공장에 큰불이 났지만, 직원들은 모두 퇴근을 해서 _____ 을 피할 수 있었다.

6) 넙적 가자미는 멸치 대왕이 꾼 꿈은 용이 될 꿈이 아니라 큰 변을 _____
   될 나쁜 꿈이라고 생각했다.

멸치 대왕의 꿈 | 교과서 290~295쪽 |

엎다

무엇을 / 위아래가 반대가 되게 / *뒤집다

㉠ 부침개를 부치면서 눌어붙지 않게 하려고 뒤집었다 **엎었다** 했다.

* **뒤집다**   위가 밑으로 되고, 밑이 위로 되게 하다

비 뒤집다, 뒤엎다, 뒤집어엎다

움켜쥐다

손가락을 오므리어 / 물건을 힘 있게 꽉 잡다

㉠ 투수는 **움켜쥔** 야구공을 포수의 *미트를 향해 힘껏 던졌다.

* **미트(mitt)**   야구에서, 포수·일루수가 끼는 장갑. 엄지손가락만 떨어져 있고 나머지
네 손가락은 한군데에 함께 들어가게 만든 장갑

대접하다

한자 기다릴 대 待
이을 접 接

음식을 차려서 / 손님을 모시다

㉠ 멸치 대왕은 꿈을 *풀이해 줄 망둥 할멈을 잘 **대접하고** 싶어서 먹을 것을 잔뜩
준비했다.

* **풀이하다**   (모르거나 어려운 상황·내용을) 알기 쉬운 말로 밝혀 말하다

비 접대하다(接待), 영접하다(迎 맞이하다 영, 接)

고생했어요~~
토닥토닥

1 문장을 읽고, 알맞은 낱말을 써 넣어 봅시다.

1) 무엇을 위아래가 반대가 되게 뒤집다 ☐ ☐

2) 손가락을 오므리어 물건을 힘 있게 꽉 잡다 ☐ ☐ ☐ ☐

3) 음식을 차려서 손님을 모시다 ☐ ☐ ☐ ☐

19주
2일

2 밑줄 친 곳에 알맞은 낱말을 써 넣어 문장을 완성해 봅시다.

1) 부침개를 부치면서 눌어붙지 않게 하려고 뒤집었다 _____ 했다.

2) 투수는 _____ 야구공을 포수의 미트를 향해 힘껏 던졌다.

3) 멸치 대왕은 꿈을 풀이해 줄 망둥 할멈을 잘 _____ 싶어서 먹을 것을 잔뜩 준비했다.

1 문장을 읽고, 알맞은 낱말을 써 넣어 봅시다.

1) 연기, 냄새, 김 따위가 계속 조금씩 피어오르는 모양 _____

2) 손가락을 오므리어 물건을 힘 있게 꽉 잡다 _____

3) 무엇을 위아래가 반대가 되게 뒤집다 _____

4) 다른 사람을 보고 인사를 하는 등의
   안다는 표정을 짓다 _____

5) 좋지 않은 일 따위를 겪다 _____

6) 상대방에게 섭섭하거나 · 못마땅한 감정이 생겨
   싹 돌아서다 _____

7) 음식을 차려서 손님을 모시다 _____

8) 신이 나서 팔다리를 이리저리 움직이며 춤을 추는 모양 _____

9) 갑자기 생긴 사고 또는 뜻밖의 일 _____

→ 바른 답 16쪽

2 밑줄 친 곳에 알맞은 낱말을 써 넣어 문장을 완성해 봅시다.

1)   멸치 대왕은 꿈을 풀이해 줄 망둥 할멈을 잘 _____ 싶어서 먹을 것을
     잔뜩 준비했다.

2)   부침개를 부치면서 눌어붙지 않게 하려고 뒤집었다 _____ 했다.

3)   넓적 가자미는 멸치 대왕이 꾼 꿈은 용이 될 꿈이 아니라 큰 변을 _____
     될 나쁜 꿈이라고 생각했다.

4)   단짝이었던 두 아이는 심하게 다퉈서 마주쳐도 서로 _____ 않았다.

5)   두 아이는 며칠을 옥신각신하다가 단단히 _____ 마주쳐도 서로
     알은척하지 않는 사이가 되었다.

6)   공장이 몰려 있는 곳에서 검은 연기가 _____ 피어올랐다.

7)   투수는 _____ 야구공을 포수의 미트를 향해 힘껏 던졌다.

8)   공장에 큰불이 났지만, 직원들은 모두 퇴근을 해서 _____ 을 피할 수 있었다.

9)   망둥 할멈의 꿈풀이에 기분이 좋아진 멸치 대왕은 _____ 춤을 추었다.

19주
평가

1 문장을 읽고, 알맞은 낱말을 써 넣어 봅시다.

1) 글을 소리 내어 읽다 ( )

2) 조상들이 후세대에 남긴 물건 ( )

3) 사람, 동물이 매달리거나·눕거나·주저앉아서 팔다리를
   내저으며 몸을 자꾸 움직이다 ( )

4) 손가락을 오므리어 물건을 힘 있게 꽉 잡다 ( )

5) 헐거나·깨뜨려 못 쓰게 만듦 ( )

6) 직접 만나서 서로 얼굴을 보며 이야기함 ( )

7) 다른 사람을 보고 인사를 하는 등의 안다는 표정을 짓다 ( )

8) 햇볕이 강하게 아래로 비치다 ( )

9) 그러함과·그렇지 않음 ( )

10) 하나하나 빠짐없이 모두 검사하다 ( )

11) 잘못된 글자, 문장을 고쳐서 바로잡다 ( )

12) 대상을 일정한 기준에 따라 여러 갈래로 나눈 낱낱의 범위
    또는 부분 ( )

13) 상대방에게 섭섭하거나·못마땅한 감정이 생겨 싹
    돌아서다 ( )

14) 찾아온 사람을 맞이하여 안으로 들이다 ( )

15) 목구멍의 안쪽 뒤 끝에 위에서 아래로 내민 둥그스름한 살 ( )

→ 바른 답 16쪽

16) 크게 꾸짖고·주의를 주다 　　　　　　　　　　　(　　　　　)

17) 음식을 차려서 손님을 모시다 　　　　　　　　　(　　　　　)

18) 공기, 물, 환경 따위가 더러워짐 　　　　　　　　(　　　　　)

19) 조상들이 남긴 건축물, 무덤 따위의 문화유산이 남아
    있는 장소 또는 역사적 사건이 일어났던 장소 　　(　　　　　)

20) 정도, 기준에 꼭 알맞다 　　　　　　　　　　　(　　　　　)

21) 그렇게 저렇게 하는 사이에 또는 어떻게 하다 보니
    또는 어느덧 　　　　　　　　　　　　　　　　(　　　　　)

22) 동식물의 수가 늘어서 많이 퍼지다 　　　　　　　(　　　　　)

23) 이전의 잘못을 깨닫고 뉘우치다 　　　　　　　　(　　　　　)

24) 원래 있는 것 위에 다른 것을 겹치어 붙이다 　　　(　　　　　)

25) 글을 읽고 이해하는 데 바탕이 되는 지식 　　　　(　　　　　)

26) 오래되거나·많이 써서 낡은 물건 　　　　　　　(　　　　　)

27) 잘 지켜서 남아 있게 하다 　　　　　　　　　　(　　　　　)

28) 공간, 장소 따위를 열어 자유롭게 드나들게 하다
    또는 이용하게 하다 　　　　　　　　　　　　　(　　　　　)

29) 목적한 곳에 이르다 　　　　　　　　　　　　　(　　　　　)

30) 어떤 대상의 상황, 시비(옳고 그름), 우열(나음과 못함)
    따위를 따져서 분명하게 정함 　　　　　　　　　(　　　　　)

2 밑줄 친 곳에 알맞은 낱말을 써 넣어 문장을 완성해 봅시다.

1) 아이는 _____ 이 심해서 고기만 먹고, 채소는 일절 먹지 않는다.

2) _____ 을 통해 자료를 수집하면 대화를 주고받는 과정에서 원하는 정보를 쉽게 얻을 수 있고, 직접 경험한 이야기를 생생하게 들을 수 있다.

3) 주말에 가족과 함께 박물관에 가서 문화재를 _____ .

4) 국토 면적의 약 10분의 1을 차지하는 수도권에 인구, 공장, 병원, 대학교가 전체의 절반 가량이 몰려 있을 만큼 우리나라의 국토 개발은 _____ .

5) 개천에 듬성듬성 놓인 돌다리를 건너다가 발을 _____ 냇물에 빠질 뻔했다.

6) 문화재를 관람하면 조상들이 살았던 때를 책이나 인터넷으로 보는 것보다 더 생생하게 느낄 수 있기 때문에 문화재를 _____ 한다.

7) 한 학기가 _____ 다 지나가고 방학이 시작되었다.

8) 유네스코는 인류 공동의 유산을 찾아서 _____ 활동을 한다.

9) 냇가에서 빨래를 하던 _____ 은 "이렇게 더운 날 아이는 걷게 하고 자기만 편하게 당나귀를 타고 가다니. 저런 사람이 아비라고 할 수 있나!"라며 혀를 찼다.

10) 편식을 하면 영양이 불균형해져서 _____ 이 늦어질 수 있다.

11) 학생들은 농촌으로 현장 학습을 가서 농사짓는 일을 _____ .

12) 시골에 있는 할머니 댁 근처에는 지하철, 병원, 도서관 같은 _____ 이 없다.

13) 떡볶이를 만들면서 냄비 바닥에 눌어붙지 않도록 국자로 계속 _____ .

14) 공장에 큰불이 났지만, 직원들은 모두 퇴근을 해서 _____ 을 피할 수 있었다.

15) 학교 정문에 거의 _____ 때 준비물을 집에 두고 왔다는 사실을 알았다.

→ 바른 답 16쪽

16) 넓적 가자미는 멸치 대왕이 꾼 꿈은 용이 될 꿈이 아니라 큰 변을 _____ 될 나쁜 꿈이라고 생각했다.

17) 경복궁, 창덕궁, 덕수궁 등의 _____ 들은 서울의 관광 명소이다.

18) 정류장으로 뛰어갔지만, 이미 _____ 버스는 저만치 멀어지고 있었다.

19) 집에 막 들어온 동생이 어디에선가 떡볶이 냄새가 난다며 콧구멍을 _____ 음식을 찾아 집 안 구석구석을 헤맸다.

20) 부침개를 부치면서 눌어붙지 않게 하려고 뒤집었다 _____ 했다.

21) 글의 주제와 _____ 이 없는 의견은 뒷받침 내용이 믿을 만하다고 해도 적절하다고 볼 수 없다.

22) 한번 들어가면 길을 찾아 나오지 못하도록 만든 _____ 는 옛날에 보물을 탐낸 약탈자로부터 왕의 무덤을 지키기 위해 만들어졌다고 한다.

23) 고양이가 물통에 가득 담긴 물을 _____ 다 핥아먹었다.

24) 미술 시간에 앞자리에 앉은 친구가 뒤를 돌아보다가 _____ 로 책상 위에 놓인 물통을 엎질렀다.

25) 단풍이 곱게 물든 가을 산의 _____ 은 한 폭의 그림처럼 아름다웠다.

26) '_____ 도 저 싫으면 안 한다'는 속담은 아무리 좋은 것이라도 제 마음에 내키지 않으면 좋을 게 없다는 뜻이다.

27) 햇볕이 _____ 무척 더운 날에 아버지와 아이가 땀을 뻘뻘 흘리며 당나귀를 끌고 시장에 가고 있다.

28) 공장이 몰려 있는 곳에서 검은 연기가 _____ 피어올랐다.

29) 상대의 의견이 적절한지 _____ 때에는 가장 먼저 주제와 관련이 있는지 살펴봐야 한다.

30) 인터넷 검색으로 찾은 자료를 글의 뒷받침 내용으로 쓸 때에는 출처를 반드시 확인하고, 그 출처가 믿을 만한지 _____ 한다.

💡 **문장을 읽고, 알맞은 낱말을 써 넣어 봅시다.**

1) 의견의 내용을 뒷받침해 주는 까닭 ( )

2) 무엇이 매우 많아서 넉넉한 느낌이 있다 ( )

3) 강, 바닷가에서 배가 들어오고 나가는 곳 ( )

4) 자연스럽지 않다 또는 어울리지 않다 ( )

5) 한 해의 절기, 달, 계절에 따라 민간에서 전하여 온 풍속 ( )

6) 물질적, 정신적으로 처음보다 줄어들거나 · 나빠져서
해롭게 됨 ( )

7) 조심하지 않거나 · 안전에 관한 지식이 부족하여
일어나는 사고 ( )

8) 여러 사람이 다 함께 지키기로 정한 약속 ( )

9) 정도, 기준에 꼭 알맞다 ( )

10) 자기와 상관없는 일에 끼어들어 아는 체하다 또는
이래라저래라 하다 ( )

11) 돈, 물품 따위를 주고받는 일 또는 사고파는 일 ( )

12) 어느 한쪽으로 기울거나 · 치우쳐 고르지 않다 ( )

13) 용의 턱 아래에 있다고 전해지는 구슬 ( )

14) 연기, 냄새, 김 따위가 계속 조금씩 피어오르는 모양 ( )

15) 언어를 구성하고 · 사용하는 규칙 ( )

16) 갑자기 생긴 사고 또는 뜻밖의 일 ( )

17) 담 대신에 풀, 나무, 철사 따위를 얽어서 집 따위를
둘러막거나 · 경계를 가르는 물건 ( )

→ 바른 답 16쪽

18) 노력, 수고를 들여 이루어 낸 결실   (   )

19) 재물, 시간 따위를 헛되이 헤프게 쓰다   (   )

20) 전설상의 동물로 용이 되려다 못 되고, 물속에
산다는 큰 구렁이   (   )

21) 어떤 일을 자신의 몸으로 직접 보고 · 듣고 · 겪다   (   )

22) 낱말의 일부를 줄여 쓴 말   (   )

23) 걱정, 생각이 있어 넋이 나간 듯이 가만히 한자리에
서 있거나 · 앉아 있는 모양   (   )

24) 몹시 놀라서 · 겁나서 · 기분이 좋아서 가슴이 자꾸 뛰다   (   )

25) 학문을 닦은 사람을 예스럽게 이르는 말   (   )

26) 물건을 맡아 지키고 · 관리하다   (   )

27) 콧구멍 따위를 자꾸 넓게 벌렸다 오므렸다 하다   (   )

28) 놀라거나, 두려워서 커다래진 눈을 비유적으로 이르는 말 (   )

29) 모래와 자갈로 뒤덮인 매우 넓은 불모의 땅   (   )

30) 특정 분야에 통달하여 남달리 뛰어난 역량을 가진 사람 (   )

31) 전혀 어떠한의 뜻을 나타내는 말   (   )

32) 벽에 붙이거나 · 바닥에 세워 놓고 글, 그림, 사진 따위를
붙여 여러 사람이 두루 보게 하는 판   (   )

33) 몸의 누운 방향을 자꾸 바꾸다   (   )

34) 어떤 일이 생기게 된 이유 또는 원인   (   )

35) 일, 행동을 시작하게 만든 원인   (   )

36) 입, 구멍 따위가 속이 훤히 들여다보일 정도로
   넓게 벌어진 모양   (   )

37) 힘이 모자라다   (   )

38) 일이 진행되거나 · 성립되기 위해 갖춰야 할 요소
   또는 상태   (   )

39) 사실, 내용을 글자, 기호로 표하여 겉으로 드러내 보이다 (   )

40) 우연히 공교롭게   (   )

41) 사람이 무엇을 사실과 다르게 받아들이다 또는
   그 뜻을 잘못 알다   (   )

42) 일정 기간의 총수입에서 총지출을 빼고 남은 돈   (   )

43) 예술 작품, 경치 따위를 느끼고 이해하다 또는
   즐기고 평가하다   (   )

44) 사람, 사물이 틀림없다고 믿음 또는 그런 믿음성의 정도 (   )

45) 어떤 범위, 조건 따위에 정확히 맞다   (   )

46) 일이 일어나기 전 또는 일을 시작하기 전   (   )

47) 어려움이나 위험에서 벗어나게 하다   (   )

48) 속을 태우거나 · 불안해하는 마음   (   )

49) 상대를 날카로운 눈초리로 뚫어지게 보다   (   )

50) 맨손과 주먹을 써서 상대방을 공격하거나 방어하는
   싸움 기술   (   )

51) 상대한 사람과 마주 대하기를 꺼려 피하다 또는
   얼굴을 돌리다   (   )

52) 글을 읽고 이해하는 데 바탕이 되는 지식   (   )

—➝ 바른 답 16쪽

53) 둘 이상의 사람, 사물, 현상 따위가 서로 연결되어 얽혀
     있음 또는 그러한 일   (   )

54) 서로 가까이에 인접하여 사는 집 또는 그 집에 사는 사람 (   )

55) 신체 기관이 본래 기능을 못 하는 상태 또는
     정신 능력에 결함이 있는 상태   (   )

56) 이야기, 사건을 펼쳐 나가다   (   )

57) 남의 자식을 데려다가 제 자식처럼 기른 딸   (   )

58) 둘 이상의 대상을 서로 견주어 비슷한 점, 다른 점,
     나음과 못함 따위를 살피다   (   )

59) 물건을 사거나 팔기 위해 서로 값을 불러 정함   (   )

60) 대상에 대하여 헤아려 생각하다   (   )

61) 되어 가는 일이 못마땅하여 돌이켜 묻거나 · 꼭 그래야
     하는 이유를 캐물을 때 어찌하여 꼭 그렇게 또는
     다른 방도도 있는데 왜 뜻으로 쓰는 말   (   )

62) 필요한 양, 기준보다 적다   (   )

63) 어떤 일을 이루기 위한 방법을 궁리하여 찾아냄 또는
     대책을 세움   (   )

64) 어떤 행위를 오랫동안 되풀이하여 몸에 저절로 굳어진 행동 (   )

65) 무엇이 전체의 성질을 어느 하나로 나타내다   (   )

66) 상식으로는 생각할 수 없는 기이하고 놀라운 일   (   )

67) 무엇을 만드는 데 꼭 있어야 할 요긴한 조건 또는 성분 (   )

68) 교육, 경험, 연구 따위를 통해 알게 된 정보   (   )

69) 조선 시대의 정일품 벼슬인 영의정, 좌의정, 우의정을
   통틀어 이르는 말   (   )

70) 고개, 몸을 한쪽으로 살짝 갸울이다   (   )

71) 컴퓨터, 휴대폰의 문자, 기호, 숫자 따위를 조합해 만든
   그림 문자   (   )

72) 한 지역에서 특별히 생산되는 물품   (   )

73) 보통과 아주 다르다   (   )

74) 어떤 사물의 효과, 작용이 다른 것에 미치는 일   (   )

75) 크기, 수량, 요구 조건 따위가 모자람이 없이 기준에
   차고도 남음이 있게   (   )

76) 사람이 어떤 대상에 대하여 옳고 그름, 좋고 나쁨 따위의
   가치를 매기는 관점   (   )

77) 몸과 마음의 수고로움   (   )

78) 터무니없는 고집을 부릴 정도로 생각, 행동이 둔하다   (   )

79) 실제로 보고·듣고·겪음   (   )

80) 자신이 한 말 또는 하기로 미리 정한 일을
   없었던 것으로 하다   (   )

81) 말, 행동이 예의 바르고·겸손하다   (   )

82) 오랫동안 쌓여 단단하게 굳어진 눈이 얼음덩어리가 되어
   낮은 곳으로 천천히 흘러내리는 것 또는
   흘러내리는 얼음덩어리   (   )

83) 예로부터 그 사회에 전해 오는 의식주 및 그 밖의
   모든 생활에 관한 습관   (   )

→ 바른 답 16쪽

84) 국민이 뽑은 국회 의원들로 구성되어 국민의 의견을
    반영하여 여러 가지 일을 추진하는 입법 기관   (   )

85) 탄력 있는 물체나 · 그것의 구멍을 자꾸
    벌렸다 오므렸다 하다   (   )

86) 다른 사람이 힘든 일을 당한 것이 불쌍하고 · 마음이 아프다(   )

87) 마음이 초조하여 어쩔 줄 모르다   (   )

88) 외국의 세력 또는 외부의 세력   (   )

89) 여럿이 서로 조화롭게 보이다 또는 자연스럽게 보이다   (   )

90) 사물의 근본 이치, 우주의 질서, 인간의 마음, 사회 관계
    등에 대해 깊이 연구한 유학의 한 갈래   (   )

91) 깜짝 놀라서 갑자기 몸을 움츠리다   (   )

92) 자신에게 은혜를 베풀어 준 사람   (   )

93) 행동이나 일 따위를 빨리하도록 다그치다   (   )

94) 갑자기 한꺼번에 많이 쏟아지는 비   (   )

95) 부모님이 돌아가셨을 때, 자식이 3년 동안 부모의 무덤 옆에서
    움막을 짓고 · 산소를 돌보고 · 좋은 먹을거리를 대접하며
    돌아가신 부모님을 모시는 일   (   )

96) 사물의 부문을 나누는 갈래   (   )

97) 마음에 떠오르는 느낌, 생각을 쓴 글   (   )

98) 시험, 검사, 대회 등에 붙음 또는 통과함   (   )

99) 어떤 사람이 다른 사람에게 소원이나 요구 따위를
    들어 달라고 애처롭게 사정하며 · 간절히 원하다   (   )

100) 옳은 일을 위해 나서려는 적극적인 마음과 태도가 있다   (   )

Illust by penguin_house from © Shutterstock, Inc.

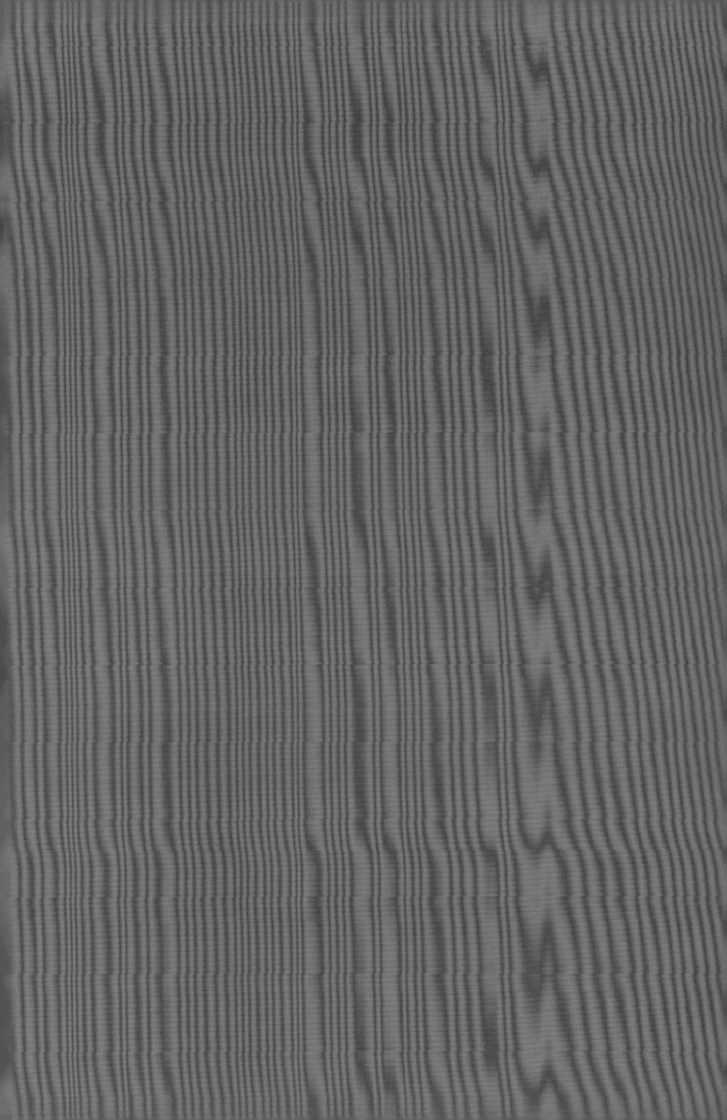

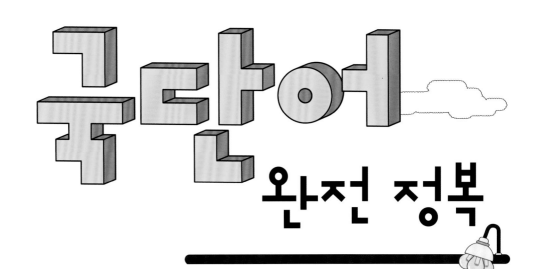

곱단어

완전 정복

바른 답 및 색인

4·2

초등 학습법 전문가
전위성 선생님과 함께 하는

10641 프로젝트

- 🐦 매일 **10**분씩 공부하고 국어 교과서 낱말 완전 정복하자!
- 🐦 하루 **6**개씩 공부하고 어휘력, 독해력, 논술력 완성하자!
- 🐦 초등 **4**년 동안 공부하고 상위 **1**퍼센트 우등생이 되자!

국단어
완전 정복
바른 답 및 색인

4·2

1일

1) 1) 이어지다 2) 장면 3) 감상하다 4) 걱정 5) 각각 6) 경험

2) 1) 이어질 2) 장면 3) 감상하고 4) 걱정 5) 각각 6) 경험, 경험, 경험

2일

1) 1) 대표하다 2) 표정 3) 광고지 4) 예고편 5) 펼쳐지다 6) 상상하다

2) 1) 대표하는 2) 표정 3) 광고지 4) 예고편 5) 펼쳐져서 6) 상상해

3일

1) 1) 질투 2) 대사 3) 간추리다 4) 차례 5) 편 6) 사건

2) 1) 질투 2) 대사 3) 간추렸다 4) 차례 5) 편 6) 사건

4일

1) 1) 선택하다 2) 개학 3) 따돌리다 4) 외면하다 5) 떠올리다 6) 미리

2) 1) 선택했다 2) 개학 3) 따돌렸다 4) 외면한다 5) 떠올리며 6) 미리

5일

1) 1) 여의주 2) 이무기 3) 사막 4) 구하다 5) 열심히 6) 성실하다

2) 1) 여의주 2) 이무기 3) 사막 4) 구하려고 5) 열심히 6) 성실한

1주 주말평가

1) 1) 따돌리다 2) 여의주 3) 각각 4) 간추리다 5) 펼쳐지다 6) 개학 7) 이무기 8) 미리 9) 외면하다 10) 사막 11) 편 12) 구하다 13) 선택하다 14) 질투 15) 성실하다 16) 대사 17) 이어지다 18) 상상하다 19) 장면 20) 광고지 21) 감상하다 22) 걱정 23) 표정 24) 예고편 25) 경험 26) 차례 27) 사건 28) 대표하다 29) 떠올리다 30) 열심히

2) 1) 상상해 2) 이어질 3) 열심히 4) 장면 5) 경험, 경험, 경험 6) 대표하는 7) 편 8) 감상하고 9) 따돌렸다 10) 표정 11) 질투 12) 걱정 13) 예고편 14) 각각 15) 간추렸다 16) 사건 17) 광고지 18) 사막 19) 미리 20) 개학 21) 외면한다 22) 여의주 23) 차례 24) 구하려고 25) 대사 26) 성실한 27) 떠올리며 28) 이무기 29) 펼쳐져서 30) 선택했다

1일

1) 1) 용기 2) 평 3) 해결하다 4) 송이송이 5) 꽃봉오리 6) 계획

2) 1) 용기 2) 평 3) 해결해야 4) 송이송이 5) 꽃봉오리 6) 계획

2일

1) 1) 까닭 2) 중심인물 3) 전개하다 4) 어울리다 5) 시름시름 6) 대본

2) 1) 까닭 2) 중심인물 3) 전개했다 4) 어울리지 5) 시름시름 6) 대본

3일

1) 1) 역할 2) 즉흥적 3) 연기 4) 소품 5) 충분히 6) 비슷하다

2) 1) 역할, 역할 2) 즉흥적 3) 연기 4) 소품 5) 충분히 6) 비슷하지만

4일

1 1) 드러내다 2) 전하다 3) 쑥스럽다 4) 어루만지다 5) 두근거리다 6) 긴장하다

2 1) 드러내어 2) 전했다 3) 쑥스러워서 4) 어루만지고 5) 두근거리고 6) 긴장해서

5일

1 1) 응원하다 2) 보람 3) 깜빡하다 4) 속상하다 5) 형식 6) 도자기

2 1) 응원했다 2) 보람 3) 깜빡하고 4) 속상했다 5) 형식 6) 도자기

2주 주말평가

1 1) 어울리다 2) 응원하다 3) 꽃봉오리 4) 평 5) 두근거리다 6) 보람 7) 깜빡하다 8) 도자기 9) 쑥스럽다 10) 드러내다 11) 비슷하다 12) 어루만지다 13) 대본 14) 역할 15) 용기 16) 해결하다 17) 형식 18) 까닭 19) 송이송이 20) 계획 21) 긴장하다 22) 소품 23) 전개하다 24) 즉흥적 25) 연기 26) 중심인물 27) 시름시름 28) 충분히 29) 전하다 30) 속상하다

2 1) 쑥스러워서 2) 시름시름 3) 응원했다 4) 소품 5) 두근거리고 6) 송이송이 7) 깜빡하고 8) 전했다 9) 중심인물 10) 평 11) 도자기 12) 역할, 역할 13) 연기 14) 전개했다 15) 비슷하지만 16) 형식 17) 어루만지고 18) 용기 19) 충분히 20) 해결해야 21) 꽃봉오리 22) 계획 23) 긴장해서 24) 즉흥적 25) 속상했다 26) 까닭 27) 어울리지 28) 보람 29) 대본 30) 드러내어

1일

1 1) 물레 2) 당황스럽다 3) 시범 4) 신기하다 5) 특징 6) 표현하다

2 1) 물레 2) 당황스러웠다 3) 시범 4) 신기하다 5) 특징, 특징 6) 표현했다

2일

1 1) 축하하다 2) 국회 3) 의원 4) 들르다 5) 꾸준히 6) 노력하다

2 1) 축하하는 2) 국회 3) 의원 4) 들렀다 5) 꾸준히 6) 노력했고

3일

1 1) 동양 2) 힘쓰다 3) 진실하다 4) 워낙 5) 가리다 6) 조건

2 1) 동양 2) 힘써야 3) 진실한 4) 워낙 5) 가려, 가려 6) 조건

4일

1 1) 견디다 2) 부지런하다 3) 고르다 4) 필요하다 5) 지식 6) 종류

2 1) 견디며 2) 부지런하면, 부지런하면 3) 골랐다 4) 필요한 5) 지식 6) 종류

5일

1 1) 익히다 2) 당부하다 3) 고려하다 4) 안부 5) 치료 6) 보건

2 1) 익히려면 2) 당부했는데 3) 고려해서 4) 안부 5) 치료 6) 보건

1 1) 꾸준히 2) 익히다 3) 당부하다 4) 고려하다 5) 보건 6) 가리다 7) 국회 8) 견디다 9) 동양 10) 힘쓰다 11) 치료 12) 신기하다 13) 워낙 14) 조건 15) 부지런하다 16) 고르다 17) 축하하다 18) 들르다 19) 종류 20) 필요하다 21) 의원 22) 물레 23) 특징 24) 시범 25) 표현하다 26) 진실하다 27) 당황스럽다 28) 안부 29) 노력하다 30) 지식

2 1) 보건 2) 필요한 3) 익히려면 4) 조건 5) 국회 6) 골랐다 7) 견디며 8) 들렀다 9) 시범 10) 축하하는 11) 부지런하면, 부지런하면 12) 꾸준히 13) 동양 14) 의원 15) 고려해서 16) 신기하다 17) 종류 18) 특징, 특징 19) 힘써야 20) 지식 21) 진실한 22) 당황스러웠다 23) 워낙 24) 당부했는데 25) 노력했고 26) 안부 27) 가려, 가려 28) 물레 29) 표현했다 30) 치료

4주 54~63쪽

1일
1 1) 어리다 2) 부족하다 3) 이사 4) 이웃 5) 승강기 6) 담다
2 1) 어린 2) 부족한 3) 이사 4) 이웃 5) 승강기 6) 담은

2일
1 1) 낯설다 2) 소통하다 3) 훈훈하다 4) 한가득하다 5) 게시판 6) 소식
2 1) 낯설다 2) 소통할 3) 훈훈해졌다 4) 한가득했다 5) 게시판 6) 소식

3일
1 1) 위로 2) 대화 3) 예절 4) 서방 5) 바르다 6) 말투
2 1) 위로 2) 대화 3) 예절 4) 서방 5) 바른 6) 말투

4일
1 1) 공손하다 2) 짓다 3) 근 4) 태도 5) 상하다 6) 비교하다
2 1) 공손한 2) 짓자, 지으며 3) 근, 근, 근 4) 태도 5) 상했다 6) 비교하시는

5일
1 1) 어긋나다 2) 사용하다 3) 일상생활 4) 인사하다 5) 수고하다 6) 장소별
2 1) 어긋나는 2) 사용해야 3) 일상생활 4) 인사하는 5) 수고하셨어요 6) 장소별

4주 주말평가

1 1) 낯설다 2) 어긋나다 3) 일상생활 4) 공손하다 5) 짓다 6) 위로 7) 비교하다 8) 서방 9) 어리다 10) 장소별 11) 한가득하다 12) 부족하다 13) 수고하다 14) 상하다 15) 이웃 16) 소식 17) 승강기 18) 바르다 19) 근 20) 태도 21) 대화 22) 말투 23) 소통하다 24) 인사하다 25) 훈훈하다 26) 담다 27) 사용하다 28) 게시판 29) 예절 30) 이사

2 1) 상했다 2) 수고하셨어요 3) 소통할 4) 사용해야 5) 공손한 6) 담은 7) 바른 8) 어긋나는 9) 태도 10) 대화 11) 승강기 12) 예절 13) 낯설다 14) 근, 근, 근 15) 비교하시는 16) 훈훈해졌다 17) 어린 18) 장소별 19) 인사하는 20) 일상생활 21) 말투 22) 이사 23) 이웃 24) 한가득했다 25) 위로 26) 게시판 27) 소식 28) 서방 29) 부족한 30) 짓자, 지으며

월 말 평 가 ────── 1~4주

1 1) 익히다 2) 한가득하다 3) 걱정 4) 낯설다 5) 해결하다 6) 고려하다 7) 외면하다 8) 물레 9) 꽃봉오리

10) 떠올리다 11) 힘쓰다 12) 중심인물 13) 근 14) 따돌리다 15) 훈훈하다 16) 긴장하다 17) 어긋나다 18) 간추리다 19) 고르다 20) 위로 21) 깜빡하다 22) 워낙 23) 차례 24) 어리다 25) 특징 26) 당황스럽다 27) 성실하다 28) 소통하다 29) 속상하다 30) 즉흥적

② 1) 훈훈해졌다 2) 장소별 3) 떠올리며 4) 워낙 5) 동양 6) 일상생활 7) 감상하고 8) 가려, 가려 9) 쑥스러워서 10) 대화 11) 전개했다 12) 공손한 13) 선택했다 14) 짓자, 지으며 15) 어루만지고 16) 게시판 17) 보건 18) 상상해 19) 시범 20) 역할, 역할 21) 각각 22) 낯설다 23) 두근거리고 24) 신기하다 25) 표정 26) 까닭 27) 익히려면 28) 미리 29) 견디며 30) 보람

5주

74~83쪽

1일

❶ 1) 현관 2) 식탁 3) 당연하다 4) 어색하다 5) 미안하다 6) 주제

❷ 1) 현관 2) 식탁 3) 당연한 4) 어색해서 5) 미안한 6) 주제, 주제

2일

❶ 1) 결정하다 2) 다수결 3) 원칙 4) 동의하다 5) 기회 6) 공식적

❷ 1) 결정했다 2) 다수결 3) 원칙 4) 동의한 5) 기회 6) 공식적인

3일

❶ 1) 근거 2) 경청하다 3) 온라인 4) 줄임말 5) 신중하다 6) 고정하다

❷ 1) 근거 2) 경청해야 3) 온라인 4) 줄임 말 5) 신중해야 6) 고정했다

4일

❶ 1) 그림말 2) 표어 3) 공익광고 4) 죄송하다 5) 조사하다 6) 출처

❷ 1) 그림말 2) 표어 3) 공익광고 4) 죄송합니다 5) 조사했다 6) 출처

5일

❶ 1) 귀담아듣다 2) 오해하다 3) 정리하다 4) 울타리 5) 자리 6) 구분되다

❷ 1) 귀담아듣는다 2) 오해할 3) 정리했다 4) 울타리 5) 자리 6) 구분되어

5주 주말평가

❶ 1) 구분되다 2) 귀담아듣다 3) 오해하다 4) 죄송하다 5) 그림말 6) 결정하다 7) 원칙 8) 기회 9) 표어 10) 근거 11) 공익광고 12) 미안하다 13) 경청하다 14) 온라인 15) 현관 16) 정리하다 17) 조사하다 18) 당연하다 19) 공식적 20) 주제 21) 줄임말 22) 고정하다 23) 식탁 24) 자리 25) 출처 26) 어색하다 27) 신중하다 28) 울타리 29) 다수결 30) 동의하다

❷ 1) 공익광고 2) 귀담아듣는다 3) 당연한 4) 오해할 5) 조사했다 6) 기회 7) 그림말 8) 울타리 9) 표어 10) 근거 11) 미안한 12) 경청해야 13) 죄송합니다 14) 온라인 15) 고정했다 16) 신중해야 17) 결정했다 18) 줄임 말 19) 다수결 20) 원칙 21) 식탁 22) 동의한 23) 현관 24) 구분되어 25) 어색해서 26) 주제, 주제 27) 공식적인 28) 출처 29) 정리했다 30) 자리

1일

❶ 1) 인물 2) 배경 3) 구성 4) 요소 5) 찡그리다 6) 만족하다

❷ 1) 인물 2) 배경 3) 구성 4) 요소 5) 찡그렸다 6) 만족하지

2일

❶ 1) 가정 2) 깍지 3) 종일 4) 형편 5) 마음먹다 6) 별다르다

❷ 1) 가정 2) 깍지 3) 종일 4) 형편 5) 마음먹고 6) 별다른

3일

❶ 1) 통로 2) 지저분하다 3) 대단하다 4) 특별하다 5) 계속 6) 중얼거리다

❷ 1) 통로 2) 지저분하기 3) 대단한 4) 특별한 5) 계속 6) 중얼거리는

4일

❶ 1) 기어 2) 성나다 3) 쏘아보다 4) 아무런 5) 그리 6) 쿵쾅거리다

❷ 1) 기어 2) 성난 3) 쏘아보았다 4) 아무런 5) 그리 6) 쿵쾅거리는

5일

❶ 1) 두리번거리다 2) 규칙 3) 따르다 4) 당당하다 5) 지각하다 6) 콩닥거리다

❷ 1) 두리번거리며 2) 규칙 3) 따랐고 4) 당당했지만, 당당한 5) 지각한 6) 콩닥거렸다

6주 주말평가

❶ 1) 배경 2) 두리번거리다 3) 형편 4) 따르다 5) 규칙 6) 기어 7) 통로 8) 콩닥거리다 9) 지저분하다 10) 당당하다 11) 특별하다 12) 계속 13) 중얼거리다 14) 만족하다 15) 성나다 16) 마음먹다 17) 가정 18) 인물 19) 아무런 20) 대단하다 21) 구성 22) 찡그리다 23) 깍지 24) 종일 25) 쏘아보다 26) 별다르다 27) 요소 28) 그리 29) 쿵쾅거리다 30) 지각하다

❷ 1) 찡그렸다 2) 두리번거리며 3) 지저분하기 4) 콩닥거렸다 5) 기어 6) 계속 7) 종일 8) 성난 9) 특별한 10) 통로 11) 지각한 12) 마음먹고 13) 가정 14) 대단한 15) 별다른 16) 규칙 17) 중얼거리는 18) 그리 19) 요소 20) 깍지 21) 인물 22) 형편 23) 따랐고 24) 구성 25) 쏘아보았다 26) 만족하지 27) 배경 28) 쿵쾅거리는 29) 당당했지만, 당당한 30) 아무런

1일

❶ 1) 어기다 2) 법 3) 흥분하다 4) 안타깝다 5) 상관 6) 절레절레

❷ 1) 어겨서 2) 법 3) 흥분한 4) 안타까운 5) 상관 6) 절레절레

2일

❶ 1) 감옥 2) 되받아치다 3) 확실히 4) 토닥이다 5) 헷갈리다 6) 대꾸하다

❷ 1) 감옥 2) 되받아쳤다 3) 확실히, 확실히 4) 토닥이며 5) 헷갈렸다 6) 대꾸했다

3일

❶ 1) 범죄자 2) 헤치다 3) 말썽 4) 혼란스럽다 5) 애 6) 수군거리다

❷ 1) 범죄자 2) 헤치고 3) 말썽 4) 혼란스러웠다 5) 애 6)

수군거리다가

4일

❶ 1) 또래 2) 간직하다 3) 싱긋 4) 재촉하다 5) 청하다
6) 평등하다

❷ 1) 또래 2) 간직할게요 3) 싱긋 4) 재촉하였다 5)
청했다 6) 평등한

5일

❶ 1) 뿌듯하다 2) 마찬가지 3) 외투 4) 머뭇거리다 5)
자격 6) 해당하다

❷ 1) 뿌듯했다 2) 마찬가지 3) 외투 4) 머뭇거렸다 5)
자격 6) 해당하는, 해당하는

7주 주말평가

1   1) 재촉하다 2) 확실히 3) 말썽 4) 외투 5) 또래 6)
감옥 7) 청하다 8) 애 9) 머뭇거리다 10) 토닥이다 11)
헤치다 12) 자격 13) 간직하다 14) 범죄자 15) 어기다
16) 법 17) 흥분하다 18) 안타깝다 19) 되받아치다 20)
뿌듯하다 21) 절레절레 22) 해당하다 23) 수군거리다
24) 싱긋 25) 헷갈리다 26) 마찬가지 27) 혼란스럽다 28)
평등하다 29) 상관 30) 대꾸하다

2   1) 뿌듯했다 2) 청했다 3) 또래 4) 혼란스러웠다
5) 대꾸했다 6) 되받아쳤다 7) 간직할게요 8) 감옥 9)
싱긋 10) 재촉하였다 11) 어겨서 12) 토닥이며 13) 법 14)
범죄자 15) 수군거리다가 16) 머뭇거렸다 17) 안타까운
18) 해당하는, 해당하는 19) 상관 20) 헤치고 21) 절레절레
22) 애 23) 마찬가지 24) 평등한 25) 외투 26) 헷갈렸다 27)
말썽 28) 흥분한 29) 확실히, 확실히 30) 자격

1일

❶ 1) 그중 2) 생글생글 3) 참견하다 4) 구경하다 5)
이상하다 6) 실수하다

❷ 1) 그중 2) 생글생글 3) 참견했다 4) 구경하려고 5)
이상한 6) 실수하지, 실수해서

2일

❶ 1) 헤벌쭉 2) 주섬주섬 3) 말리다 4) 끔뻑이다 5)
침착하다 6) 앙다물다

❷ 1) 헤벌쭉 2) 주섬주섬 3) 말리랬다, 말려야 4)
끔뻑이며 5) 침착한 6) 앙다물고

3일

❶ 1) 웬일 2) 꼼지락거리다 3) 고꾸라지다 4) 움찔하다
5) 사물함 6) 울상

❷ 1) 웬일 2) 꼼지락거리며 3) 고꾸라졌다 4) 움찔했다
5) 사물함, 사물함 6) 울상

4일

❶ 1) 더듬거리다 2) 뭉치 3) 내밀다 4) 쥐어박다 5)
돌려세우다 6) 밀치다

❷ 1) 더듬거렸다 2) 뭉치 3) 내밀었지만, 내밀지 4)
쥐어박았다 5) 돌려세웠다 6) 밀치고

5일

❶ 1) 작정하다 2) 다그치다 3) 슬슬 4) 작전 5) 새우눈
6) 벌름거리다

❷ 1) 작정한 2) 다그쳤다 3) 슬슬 4) 작전 5) 새우눈 6)
벌름거리며

1 1) 뭉치 2) 구경하다 3) 참견하다 4) 다그치다 5) 벌름거리다 6) 슬슬 7) 더듬거리다 8) 웬일 9) 이상하다 10) 고꾸라지다 11) 돌려세우다 12) 침착하다 13) 헤벌쭉 14) 주섬주섬 15) 말리다 16) 그중 17) 생글생글 18) 꼼지락거리다 19) 움찔하다 20) 작정하다 21) 앙다물다 22) 사물함 23) 새우눈 24) 끔뻑이다 25) 실수하다 26) 울상 27) 쥐어박다 28) 밀치다 29) 내밀다 30) 작전

2 1) 이상한 2) 작정한 3) 더듬거렸다 4) 구경하려고 5) 뭉치 6) 끔뻑이며 7) 내밀었지만, 내밀지 8) 앙다물고 9) 쥐어박았다 10) 웬일 11) 울상 12) 슬슬 13) 고꾸라졌다 14) 참견했다 15) 벌름거리며 16) 작전 17) 주섬주섬 18) 밀치고 19) 말리랬다, 말려야 20) 그중 21) 돌려세웠다 22) 생글생글 23) 움찔했다 24) 헤벌쭉 25) 실수하지, 실수해서 26) 사물함, 사물함 27) 침착한 28) 꼼지락거리며 29) 다그쳤다 30) 새우 눈

월 말 평 가 ——— 5~8주

1 1) 당당하다 2) 두리번거리다 3) 재촉하다 4) 그림말 5) 자격 6) 동의하다 7) 지각하다 8) 뭉치 9) 구분되다 10) 또래 11) 어색하다 12) 청하다 13) 출처 14) 앙다물다 15) 중얼거리다 16) 말리다 17) 귀담아듣다 18) 다그치다 19) 구성 20) 공식적 21) 울상 22) 되받아치다 23) 경청하다 24) 평등하다 25) 요소 26) 새우눈 27) 혼란스럽다 28) 쏘아보다 29) 웬일 30) 헤치다

2 1) 재촉하였다 2) 그리 3) 평등한 4) 울타리 5) 안타까운 6) 콩닥거렸다 7) 다수결 8) 절레절레 9) 찡그렸다 10) 당연한 11) 작정한 12) 깍지 13) 이상한 14) 근거 15) 상관 16) 결정했다 17) 주섬주섬 18) 종일

19) 고꾸라졌다 20) 조사했다 21) 다그쳤다 22) 별다른 23) 주제, 주제 24) 움찔했다 25) 따랐고 26) 침착한 27) 동의한 28) 헤벌쭉 29) 헷갈렸다 30) 뿌듯했다

9주
136~145쪽

1일

1 1) 억지로 2) 실룩실룩 3) 휑 4) 의롭다 5) 달인 6) 가무잡잡하다

2 1) 억지로 2) 실룩실룩 3) 휑 4) 의로운 5) 달인 6) 가무잡잡했다

2일

1 1) 소개하다 2) 또랑또랑 3) 갸웃하다 4) 초급 5) 합격 6) 눈짓

2 1) 소개했다 2) 또랑또랑 3) 갸웃했다 4) 초급 5) 합격 6) 눈짓, 눈짓

3일

1 1) 연습 2) 다독이다 3) 권법 4) 수법 5) 남다르다 6) 눈을굴리다

2 1) 연습 2) 다독이며 3) 권법 4) 수법 5) 남달랐다 6) 눈을 굴렸다

4일

1 1) 채소 2) 가게 3) 사투리 4) 어색하다 5) 메스껍다 6) 뜻밖

2 1) 채소 2) 가게 3) 사투리 4) 어색했다 5) 메스꺼워서 6) 뜻밖

5일

1 1) 원시인 2) 야만인 3) 조몰락조몰락하다 4) 갸우뚱하다 5) 금세 6) 맞받아치다

② 1) 원시인 2) 야만인 3) 조몰락조몰락해서 4) 갸우뚱했다 5) 금세 6) 맞받아쳤다

9주 주말평가

① 1) 갸우뚱하다 2) 어색하다 3) 원시인 4) 합격 5) 억지로 6) 조몰락조몰락하다 7) 가게 8) 소개하다 9) 사투리 10) 금세 11) 연습 12) 눈짓 13) 다독이다 14) 뜻밖 15) 의롭다 16) 수법 17) 맞받아치다 18) 남다르다 19) 실룩실룩 20) 메스껍다 21) 휭 22) 눈을굴리다 23) 가무잡잡하다 24) 또랑또랑 25) 갸웃하다 26) 초급 27) 야만인 28) 달인 29) 채소 30) 권법

② 1) 어색했다 2) 갸웃했다 3) 원시인 4) 남달랐다 5) 야만인 6) 합격 7) 조몰락조몰락해서 8) 또랑또랑 9) 실룩실룩 10) 가게 11) 눈을 굴렸다 12) 사투리 13) 연습 14) 금세 15) 가무잡잡했다 16) 다독이며 17) 권법 18) 억지로 19) 초급 20) 갸우뚱했다 21) 메스꺼워서 22) 휭 23) 뜻밖 24) 맞받아쳤다 25) 의로운 26) 눈짓, 눈짓 27) 달인 28) 수법 29) 채소 30) 소개했다

10주   150~159쪽

1일

① 1) 풍습 2) 달아오르다 3) 잠잠하다 4) 칭칭 5) 아른거리다 6) 소심하다

② 1) 풍습 2) 달아올랐다 3) 잠잠해졌다 4) 칭칭 5) 아른거렸다 6) 소심한

2일

① 1) 원래 2) 표지 3) 의견 4) 드러나다 5) 습관 6) 짜임

② 1) 원래 2) 표지 3) 의견 4) 드러나지, 드러난다 5) 습관 6) 짜임

3일

① 1) 제시하다 2) 보물 3) 검토하다 4) 이해하다 5) 장수 6) 비교하다

② 1) 제시하면서, 제시했다 2) 보물 3) 검토해야 4) 이해할 5) 장수, 장수, 장수 6) 비교한

4일

① 1) 광 2) 보관하다 3) 궁리 4) 책임 5) 맡다 6) 몫

② 1) 광 2) 보관해 3) 궁리 4) 책임 5) 맡은 6) 몫

5일

① 1) 마침 2) 공동 3) 아궁이 4) 도망 5) 몽땅 6) 손해

② 1) 마침 2) 공동 3) 아궁이 4) 도망 5) 몽땅 6) 손해

10주 주말평가

① 1) 몽땅 2) 이해하다 3) 달아오르다 4) 보물 5) 마침 6) 광 7) 칭칭 8) 궁리 9) 습관 10) 아른거리다 11) 공동 12) 제시하다 13) 검토하다 14) 원래 15) 책임 16) 의견 17) 풍습 18) 몫 19) 잠잠하다 20) 소심하다 21) 드러나다 22) 짜임 23) 표지 24) 맡다 25) 손해 26) 장수 27) 비교하다 28) 아궁이 29) 도망 30) 보관하다

② 1) 몫 2) 마침 3) 아른거렸다 4) 공동 5) 광 6) 짜임 7) 이해할 8) 손해 9) 궁리 10) 표지 11) 책임 12) 제시하면서, 제시했다 13) 잠잠해졌다 14) 보물 15) 보관해 16) 검토해야 17) 장수, 장수, 장수 18) 비교한 19) 맡은 20) 칭칭 21) 달아올랐다 22) 도망 23) 아궁이 24) 원래 25) 몽땅 26) 의견 27) 풍습 28) 소심한 29) 드러나지, 드러난다 30) 습관

1일

❶ 1) 순전히 2) 성하다 3) 불평 4) 하필 5) 물다 6) 판결

❷ 1) 순전히 2) 성한 3) 불평 4) 하필 5) 물어내라고 6) 판결

2일

❶ 1) 하류 2) 물난리 3) 건설하다 4) 댐 5) 기관 6) 담당자

❷ 1) 하류 2) 물난리 3) 건설해야 4) 댐 5) 기관 6) 담당자

3일

❶ 1) 솟다 2) 토종 3) 방문하다 4) 반대하다 5) 평생 6) 취소하다

❷ 1) 솟은 2) 토종 3) 방문했다 4) 반대했다 5) 평생 6) 취소했다

4일

❶ 1) 피해 2) 폭우 3) 지원 4) 협조 5) 예의 6) 전기문

❷ 1) 피해 2) 폭우 3) 지원 4) 협조 5) 예의 6) 전기문

5일

❶ 1) 근거하다 2) 본받다 3) 언어 4) 문법 5) 극복하다 6) 장애

❷ 1) 근거해 2) 본받고, 본받고 3) 언어 4) 문법 5) 극복하는 6) 장애

11주 주말평가

1) 전기문 2) 방문하다 3) 불평 4) 장애 5) 토종 6) 문법 7) 성하다 8) 물다 9) 반대하다 10) 취소하다 11) 본받다 12) 언어 13) 피해 14) 하류 15) 건설하다 16) 물난리 17) 솟다 18) 극복하다 19) 지원 20) 평생 21) 판결 22) 댐 23) 담당자 24) 폭우 25) 기관 26) 협조 27) 예의 28) 근거하다 29) 하필 30) 순전히

2 1) 하필 2) 언어 3) 극복하는 4) 담당자 5) 근거해 6) 순전히 7) 불평 8) 본받고, 본받고 9) 피해 10) 건설해야 11) 폭우 12) 물난리 13) 물어내라고 14) 협조 15) 솟은 16) 하류 17) 토종 18) 장애 19) 댐 20) 지원 21) 반대했다 22) 성한 23) 취소했다 24) 방문했다 25) 판결 26) 기관 27) 평생 28) 예의 29) 전기문 30) 문법

1일

❶ 1) 편견 2) 침략 3) 외세 4) 훈민정음 5) 여의다 6) 신분

❷ 1) 편견 2) 침략 3) 외세 4) 훈민정음 5) 여의는 6) 신분, 신분

2일

❶ 1) 기안 2) 간절히 3) 양민 4) 사정 5) 목사 6) 명

❷ 1) 기안 2) 간절히 3) 양민 4) 사정 5) 목사 6) 명

3일

❶ 1) 선비 2) 가난하다 3) 양식 4) 전염병 5) 수양딸 6) 포구

❷ 1) 선비 2) 가난한, 가난한 3) 양식 4) 전염병 5) 수양딸 6) 포구

4일

❶ 1) 이익 2) 육지 3) 상인 4) 객줏집 5) 묵다 6) 흥정

❷ 1) 이익 2) 육지 3) 상인 4) 객줏집 5) 묵으려는 6) 흥정

5일

❶ 1) 무명 2) 녹용 3) 약초 4) 특산물 5) 사들이다 6) 적당하다

2 1) 무명 2) 녹용 3) 약초 4) 특산물 5) 사들여 6) 적당한

12주 주말평가

1 1) 특산물 2) 포구 3) 전염병 4) 녹용 5) 수양딸 6) 이익 7) 양민 8) 편견 9) 명 10) 외세 11) 침략 12) 여의다 13) 간절히 14) 신분 15) 육지 16) 적당하다 17) 훈민정음 18) 객줏집 19) 약초 20) 양식 21) 기안 22) 상인 23) 목사 24) 묵다 25) 가난하다 26) 사정 27) 흥정 28) 무명 29) 사들이다 30) 선비

2 1) 간절히 2) 무명 3) 양민 4) 흥정 5) 녹용 6) 편견 7) 포구 8) 침략 9) 선비 10) 양식 11) 목사 12) 훈민정음 13) 여의는 14) 전염병 15) 신분, 신분 16) 약초 17) 특산물 18) 외세 19) 이익 20) 적당한 21) 상인 22) 수양딸 23) 육지 24) 명 25) 가난한, 가난한 26) 기안 27) 사정 28) 객줏집 29) 묵으려는 30) 사들여

월 말 평 가 — 9~12주

1 1) 짜임 2) 드러나다 3) 갸우뚱하다 4) 협조 5) 전기문 6) 달아오르다 7) 솟다 8) 남다르다 9) 근거하다 10) 야만인 11) 토종 12) 비교하다 13) 특산물 14) 검토하다 15) 억지로 16) 객줏집 17) 극복하다 18) 메스껍다 19) 수양딸 20) 궁리 21) 판결 22) 사투리 23) 목사 24) 아른거리다 25) 다독이다 26) 하류 27) 여의다 28) 몫 29) 적당하다 30) 포구

2 1) 극복하는 2) 갸우뚱했다 3) 하필 4) 아궁이 5) 소개했다 6) 외세 7) 간절히 8) 장애 9) 또랑또랑 10) 흥정 11) 손해 12) 건설해야 13) 맞받아쳤다 14) 담당자 15) 아른거렸다 16) 금세 17) 편견 18) 성한 19) 가무잡잡했다 20) 훈민정음 21) 풍습 22) 칭칭 23) 전염병 24) 잠잠해졌다

25) 본받고, 본받고 26) 몫 27) 신분, 신분 28) 달인 29) 묵으려는 30) 기관

13주   198~207쪽

1일

1 1) 신용 2) 정직 3) 거래 4) 나날이 5) 사업 6) 번창하다
2 1) 신용 2) 정직 3) 거래 4) 나날이 5) 사업 6) 번창하여

2일

1 1) 손꼽히다 2) 낭비하다 3) 검소하다 4) 풍년 5) 편안하다 6) 근심
2 1) 손꼽히는 2) 낭비하지 3) 검소한 4) 풍년 5) 편안한 6) 근심

3일

1 1) 이듬해 2) 농산물 3) 조정 4) 침몰하다 5) 절망 6) 재산
2 1) 이듬해 2) 농산물 3) 조정, 조정 4) 침몰했다 5) 절망 6) 재산

4일

1 1) 어질다 2) 업적 3) 덕 4) 관청 5) 은인 6) 화등잔
2 1) 어진 2) 업적 3) 덕 4) 관청 5) 은인 6) 화등잔

5일

1 1) 소원 2) 용안 3) 벼슬 4) 규범 5) 여 6) 풍요롭다
2 1) 소원, 소원 2) 용안 3) 벼슬 4) 규범, 규범 5) 여 6) 풍요롭다

13주 주말평가

1 1) 풍요롭다 2) 침몰하다 3) 낭비하다 4) 용안 5) 화등잔 6) 농산물 7) 규범 8) 검소하다 9) 정직 10) 어질다

11) 나날이 12) 덕 13) 이듬해 14) 풍년 15) 조정 16) 신용
17) 거래 18) 번창하다 19) 재산 20) 관청 21) 은인 22)
손꼽히다 23) 절망 24) 벼슬 25) 편안하다 26) 근심 27)
소원 28) 여 29) 업적 30) 사업

2 1) 덕 2) 절망 3) 조정, 조정 4) 소원, 소원 5)
번창하여 6) 용안 7) 화등잔 8) 벼슬 9) 어진 10) 나날이
11) 업적 12) 침몰했다 13) 풍년 14) 거래 15) 이듬해 16)
풍요롭다 17) 여 18) 정직 19) 재산 20) 관청 21) 손꼽히는
22) 사업 23) 낭비하지 24) 은인 25) 검소한 26) 신용 27)
편안한 28) 농산물 29) 근심 30) 규범, 규범

14주   212~221쪽

1일

1 1) 차별 2) 가치관 3) 백성 4) 한시 5) 세금 6) 머슴살이
2 1) 차별, 차별 2) 가치관 3) 백성 4) 한시 5) 세금 6)
머슴살이

2일

1 1) 한양 2) 훗날 3) 영향 4) 도리 5) 성리학 6) 해박하다
2 1) 한양 2) 훗날 3) 영향 4) 도리 5) 성리학, 성리학 6)
해박한

3일

1 1) 실학 2) 시묘살이 3) 명복 4) 거중기 5) 도르래 6)
비용
2 1) 실학 2) 시묘살이 3) 명복 4) 거중기 5) 도르래 6)
비용

4일

1 1) 방법 2) 면제하다 3) 속셈 4) 현감 5) 일삼다 6) 열병
2 1) 방법 2) 면제해 3) 속셈 4) 현감 5) 일삼으면 6) 열병

5일

1 1) 뒤척이다 2) 반응 3) 충격 4) 조용하다 5) 침묵 6)
몸부림치다
2 1) 뒤척이며 2) 반응 3) 충격 4) 조용했다 5) 침묵 6)
몸부림치는

14주 주말평가

1 1) 충격 2) 일삼다 3) 해박하다 4) 영향 5) 뒤척이다
6) 백성 7) 반응 8) 방법 9) 거중기 10) 현감 11) 시묘살이
12) 명복 13) 한양 14) 침묵 15) 면제하다 16) 도리 17)
가치관 18) 머슴살이 19) 성리학 20) 차별 21) 도르래 22)
세금 23) 실학 24) 비용 25) 훗날 26) 열병 27) 한시 28)
조용하다 29) 속셈 30) 몸부림치다

2 1) 머슴살이 2) 도르래 3) 해박한 4) 가치관 5) 현감
6) 뒤척이며 7) 도리 8) 반응 9) 훗날 10) 충격 11) 방법 12)
한시 13) 시묘살이 14) 면제해 15) 속셈 16) 백성 17) 실학
18) 비용 19) 침묵 20) 일삼으면 21) 명복 22) 열병 23)
조용했다 24) 한양 25) 세금 26) 거중기 27) 몸부림치는
28) 영향 29) 차별, 차별 30) 성리학, 성리학

15주   226~235쪽

1일

1 1) 의사소통 2) 난폭하다 3) 생애 4) 중요하다 5) 운명
6) 사물
2 1) 의사소통 2) 난폭한 3) 생애 4) 중요한 5) 운명 6)
사물

2일

1 1) 기적 2) 펌프 3) 조르다 4) 모금 5) 참여하다 6) 강제
2 1) 기적 2) 펌프 3) 졸랐다 4) 모금 5) 참여했다 6) 강제

3일

① 1) 장터 2) 딛다 3) 상상하다 4) 발자취 5) 감상문 6) 조화

② 1) 장터 2) 딛고 3) 상상하며 4) 발자취 5) 감상문 6) 조화

4일

① 1) 감동 2) 인상깊다 3) 흥미진진하다 4) 진정하다 5) 포기하다 6) 고되다

② 1) 감동 2) 인상 깊게 3) 흥미진진했다 4) 진정한 5) 포기하지 6) 고된

5일

① 1) 세시풍속 2) 음력 3) 동지 4) 시작하다 5) 회복되다 6) 부여하다

② 1) 세시풍속 2) 음력 3) 동지 4) 시작했다 5) 회복된다고 6) 부여하고

15주 주말평가

1 1) 시작하다 2) 고되다 3) 세시풍속 4) 음력 5) 부여하다 6) 의사소통 7) 감동 8) 장터 9) 모금 10) 조화 11) 발자취 12) 흥미진진하다 13) 참여하다 14) 난폭하다 15) 딛다 16) 운명 17) 사물 18) 진정하다 19) 상상하다 20) 기적 21) 조르다 22) 강제 23) 감상문 24) 인상깊다 25) 포기하다 26) 펌프 27) 생애 28) 동지 29) 회복되다 30) 중요하다

2 1) 참여했다 2) 난폭한 3) 중요한 4) 세시 풍속 5) 감상문 6) 펌프 7) 시작했다 8) 음력 9) 강제 10) 동지 11) 감동 12) 운명 13) 인상 깊게 14) 포기하지 15) 흥미진진했다 16) 장터 17) 부여하고 18) 딛고 19) 회복된다고 20) 상상하며 21) 기적 22) 발자취 23) 졸랐다 24) 의사소통 25) 생애 26) 사물 27) 모금 28) 조화 29) 진정한 30) 고된

1일

① 1) 동기 2) 기억하다 3) 감명 4) 간략하다 5) 산소 6) 대관령

② 1) 동기 2) 기억했다 3) 감명 4) 간략하게 5) 산소 6) 대관령, 대관령

2일

① 1) 청승맞다 2) 대담하다 3) 핑계 4) 신작로 5) 옥신각신하다 6) 마지못하다

② 1) 청승맞게 2) 대담한 3) 핑계, 핑계 4) 신작로 5) 옥신각신하며 6) 마지못해

3일

① 1) 봉당 2) 멈칫거리다 3) 우거지다 4) 이슬받이 5) 조롱조롱 6) 흥건히

② 1) 봉당 2) 멈칫거렸다 3) 우거져 4) 이슬받이 5) 조롱조롱 6) 흥건히

4일

① 1) 공감하다 2) 일깨우다 3) 초대하다 4) 애정 5) 오도카니 6) 빙하

② 1) 공감했다 2) 일깨웠다 3) 초대했는데 4) 애정 5) 오도카니 6) 빙하, 빙하

5일

① 1) 불어나다 2) 안절부절못하다 3) 웅크리다 4) 나직이 5) 애원하다 6) 활주로

② 1) 불어나자 2) 안절부절못하다가 3) 웅크린 4) 나직이 5) 애원하였다 6) 활주로

1 1) 불어나다 2) 흥건히 3) 활주로 4) 안절부절못하다 5) 웅크리다 6) 산소 7) 초대하다 8) 나직이 9) 공감하다 10) 청승맞다 11) 간략하다 12) 애원하다 13) 핑계 14) 기억하다 15) 옥신각신하다 16) 마지못하다 17) 일깨우다 18) 봉당 19) 대관령 20) 우거지다 21) 조롱조롱 22) 애정 23) 감명 24) 이슬받이 25) 대담하다 26) 오도카니 27) 빙하 28) 신작로 29) 멈칫거리다 30) 동기

2 1) 불어나자 2) 봉당 3) 감명 4) 멈칫거렸다 5) 산소 6) 우거져 7) 옥신각신하며 8) 이슬받이 9) 대담한 10) 마지못해 11) 조롱조롱 12) 활주로 13) 흥건히 14) 안절부절못하다가 15) 공감했다 16) 간략하게 17) 일깨웠다 18) 핑계, 핑계 19) 초대했는데 20) 애정 21) 오도카니 22) 나직이 23) 빙하, 빙하 24) 웅크린 25) 청승맞게 26) 신작로 27) 동기 28) 기억했다 29) 대관령, 대관령 30) 애원하였다

월 말 평 가   13~16주

1 1) 부여하다 2) 충격 3) 절망 4) 회복되다 5) 해박하다 6) 훗날 7) 풍요롭다 8) 속셈 9) 실학 10) 발자취 11) 어질다 12) 생애 13) 도르래 14) 번창하다 15) 대담하다 16) 고되다 17) 화등잔 18) 조르다 19) 반응 20) 이슬받이 21) 불어나다 22) 이듬해 23) 일깨우다 24) 관청 25) 나직이 26) 면제하다 27) 청승맞다 28) 규범 29) 신작로 30) 운명

2 1) 장터 2) 세시 풍속 3) 발자취 4) 낭비하지 5) 마지못해 6) 비용 7) 빙하, 빙하 8) 안절부절못하다가 9) 조정, 조정 10) 부여하고 11) 면제해 12) 뒤척이며 13) 검소한 14) 웅크린 15) 농산물 16) 의사소통 17) 오도카니

18) 침몰했다 19) 거중기 20) 간략하게 21) 풍요롭다 22) 음력 23) 시묘살이 24) 차별, 차별 25) 번창하였다 26) 조화 27) 머슴살이 28) 일삼으면 29) 옥신각신하며 30) 나날이

17주   260~269쪽

1일

1 1) 출발하다 2) 오염 3) 사전 4) 부주의 5) 안전사고 6) 실시하다

2 1) 출발한 2) 오염 3) 사전 4) 부주의 5) 안전사고 6) 실시했다

2일

1 1) 보호하다 2) 적절하다 3) 내리쬐다 4) 미련하다 5) 호통을치다 6) 부치다

2 1) 보호해야 2) 적절하다 3) 내리쬐는 4) 미련한 5) 호통을 쳤다 6) 부친

3일

1 1) 아낙 2) 다다르다 3) 버둥거리다 4) 물살 5) 판단 6) 후회하다

2 1) 아낙 2) 다다랐을 3) 버둥거리는 4) 물살 5) 판단 6) 후회했지만

4일

1 1) 평가하다 2) 바람직하다 3) 분야 4) 편의시설 5) 관련 6) 표시하다

2 1) 평가할 2) 바람직한 3) 분야 4) 편의 시설 5) 관련 6) 표시했다

5일

1 1) 배경지식 2) 점검하다 3) 문화재 4) 관람하다 5)

개방하다 6) 유적지

② 1) 배경지식 2) 점검해야 3) 문화재 4) 관람했다 5) 개방해야 6) 유적지

17주 주말평가

1 1) 편의시설 2) 내리쬐다 3) 유적지 4) 점검하다 5) 출발하다 6) 호통을치다 7) 문화재 8) 평가하다 9) 실시하다 10) 분야 11) 아낙 12) 부치다 13) 미련하다 14) 버둥거리다 15) 보호하다 16) 개방하다 17) 적절하다 18) 부주의 19) 오염 20) 바람직하다 21) 안전사고 22) 다다르다 23) 물살 24) 판단 25) 후회하다 26) 사전 27) 관련 28) 표시하다 29) 관람하다 30) 배경지식

2 1) 관련 2) 부주의 3) 배경지식 4) 판단 5) 점검해야 6) 유적지 7) 문화재 8) 평가할 9) 관람했다 10) 바람직한 11) 표시했다 12) 분야 13) 아낙 14) 사전 15) 다다랐을 16) 보호해야 17) 편의 시설 18) 적절하다 19) 내리쬐는 20) 오염 21) 미련한 22) 호통을 쳤다 23) 부친 24) 버둥거리는 25) 출발한 26) 후회했지만 27) 물살 28) 실시했다 29) 개방해야 30) 안전사고

18주 274~283쪽

1일

① 1) 훼손 2) 고궁 3) 번식하다 4) 유물 5) 보존하다 6) 체험하다

② 1) 훼손 2) 고궁 3) 번식했다 4) 유물 5) 보존하는 6) 체험했다

2일

① 1) 여부 2) 편식 3) 영양 4) 불균형하다 5) 성장 6) 덧붙이다

② 1) 여부 2) 편식 3) 영양 4) 불균형하다 5) 성장 6) 덧붙였다

3일

① 1) 수정하다 2) 휘젓다 3) 발름거리다 4) 목젖 5) 날름날름 6) 헛디디다

② 1) 수정했다 2) 휘저었다 3) 발름거리며 4) 목젖 5) 날름날름 6) 헛디뎌서

4일

① 1) 미로 2) 고물 3) 낭독하다 4) 면담 5) 풍경 6) 산골

② 1) 미로 2) 고물 3) 낭독하고 4) 면담 5) 풍경 6) 산골

5일

① 1) 귀하다 2) 배탈 3) 궁금하다 4) 그렁저렁 5) 정승 6) 맞아들이다

② 1) 귀한 2) 배탈 3) 궁금해서 4) 그렁저렁 5) 정승 6) 맞아들였다

18주 주말평가

1 1) 면담 2) 불균형하다 3) 훼손 4) 편식 5) 목젖 6) 유물 7) 헛디디다 8) 낭독하다 9) 산골 10) 배탈 11) 귀하다 12) 그렁저렁 13) 정승 14) 맞아들이다 15) 궁금하다 16) 미로 17) 수정하다 18) 발름거리다 19) 날름날름 20) 보존하다 21) 고물 22) 여부 23) 체험하다 24) 영양 25) 고궁 26) 성장 27) 덧붙이다 28) 휘젓다 29) 풍경 30) 번식하다

2 1) 성장 2) 유물 3) 발름거리며 4) 여부 5) 보존하는 6) 귀한 7) 목젖 8) 배탈 9) 그렁저렁 10) 궁금해서 11) 미로 12) 불균형하다 13) 고물 14) 날름날름 15) 낭독하고 16) 훼손 17) 맞아들였다 18) 고궁 19) 번식했다 20) 체험했다 21) 면담 22) 수정했다 23) 영양 24) 휘저었다 25) 덧붙였다 26) 헛디뎌서 27) 풍경 28) 편식 29) 산골

30) 정승

1일

① 1) 알은척하다 2) 토라지다 3) 덩실덩실 4) 모락모락 5) 변 6) 당하다

② 1) 아는척하지 2) 토라져서 3) 덩실덩실 4) 모락모락 5) 변 6) 당하게

2일

① 1) 엎다 2) 움켜쥐다 3) 대접하다

② 1) 엎었다 2) 움켜쥔 3) 대접하고

19주 주말평가

① 1) 모락모락 2) 움켜쥐다 3) 엎다 4) 알은척하다 5) 당하다 6) 토라지다 7) 대접하다 8) 덩실덩실 9) 변

② 1) 대접하고 2) 엎었다 3) 당하게 4) 아는척하지 5) 토라져서 6) 모락모락 7) 움켜쥔 8) 변 9) 덩실덩실

월 말 평 가 17~19주

① 1) 낭독하다 2) 유물 3) 버둥거리다 4) 움켜쥐다 5) 훼손 6) 면담 7) 알은척하다 8) 내리쬐다 9) 여부 10) 점검하다 11) 수정하다 12) 분야 13) 토라지다 14) 맞아들이다 15) 목젖 16) 호통을치다 17) 대접하다 18) 오염 19) 유적지 20) 적절하다 21) 그렁저렁 22) 번식하다 23) 후회하다 24) 덧붙이다 25) 배경지식 26) 고물 27) 보존하다 28) 개방하다 29) 다다르다 30) 판단

② 1) 편식 2) 면담 3) 관람했다 4) 불균형하다 5) 헛디뎌서 6) 개방해야 7) 그렁저렁 8) 보존하는 9) 아낙 10) 성장 11) 체험했다 12) 편의 시설 13) 휘저었다 14) 변 15) 다다랐을 16) 당하게 17) 고궁 18) 출발한 19) 발름거리며 20) 엎었다 21) 관련 22) 미로 23) 날름날름 24) 부주의 25) 풍경 26) 정승 27) 내리쬐는 28) 모락모락 29) 평가할 30) 점검해야

학 기 말 평 가

1) 근거 2) 풍요롭다 3) 포구 4) 어색하다 5) 세시풍속 6) 손해 7) 안전사고 8) 규칙 9) 적절하다 10) 참견하다 11) 거래 12) 불균형하다 13) 여의주 14) 모락모락 15) 문법 16) 변 17) 울타리 18) 업적 19) 낭비하다 20) 이무기 21) 체험하다 22) 줄임말 23) 오도카니 24) 두근거리다 25) 선비 26) 보관하다 27) 벌름거리다 28) 화등잔 29) 사막 30) 달인 31) 아무런 32) 게시판 33) 뒤척이다 34) 까닭 35) 동기 36) 헤벌쭉 37) 부치다 38) 조건 39) 표시하다 40) 마침 41) 오해하다 42) 이익 43) 감상하다 44) 신용 45) 해당하다 46) 사전 47) 구하다 48) 근심 49) 쏘아보다 50) 권법 51) 외면하다 52) 배경지식 53) 상관 54) 이웃 55) 장애 56) 전개하다 57) 수양딸 58) 비교하다 59) 흥정 60) 고려하다 61) 하필 62) 부족하다 63) 작전 64) 습관 65) 대표하다 66) 기적 67) 요소 68) 지식 69) 정승 70) 갸웃하다 71) 그림말 72) 특산물 73) 특별하다 74) 영향 75) 충분히 76) 가치관 77) 애 78) 미련하다 79) 경험 80) 취소하다 81) 공손하다 82) 빙하 83) 풍습 84) 국회 85) 발름거리다 86) 안타깝다 87) 안절부절못하다 88) 외세 89) 어울리다 90) 성리학 91) 움찔하다 92) 은인 93) 재촉하다 94) 폭우 95) 시묘살이 96) 종류 97) 감상문 98) 합격 99) 애원하다 100) 의롭다

색인

색인

국어 교과서 4-2 작품 목록

국어 4-2 가

단원	제제	지은이	나온 곳
1	「우리들」	아토	『우리들』, 아토, 2016
	「오늘이」	이성강	『오늘이』, 디앤엠커뮤니케이션, 2003
2	「안창호 선생이 아들에게 쓴 편지」	오주영 엮음	『세상에서 가장 유명한 위인들의 편지』, 채우리, 2014
4	「사라, 버스를 타다」	윌리엄 밀러 글 박찬석 옮김	『사라, 버스를 타다』, ㈜사계절출판사, 2004
	「젓가락 달인」	유타루	『젓가락 달인』, 바람의 아이들, 2014
	「우진이는 정말 멋져!」	강정연	『콩닥콩닥 짝 바꾸는 날』, 시공주니어, 2009

국어 4-2 나

단원	제제	지은이	나온 곳
6	「김만덕」	신현배	『5000년 한국 여성 위인전1』, 홍진피앤엠, 2007
	「헬렌 켈러」	신여명	『사흘만 볼 수 있다면 그리고 헬렌 켈러 이야기』, 두레아이들, 2013
	「정약용」	김은미	『정약용』, ㈜비룡소, 2010
7	「어머니의 이슬 털이」	이순원	『어머니의 이슬 털이』, 북극곰, 2013
	「투발루에게 수영을 가르칠 걸 그랬어!」	유다정	『투발루에게 수영을 가르칠 걸 그랬어』, 미래아이, 2008
9	「군밤」	박방희	『우리 속에 울이 있다』, ㈜푸른책들, 2018
	「온통 비행기」	김개미	『쉬는 시간에 똥 싸기 싫어』, 토토북, 2017
	「지하 주차장」	김현욱	『지각 중계석』, ㈜문학동네, 2015
	「김밥」	한국교육방송공사	「TV로 보는 원작 동화: 김밥」, 한국교육방송공사, 2011
	「멸치 대왕의 꿈」	천미진	『멸치 대왕의 꿈』, 도서출판 ㈜키즈엠, 2015